*Geglücktes Menschsein*

# *Geglücktes Menschsein*

*Lesebuch zum tieferen Leben*

Herausgegeben von Theo Rombach

Herder

Freiburg · Basel · Wien

Gesamtherstellung: Freiburger Graphische Betriebe 1987
ISBN 3-451-21078-9

# *Vorwort*

Ein geglücktes Leben ist keineswegs immer ein glückliches Leben. Wem bleibt schon Enttäuschung, Trauer oder Schmerz erspart, Erfahrungen also, die dem Glück entgegenstehen? Wenn jeder reife Mensch auf ein letztlich geglücktes Leben hofft, wenn er lebenslang darauf hinarbeitet, dann meint er damit ein Leben, in dem Glück und Leid, Gelingen und Mißlingen nicht grundlos sind, nicht einfach als Schicksal hingenommen, sondern akzeptiert und verstanden sind als Steine zum Bau eines Lebenssinns. Geglückt ist ein Leben, dessen Lebensleistung als Ganze gelungen, das ein sinnvolles Ganzes ist. Auch in ihm werden nicht alle Fragen beantwortet, nicht alle Ordnungen hergestellt sein. Aber es wird in ihm mit aller Kraft auf den Sinn des Lebens gehofft, und die Geltung einer Ordnung wird anerkannt sein. Insgeheim hofft jeder nachdenkliche Mensch auf ein solcherart geglücktes Menschsein, und er ist tief zufrieden, wenn er ihm in einem anderen begegnet.

Geglücktes Menschsein ist auch die Frucht eines reichen Lebenswissens, die „Summe jener für das Leben bedeutsamer Weisheiten, die uns helfen, sinnvoll zu leben und das Ganze des Lebens deutend mit Sinn zu erfüllen" (Paul M. Zulehner). Aber Lebenswissen ist nicht allein erwerbbar, nicht die Leistung eines einzelnen. Lebenswissen wird durch die Gruppe, der man sich zugehörig fühlt, vermittelt. Es wird durch den Austausch von Erfahrungen, Bedenken von Erfahrung und durch die sprachliche Fassung bedachter Erfahrung weitergegeben. Dieses Weitergeben erfolgt in beiden Richtungen: sowohl von der Gruppe zu jenen, die sich dazuzählen, wie auch vom einzelnen zurück zur Gruppe. Der Vorgang setzt Gemeinschaft voraus, innere herzliche Zustimmung, Vertrauen in die Weisheit derer, denen man sich öffnet.

Aber es ist nicht leicht, in eine Gruppe hineinzufinden, die von den Dingen redet, die einem wirklich am Herzen liegen und die vom grundlegenden Sinn menschlichen Lebens handeln. Vor allem im Gespräch über den Glauben und aus dem Glauben kommt jener grundlegende Sinn menschlichen Lebens hervor, drückt sich aus, wird beziehungsreich fürs eigene Leben.

Dazu will dieses Buch beitragen. Es versammelt bedeutende Autoren – meist bekannten, doch auch einige weniger bekannten Namens –, die aus tiefem Lebenswissen und aus dem Glauben sprechen. Ihre Werke als Ganze wären einer breiteren Leserschaft nachdenklicher und nach Lebenssinn suchender Menschen nicht leicht zugänglich und vielleicht auch nicht durchweg verständlich. Doch in Auszügen und in einer Zusammenstellung, die sich an den Lebensvollzügen in unserer Zeit ausrichtet, hofft das Buch, eine „Gruppe" zu versammeln, in der der Leser sein Glaubensgespräch findet und mit der er es führen kann.

Mithin sucht das Buch Leser, die ihr Lebenswissen und ihre Glaubenspraxis noch nicht als abgeschlossen betrachten, die vielmehr den Austausch suchen mit Zeitgenossen und Zeitzeugen. An Leser also, die die Gedanken erfahrener geistlicher Führer und tief gläubiger Mensch „nach-denken" und die ihre eigenen Gedanken überprüfen und erweitern wollen, die auch mit der Gemeinschaft der Gläubigen, der Kirche, glauben und beten wollen und die überzeugt sind, daß sie zur Erfüllung ihres Lebenssinnes der Gemeinschaft bedürfen.

Eine systematische Anordnung der Lesestücke ist nicht angestrebt. Das Werk bündelt die Textstellen in Abschnitten, die häufige Lebenserfahrungen, auch Lebenshoffnungen, und Glaubenspraxis im Gang durch das Kirchenjahr benennen. Das soll die eigene Auswahl und Zusammenstellung der Lektüre erleichtern, ausgehend eben von konkreten Leseanlässen.

Ein freimütiger Blick um uns herum, ob auf jüngere oder ältere Menschen, offenbart sehr schnell, daß hinter aller Betriebsamkeit ebenso wie hinter gelangweilter Blasiertheit das Ungenügen an oberflächlichen Antworten auf die Sinnfrage des Lebens hervorlugt. Doch wo wird die Sinnfrage tiefer und das heißt zugleich angemessener gestellt als im Lebensraum des Glaubens? Er sinnt über das Vorher und Nachher des menschlichen Lebens nach, fragt nach Hervorgang und Ziel, nach dem letzten Grund, den wir Gott nennen. Aus dem Glauben fließt in unsere Gegenwart Tiefe und Sinn. Das Buch soll dafür Schleusen öffnen.

DER HERAUSGEBER

# *Inhalt*

## GESCHENKTES LEBEN

### *Was reich macht und glücklich*



### *Glauben kann man nicht allein*



### *Liebe bringt den Menschen ins Heil*

## GETEILTES LEID

## *Die Herrschaft der Angst ist gebrochen*



## *Überall wirst du das Kreuz finden*



# UNGLAUBLICHE VERWANDLUNG

## *Wir sind die Jünger von Emmaus*



## *Bekehrung des Herzens*

## *Vertrauen blüht in der Stille*



## *Glaube, der vom Tod ins Leben führt*



## *Aus dem Brunnen der Tiefe eines Herzens*

## LIEBENDES MENSCHSEIN

### *Fülle der Zeit, die neues Leben in sich trägt*



### *Ruhe dich ein wenig in Gott aus*



### *Wir fallen nicht ins Leere*



### *Schimmer künftiger Erfüllung liegt auf unserer Erde*

# *Erwartete Freude*

## Christus entgegenwachen

### Auf Christus warten wie auf einen Freund

JOHN HENRY NEWMAN

Was heißt es: Christus entgegenwachen? ... Ich meine, es läßt sich auf folgende Weise erklären. Kennt ihr wohl aus der Erfahrung dieses Lebens das Gefühl, das ihr hegt, wenn ihr auf einen Freund wartet, auf seine Ankunft, und er zögert? Wißt ihr, was es heißt, in unangenehmer Gesellschaft zu sein und sich zu wünschen, die Zeit möge verfliegen, und es möchte die Stunde schlagen, da man sich freimachen kann? Wißt ihr, was es heißt, in Angst zu sein, es könne etwas eintreten, das kommen kann oder nicht, oder in Spannung zu sein auf ein wichtiges Ereignis, das das Herz schon beim bloßen Gedanken daran schlagen läßt und das euer erster Gedanke am Morgen ist? Wißt ihr, was es heißt, einen Freund in einem fernen Land zu haben, von ihm Nachrichten erwarten und Tag für Tag darauf gespannt sein, was er jetzt gerade tut und ob es ihm gut geht? Wißt ihr, was es heißt, mit einem Menschen, den man um sich hat, so zusammenleben, daß euer Auge dem seinigen folgt, daß ihr in seiner Seele lest, daß ihr jeden Wechsel in seinem Antlitz beobachtet, seine Wünsche erahnt, daß ihr lächelt, wenn er lächelt, trauert, wenn er trauert, gedrückt seid, wenn er bedrängt ist, und seiner Erfolge euch freut? Für Christus wach sein ist ein Gefühl wie alle diese, soweit Gefühle dieser Welt imstande sind, die einer anderen Welt widerzuspiegeln. Der ist wach für Christus, der ein empfindendes, sehnsüchtiges und fühlendes Herz besitzt; der wach, lebendig, hellsichtig, eifrig darauf bedacht ist, Ihn zu suchen und zu ehren, der in allem, was geschieht, nach Ihm ausschaut und nicht überrascht, nicht über-erregt oder überwältigt wäre, wenn er entdeckte, daß er plötzlich käme.

Und der wacht mit Christus, der in die Zukunft, zugleich aber auch in die Vergangenheit blickt, der bei der Betrachtung dessen, was sein Erlöser für ihn erwarb, nicht vergißt, was Er für ihn gelitten hat. Der wacht mit Christus, der den Gedanken an Christi Todesangst und Kreuz stets in sich trägt und in seiner eigenen Person nacherfährt.

Das also heißt wachen: vom Gegenwärtigen losgelöst sein und im Unsichtbaren leben; im Gedanken an Christus leben, wie er einst kam und wie er wiederkommen wird; nach seiner zweiten Ankunft verlangen in liebevollen und dankbaren Gedanken an seine erste.

## Gott will von mir zugelassen sein

RAPHAEL SCHULTE

Wie oft erfahren wir es bei anderen (bei uns selbst bemerken wir es meistens am wenigsten, wollen es auch kaum wahrhaben), daß sie so zerstreut, abwesend sind, in allem gefunden werden können, nur nicht bei sich selbst. Und das hat ja, ganz konsequent, zur Folge, daß sie sich kaum je bei sich selbst betreffen lassen und so zu keinem wirklichen Gespräch fähig sind, in das sie sich selbst einbringen. Den Adventsruf verstehen und ihn sich für sich auswirken lassen, bedeutet tatsächlich dieses zuerst: *Selbst* Einkehr halten und ankommen zunächst einmal bei sich selbst! Was klingt da nicht alles mit – sofern wir es für uns klingen lassen (was nicht von selbst gelingt, vielmehr gewollt sein muß). Wie sehr wünschen wir uns so oft, endlich einmal (wieder) zu uns kommen zu dürfen, der Hektik der Welt und der eigenen im Innern entfliehen zu können und es auch wirklich zu tun? (So sagt es uns ja die bekannte Redewendung: Die Arbeit frißt mich ganz auf. Man findet keine Zeit für sich selbst. Man kommt nicht einmal mehr zu sich selbst, kann sich nicht einmal mehr auf sich selbst besinnen.

Die Folgen für die, denen wir etwas bedeuten möchten, sind offenkundig.)

Wenn das aber so ist – wie soll dann der Herr zu uns kommen, uns bei uns antreffen können, wenn wir selbst es nicht zuvor schon unsererseits getan hätten? Er fände uns ja gar nicht bei uns vor! Wer einen Besuch wirklich erwartet, sieht zu, daß er wenigstens *vor* diesem bei sich zu Hause ist, um von einer entsprechenden Vorbereitung des Eigenen zunächst noch ganz zu schweigen. Das Warten auf die Ankunft des Besuches, zumal eines lieben Besuches, bedeutet doch einerseits, „es nicht mehr erwarten können" (wie wir sagen), bis daß er da ist, und andererseits, als Vorbedingung, das Bei-sich-*Weilen*, das Gesammelt- und Ganz-ausgerichtet-Sein auf den hin, der kommt. Das schließt mehr in sich, als es auf den ersten Blick scheinen mag, wenn wir an Gott und sein Ankommen-Wollen denken.

Dem, der zu mir kommen möchte, liegt offensichtlich daran, bei mir und mit mir zusammenzusein. Das umso mehr, je größer und inniger die Freundschaft und Liebe ist. Gott selbst liegt also daran, bei mir und mit mir zusammenzusein! Und das ist so sehr der Fall, daß *er* sich auf den Weg zu mir gemacht hat. Er wartet nicht erst ab, ob und wann *ich* auf diesen Gedanken käme. Bedenken wir diese Zuvorkommenheit Gottes uns gegenüber! Die Heilige Schrift ist voll der Hinweise auf diese Tatsache, die ja nicht nur im Reden besteht, sondern vor allem in den Taten Gottes, die er auf uns hin gesetzt hat und immer noch setzt. Gott jedenfalls – das ist die „unglaubliche", „umwerfende", im buchstäblichen Sinn unausdenkbare Tatsache – will nicht bei sich und mit sich selbst allein glücklich und zufrieden sein und leben. Er mag nicht sein noch leben, es sei denn bei mir, mit mir, mit uns zusammen! Das ist doch *der* Ausruf des Erstaunens, den der Psalmist für uns alle formuliert hat: Wer bin ich, der Mensch, daß du, Gott, überhaupt auf den Gedanken gekommen bist, dich mit mir abzugeben, dich um mich zu kümmern, meiner zu gedenken? (vgl. Ps 8 und 144). Gott hat sich zudem ansagen lassen; er möchte zu mir kommen, von mir zugelassen sein, um bei mir zu bleiben. Ich soll dieses Wort Gottes ernst nehmen, so ernst, wie nur immer Gott ernst genommen sein muß. Aber welcher Ernst ist das, wenn mir jemand sagt: Ich mag nicht leben, es sei denn bei dir und mit dir? Wenn Gott selbst davon überzeugt ist – und er hat es unüberhörbar bezeugt, zumal durch das, was er alles gewirkt hat aus Liebe zu uns –, es sei gut für ihn *und* mich, daß er zu mir kommen, bei mir ankommen und bleiben dürfe, wir also als Freunde und einander Liebende zusammenbleiben möchten – was lasse ich das mir bedeuten?

Es *ist* unbegreiflich, was uns Gott als seine Liebeserklärung zuspricht. Aber ist das eine Unbegreiflichkeit, die uns unheimlich anmutet – oder ist es jene Unbegreiflichkeit, die so begeistert, daß man sich ihr rückhaltlos überläßt? Wenn daher Gott – und wer ist er! – bei mir und mit mir sein und leben möchte, wieso dann eigentlich nicht auch ich selbst? Wenn ich der Absicht Gottes Glauben schenke, was sagt mir dann dieser Glaube für die Einschätzung meiner selbst? *Wenn* ich das einmal riskiere, dieser Ansage Gottes zu glauben – und wem sollte man denn noch Glauben schenken, wenn nicht Gott? –, dann steigt in mir unweigerlich und unabwendbar diese Frage auf: Habe ich eigentlich schon einmal den Mut gehabt, mich selbst so anzuschauen, mich so zu begreifen, daß ich sehe: da ist jemand – und nicht irgend jemand, sondern Gott persönlich! –, der mich mag, mich so sehr mag, daß er sich selbst und das Seine verläßt und sich auf den Weg macht zu mir, um bei mir daheim und mit mir zu Hause zu sein? Mit welchen Augen schaue ich mich an, wenn ich das einmal wirklich gelten lasse? Lasse ich mir für mich selbst die Augen öffnen, was ich, jedenfalls für Gott, bedeute? Freilich, noch einmal muß es gesagt werden: Im Anblick *dieses* Gottes, im Anhören *dieses* seines Wunsches stellt man sich selbst in Frage, staunend und „einfach nicht glauben könnend" (wie wir dann zunächst immer sagen), daß das *die* Wirklichkeit sein soll, daß ich selbst wirklich der sein soll, den Gott persönlich meint! „Wer bin ich, daß du, Gott, mich zum Inhalt deines Lebenswunsches machst?" (Denn Gott *gab* mir ja *sein* Leben, auf daß ich lebe und er mir Gott sein könnte: was anders feiern wir denn Weihnachten!)

Wenn also Gott bei mir weilen und bleiben möchte, wieso habe ich dann Langeweile mit mir selbst oder wieso meine ich, mich nicht ertragen zu können, geschweige denn an mir Gefallen zu finden, mich selbst zu lieben? Bin ich schon einmal wirklich und ganz wach und bewußt bei mir selbst eingekehrt, um zu schauen und sogar zu erleben, wer ich und was ich bin, so daß sogar Gott selbst zu mir kommen möchte, um bei mir zu bleiben, auf daß sich darin unsere gemeinsame Lebensfreude (auch die Lebensfreude Gottes selbst! vgl. Spr 8,31 und manche Psalmen) erfülle?

## Alle Tugenden quellen aus Gottes Herz

DAVID VON AUGSBURG

Da auch zu den anderen Künsten, die in kurzer Zeit zergehen und die nur zu Geringem nütze sind, so viel Wissenschaft, Kenntnisse und Werkzeuge gehören, ist es kein Wunder, wenn die Kunst, die ewig und zu allen Dingen von Nutzen ist und mit der man das Himmelreich erwirbt und ohne die niemand genesen kann und die niemand in ihrer Art zu verbessern vermag und in der die höchste Weisheit beschlossen ist, nämlich tugendliches Leben: wenn diese Kunst viel Lernen, Fleiß und Umsicht bedarf und manches Stück Mühe und Arbeit. Da in dieser Welt niemand etwas Gutes, noch Ehren, noch Liebe ohne Mühe haben kann, was klagen wir dann darüber, daß es mühsam und schwer sei, was so nützlich und dauerhaft ist. Tugend wird nicht erst nach dem Tode nützlich; sie ist schon hier das Liebste, Süßeste und Werteste, das die Welt hat unter allen Dingen.

So schön ist rechte Tugend, daß selbst ihre Feinde sie loben müssen; so wert ist sie, daß man um ihretwillen alle Gebresten übersieht. Wo man sie hat, mag der Mensch unadelig sein, arm sein, krank sein, mißgestaltet sein, unberedt sein, ungelehrt sein in Büchern oder anderer Fertigkeit, ja siech oder aussätzig sein: das übersieht man allesamt und hat ihn lieb und wert, wenn er lautere Tugend hat. Wer aber tugendlos ist, der ist unwert in aller Leute Herzen, wenn ihm auch manche aus Schmeichelei oder aus Furcht beistimmen und betrügerisch zuliebe sprechen. Denn die Tugenden quellen aus reinem Brunnen, das heißt aus Gottes Herz, das alles Guten Ursprung ist. Darum behalten sie einen edlen Geschmack, wie weit sie immer fließen; aber je näher dem ersten Ursprung, desto stärker ist der Fluß und desto größer ihre Kraft und Süße.

## Der Geringe wird der Rettende

JOHANNES BOURS

Der große Theologe Erich Przywara SJ, der 1972 gestorben ist, hat sein Leben lang mit dem Wort gelebt: Deus semper maior. Gott ist größer! Gott der je immer Größere. Nach dem Wort des heiligen Augustinus: „Immer ist Er je größer, wie sehr wir auch wuchsen."

Jemand erzählte mir kurz nach dem Tode Przywaras, daß dieser in der sehr langen und schmerzlichen Todeskrankheit das Leitwort seines Lebens abgewandelt habe in „Deus semper minor"! Gott, der immer Kleinere! Gott, der immer mehr als Geringer in unsere Geringheit eingeht.

Beide Worte sind gewiß wahr. Aber in der Fußwaschung sehen wir, von welcher Gestalt die Größe Gottes ist. Die ältesten Lieder der Bibel singen von der Größe Gottes, der die Zedern des Libanon zerschmettert, dessen Stimme Eichen emporwirbelt (Ps 29), der die Rosse und Wagen Pharaos ins Meer schleudert. Aber an Jesus erkennen wir, wohin das „Herz" Gottes drängt: Deus semper minor! „Gott läßt sich aus der Welt herausdrängen ans Kreuz, Gott ist ohnmächtig und schwach in der Welt, und gerade so ist er bei uns und hilft uns ... Hier liegt der entscheidende Unterschied zu allen Religionen. Die Religiosität des Menschen weist ihn in seiner Not an die Macht Gottes in der Welt, die Bibel weist den Menschen an die Ohnmacht und das Leiden Gottes; nur der leidende Gott kann helfen" (Dietrich Bonhoeffer).

Der Geringe, Unansehnliche, Unauffindbare wird der Rettende!

Ob Gott, der Gott Jesu, nicht lieber bei den ganz Geringen ist? Bei denen, die kein Denkmal haben? Bei den Armseligen? Deus semper minor!

Ob es nicht mein Glück ist, daß Gott so ist?

Mit dem neuen Bild Gottes, das Jesus gebracht hat, hat er auch ein ganz neues Bild vom Menschen heraufgeführt. Er hat die Fundamente der Sklavenhaltergesellschaft erschüttert, er hat die Fundamente des Herrschaftsdenkens erschüttert. Er hat die Ohnmacht der Liebe zum Lebenszentrum der Welt werden lassen: So hat er die große Umwandlung (Re-volution) heraufgeführt. Die Fußwaschung ist das große Symbol dafür!

*Er war Gott gleich,*
*hielt aber nicht daran fest, wie Gott zu sein,*
*sondern er entäußerte sich*
*und wurde wie ein Sklave*
*und den Menschen gleich.*
*Sein Leben war das eines Menschen;*
*er erniedrigte sich*
*und war gehorsam bis zum Tod,*
*bis zum Tod am Kreuz.*
*Darum hat ihn Gott über alle erhöht*
*und ihm den Namen verliehen,*
*der größer ist als alle Namen,*
*damit alle im Himmel, auf der Erde und unter der Erde*
*ihre Knie beugen vor dem Namen Jesu*
*und jeder Mund bekennt:*
*‚Jesus Christus ist der Herr' –*
*Zur Ehre Gottes, des Vaters. (Phil 2, 5–11)*

Deus semper maior. Deus semper minor.

„Begreift ihr, was ich euch getan habe?" – Wir hören die Frage gerichtet an die Kirche unserer Zeit! In dem Buch „Kirche im Wandel" (eine kritische Zwischenbilanz nach dem II. Vaticanum) beginnt H. J. Pottmeyer das Vorwort zur deutschen Ausgabe mit dem Satz: „Wird das Zweite Vatikanische Konzil im nachhinein scheitern? Diese Frage stellt sich heute vielen Christen. Ist die spirituelle Kraft zu schwach, ist das Gewicht eingefahrener Abläufe und Institutionen zu schwer, um der Kirche als brüderliche Gemeinschaft, als communio, die das Konzil wiederentdeckte, zu Leben und Gestalt zu verhelfen?"

Ob die Erneuerung der spirituellen Kraft in der Kirche von heute nicht zutiefst davon abhängt, wie sie die Frage Jesu bei der Fußwaschung versteht und lebt? Ob sie in ihrer Christusliebe die Glaubenskraft hat, sich selber loszulassen, zu entäußern, indem sie sich entschlossen auf die Seite der Armen, der armen Völker stellt?

Im Jahre 1962 schrieb Johannes XXIII. das Wort: „Die Kirche stellt sich so dar, wie sie ist und sein will: die Kirche aller und besonders die Kirche der Armen." Und Kardinal Lercaro von Bologna sagte auf dem Konzil: „Wenn die Kirche wirklich, wie man so oft gesagt hat, das Thema dieses Konzils ist, kann man in voller Übereinstimmung mit der ewigen Wahrheit des Evangeliums und gleichzeitig in voller Übereinstimmung mit der gegenwärtigen Situation behaupten: Das Thema dieses Konzils ist die Kirche, insofern sie vor allem die Kirche der Armen ist!"

Seit diesen Worten hat sich das Bewußtsein der Kirche weiter gewandelt. Ob nicht im Hinhören auf die Frage Jesu bei der Fußwaschung „Begreift ihr ...?" eine Kirche, die bereit wäre, die den Mut hätte, unbeirrt im Sinne Jesu zu dienen; die bereit wäre, aus der ecclesia semper maior – wie sie das 19. Jahrhundert noch gesehen hat – eine ecclesia semper minor zu werden, eine Kirche der „Karriere nach unten" (Heinz Schürmann); ja die den Mut hätte, sogar unterzugehen, wenn ihr im Dienst an den Menschen jede Macht entzogen würde; die bereit wäre, sterbendes Weizenkorn zu sein – ob sie nicht darin ihr Ostern erfahren würde?

## Der Preis, um den Gott „erhältlich“ ist

KARL RAHNER

Vielleicht kommen mir „Sternstunden“ nur in der Gestalt des Alltags entgegen. Ich kann sie übersehen: das bißchen Geduld, das meiner Umgebung das Leben ein wenig erträglicher machte; die unterlassene Ausrede; das wirkliche Geltenlassen des Tadels eines andern an mir (Gott, wie schwer ist das, wenn es sich um Dinge handelt, die meine Eigenliebe berühren), das Sterbenlassen eines Unrechts, das man mir angetan hat, in mir selbst, ohne durch Klage, Grimm, Bitterkeit und Vergeltung dieses Unrecht sich weiterzeugen zu lassen; die Treue im Gebet, das nicht durch „Trost“ und ein „religiöses Erlebnis“ belohnt wird; der Versuch, diejenigen zu lieben und nicht nur mit verschlucktem Grimm aus wohlverstandenem Egoismus zu ertragen, die mir auf die Nerven gehen; die Toleranz, in der man die Untoleranz des andern nicht mit Untoleranz heimzahlt; die heruntergeschluckte Klage und das unterlassene Selbstlob und viele andere Dinge, die erst eigentlich gut würden, wenn man sie immer übte.

Man muß solche Selbstverständlichkeiten des Alltags nur einmal wirklich versuchen. Dann werden sie schrecklich. Sie können einen fast umbringen, wenn sie nicht nur in klugen homöopathischen Dosen angewandt werden.

Wo man durch „nichts“ mehr belohnt wird, d.h. durch nichts Angebbares, weder außen noch innen, da ist als dieses „nichts“ in Wahrheit Gott gegenwärtig, und der endliche Verlust ist der unendliche Gewinn, dessen Schätzung eingeübt wird durch diesen Verlust. Man „zahlt drauf“ im Leben mit sich selbst. Und nur um diesen Preis ist Gott erhältlich.

Solche Mystik des Alltages ist Gnade. Ganz und gar Gnade. Aber das sagt ja nicht, daß man nichts zu tun habe als den gottlosen Versuch zu warten, bis Gottes Gnade einen gegen seinen Willen zwinge. Sie „zwingt“ nämlich, indem sie den guten Willen gibt, und dieser so von Gott geschenkte gute Wille sieht sich von unten an wie die große und ehrliche Anstrengung des Menschen selbst. Diese aber muß man richtig führen, indem man lernt, Geschmack zu finden an der Ewigkeit in der Zeit durch die Einübung der Mystik des Alltags.

## „Er lebte nicht sich selbst zu Gefallen"

### Dem Nächsten zu Gefallen leben

HEINRICH SCHLIER

Wir wissen ja: der Mensch lebt letzten Endes immer sich zu Gefallen. Wir leben uns zu Gute, wir leben für uns und nicht dem anderen zu Gute, nicht für ihn. Das zeigt sich, wenn man sich beobachtet, in kleinen alltäglichen Dingen und bei großen Entscheidungen, es zeigt sich im persönlichen und öffentlichen Leben. So wie wir Menschen sind und so wie wir uns immer von neuem erweisen, sind wir voll Sehnsucht. Von daher kommt, wie der Apostel Paulus mit Nachdruck betont, alle Un-gerechtigkeit und alle Selbst-gerechtigkeit. Und aus ihnen ergibt sich all das Elend, das in den Herzen und in der Welt wohnt.

Und nun ist hier in Jesus Christus einer, der seinem Wesen und seinem Handeln nach nicht sich selbst suchte und nicht für sich oder sich zu Gute lebte, sondern für Gott und für die anderen Menschen da war. Das verdeutlicht mit einem Schriftwort der nächste Satz in unserem Zusammenhang: „Sondern (es ist so) wie geschrieben steht: Die Schmähungen derer, die dich (Gott) schmähen, sind auf mich gefallen" (Röm 15,3b). Jesus lebte so, daß er sich zu Gott, ja vor Gott stellte und auf sich nahm, was von seiten der Menschen an Schmähungen in Wort und Tat Gott zugedacht war. Das war aber auch das, was sie aus Abneigung gegen Gottes Willen sich gegenseitig an Bösem zufügten. Das nahm er in Liebe an und trug es in Geduld. Das aber nahm er ihnen damit auch ab und ließ es in seinem Tod ersterben. Er hielt die Feindschaften der Menschen aus für Gott und vergab in seinem Sterben. Er „lebte nicht sich zu Gefallen", er durchbrach die Regel der Selbstgefälligkeit. So wie es 1 Petr 2,23ff. heißt, gleichsam in einem Kommentar zu unserem Wort: „Der da geschmäht wurde und nicht wieder schmähte, litt und nicht drohte, sondern es dem übergab, der gerecht richtet. Er selber trug unsere Sünden auf seinem Leib hinauf an das Holz, damit wir von den Sünden loskämen und der Gerechtigkeit lebten. Durch seine Striemen wurdet ihr geheilt."

Aber dieses Kreuz – nicht sich zu Gefallen leben – bestimmte schon Jesu ganzen Weg, der nicht zufällig am Kreuz endet. Von Anfang bis zum Ende seiner Wirksamkeit war er für die Menschen da, indem er ihnen in Wort und Zeichen Gottes Willen zu erfahren gab. Von Anfang bis zum Ende seines Weges war er aber auch für Gott da, indem er sich vergebend zu den Sündern stellte. Das aber führte zum Kreuz. Deshalb läßt der Evangelist Markus schon am Ende des ersten Berichtes über die Ereignisse in Galiläa die Pharisäer und Herodianer beraten, „wie sie ihn töteten" (Mk 3,6).

Gott treffen die Schmähungen nicht mehr. Jesus Christus ist dazwischen getreten und hat sie auf sich und mit in seinen Tod hinabgenommen. „Er lebte nicht sich selbst zu Gefallen", sondern uns Menschen. Sollten wir aber dann nicht hören wollen, wozu der Apostel nun uns aufruft, nämlich dazu: „Ein jeder von uns lebe dem Nächsten zu Gefallen, zum Guten, zur Erbauung" (Röm 15,2)?

## Erst im „Armen" ist Platz für Gott

FRANZ M. MOSCHNER

Armut ist die Freiheit von allem, was nicht Gott ist; ein Nichtgebunden-Sein, Nicht-gefesselt-Sein. Und darum ein Folgenkönnen, wenn und sobald der Anruf der großen Liebe vernommen wird. Erst im „Armen" ist Platz für Gott und sein Wirken, für seinen heiligen Willen, der Liebe ist. Erst hier kann sich Gott auswirken und steht ihm alles zur Verfügung. Gewiß ist solche Armut kaum je etwas ganz Vollendetes. Im „Armen" wird immer noch ein wenig „Ich" sein, das Gott Raum vorenthält, das zäh und hartnäkkig um sein bißchen eingebildetes Eigenrecht kämpft und nur ganz, ganz langsam zurückweicht, und unter wie vielen Schmerzen! Alles, was wir „Leiden" nennen, zielt hierher: es ist die Weise, wie Gott frei macht, das Ich schwinden läßt, den Raum für sich gewinnt.

Wenn wir beten „Dein Reich komme!", dann beten wir, daß wir ganz arm werden möchten. Gott zuliebe.

Das Gefühl wird langsam mattgesetzt. Die „schönen" Gedanken hören auf. Man sieht auch nichts mehr. Und das Herz scheint wie tot zu sein. Und man geht doch weiter. Dann bitte ich: er möchte diesen erschreckend leeren Raum mit sich selber besetzen!

## Gott hält nichts fest, er schenkt

HEINRICH SPAEMANN

*Jesus ist arm.* Jesus war arm. Warum? Weil Gott arm ist. Denn wenn man Armut an der Habe mißt, die einer für sich hat, und mit der Frage, wieviel oder wie wenig, dann ist Gott völlig arm. Gott ist, er hat nicht, denn er ist Liebe. Je wirklicher Liebe ist, um so gewisser behält sie nichts für sich, sondern schenkt alles. Gott ist die Liebe, das bedeutet: Er „besitzt" nichts, er hält nichts fest, er schenkt. Er schenkt sich dem Sohn, und er schenkt den Sohn uns, um uns an dessen Sohnschaft zu beteiligen und durch ihn und mit ihm an seiner eigenen Seligkeit. Alles, was Gott ist, was er schafft und tut, hat den Sinn und das Ziel der Schenkung. Alles Geschaffene ist dazu da, daß es am Ende, wenn das Ganze der Schöpfung zur Vollendung gelangt, in Gott hinein geschenkt und verklärt werde, Dasein als ein nie endendes Beschenktwerden und Weiterschenkendürfen erfahre.

Gott sagt also nicht und nie: Das ist *mein* Besitz. So lange wir noch so sagen und entsprechend handeln, nicht hergeben, sondern festhalten, was der Liebe gehört, verhalten wir uns gottfremd. Es geschah etwas wie eine Spiegelung des göttlichen Verhaltens in den ersten Gemeinden, wenn es da von ihnen heißt: „Keiner sagte von seinem Besitz, daß ihm etwas gehöre" (Apg 4,28). Sie hatten noch Besitz, aber er war bei ihnen in die Verfügung der Liebe gekommen, diente frei dem anderen, diente allen, so wie die Liebe, die alle frei will, es jeweils nahelegte. Das war Jesu Geist. Jesus lebte von der Liebe des Vaters, aber auch seiner Menschenbrüder und -schwestern, in denen der Vater die Liebe zu ihm weckte. Und wie er Liebe empfing, so schenkte er sie, das bedeutet für ihn: Er konnte nie weniger schenken als sich, auch wenn er schenkte, was er je etwa hatte. Und er hatte nie etwas, was er für sich behalten oder gehortet hätte, was nicht dem Schenken diente.

Armsein heißt angewiesen sein auf Beschenktwerden, wie Jesus es bei seiner Geburt war und sein Leben lang durchhielt. „Gib mir zu trinken!", so hebt – zeichenhaft – sein Gespräch mit der Samariterin an (Joh 4,7). Er läßt sich geben, bevor er gibt. Er läßt anderen den Vortritt im Geben. Er läßt Gott, seinem Vater, den Vortritt. „Alles, was der Vater mir gibt, das kommt zu mir", sagt er (Joh 6,37). – Alles, nicht alle. Er hat nichts, es sei denn, es komme vom Vater, er nimmt sich nichts selbst, er sorgt sich nicht um sich selbst. So läßt er auch nicht seine Möglichkeiten spielen – die seines Geistes, seiner Intelligenz, seiner inneren Macht –, um von sich aus etwas zu erreichen, Steine in Brot zu verwandeln, Eindruck zu machen, Menschen von außen zu verändern, ein Programm für sie abzuwickeln. Er weiß, jede Veränderung des Menschen außerhalb der Liebe verändert ihn nicht zu Gott hin, sondern wieder nur zum Tod hin. Er läßt sich den Menschen so geben, wie er ist, in seiner Sünde, seinem Elend, seiner Mißgestalt. So wie er ihm gegeben ist und begegnet, liebt er ihn, und seine Liebe allein verändert ihn, von innen her, von Gott her. Selber arm, liebt Jesus den Armen.

## Das Sieb der Geduld und des Maßes

ALBERT KRAUTHEIMER

„Da sind mir die Nerven durchgegangen." „Da konnte ich mich nicht mehr halten." „Da bin ich losgeplatzt." „Da ging mir der Gaul durch." „Da sah ich nur noch rot." „Da konnte ich mich nicht mehr beherrschen." – Das ist eine Blütenlese von Ausdrükken, wie wir sie alle Tage hören können oder selber hören lassen.

Wer so etwas sagt, macht vor andern immer eine Siegermiene. Vor sich selber weiß er aber mit ziemlicher Sicherheit, daß er da wieder einmal eine Niederlage erlitten hat und daß er keinen Lorbeerkranz aufs Haupt verdient, sondern eine Narrenkappe. Und die andern wissen das auch, selbst wenn sie vielleicht beipflichten: „Das hast du gut gemacht."

Was ist gut gemacht mit Ungestüm und Überstürzung, mit spontanem Draufgängertum? Gar nichts! Alles ist schlecht gemacht, was nicht durch das Sieb der Geduld und der Klugheit und des Maßes gegangen ist. Der heilige Paulus war auch einmal so ein Springinsfeld, so ein Husar mit gezückter Lanze, der aufs Ganze ging, ein biblischer Don Quichotte. Dann kam Pauli Bekehrung (Fest 25. Januar); da hat ihm Gott einen Radschuh untergelegt, eine sehr plötzliche und heftige Bremse. Viele Jahre später, es war schon gegen Ende seiner weitgreifenden Laufbahn, sah er zurück auf seinen Weg und schrieb an die Römer den aus Selbsterfahrung stammenden Satz: „Laß dich nicht vom Bösen überwinden, sondern überwinde du das Böse durch das Gute!"

Welch ein guter Rat! Wie leicht gesagt! Wie schwer getan! An der üblichen Entschuldigung: „Das ist Temperamentssache", ist viel Richtiges. Trotzdem ist am Rat des Völkerapostels nichts falsch, sondern alles richtig. Nur vermögen wir nicht von heute auf morgen umzuschalten. Aber versuchen müssen wir es alle Tage und langsam etwas weiterkommen in der Kunst der Selbstbeherrschung, selbst wenn es in der Art der Echternacher Springprozession wäre: zwei Schritte vorwärts, einen zurück.

Solches zu empfehlen ist immer peinlich, weil einem ja jeder Bekannte sagen kann: „Und du? Liegst du nicht im gleichen Spital?"

Doch, doch! Und alles, was ich hier schreibe, flüstere ich mir selber ins Ohr und schreie es mir ins Herz. Wenn's einem meiner Leser gut tut, sei ihm das gebeichtet. Nachher aber wollen wir beide anfangen, das Böse durch das Gute zu überwinden, nicht wahr?

## Gott allein genügt

WALTRAUD SCHMITZ-BUNSE

In den letzten Jahren bin ich gelegentlich – manchmal anhaltend – sehr müde im Glauben geworden. Weil sich sehr viel verändert hat. Weil ich jung war, als mein Mann starb. Weil ich zuviel gearbeitet habe und gewiß manchmal übertrieben gekämpft auf der großen Wiese der streitenden Kirche. Die Spielregeln waren nicht immer fair. Nein. Jetzt, da ich mehr Zeit habe, kommt die Traurigkeit. Bin ich denn ein gläubiger Mensch? Habe ich mich auf die richtige Weise um meine Seele gekümmert? Wahrscheinlich nicht. Immer noch bin ich sehr rasch dabei, andere zu trösten, viele junge Leute, – sie sind nicht immer katholisch oder wenigstens christlich. Traurig sind sie trotzdem. Für die bei den Christen endlich wachsende Friedensbewegung bin ich dankbar. Gut. Nur, das kommt so spät!

Was bleibt einem Menschen, der sich langsam aber sicher der beruflichen Altersgrenze für Frauen nähert, der müde ist, aber leider immer noch viel zu rasch verwundbar? Ich habe nicht die richtige Schutzvorrichtung für mich gefunden. Da sind einige Freunde. Die habe ich lieb. Da sind die Nächsten, die einem so über den Weg laufen. Und ich habe sie wenigstens für die Zeit der Begegnung lieb. Manchmal gelingt es mir, Menschen direkt zu helfen. Sehr oft nicht. Nein, es ist kein Aktivismus, der mich antreibt. Es ist der Wunsch, etwas heil zu machen, wenigstens einen Tag zu retten. Denn ich fürchte mich, wie viele, vor einer Zukunft, die vom Wahnsinn atomarer Aufrüstung geplant ist. Vor dem Tod fürchte ich mich nicht. Ich glaube an die frohe und schwere Botschaft Gottes, an Jesus. Ich hoffe, daß ich an ihn denken kann, daß er mir nahe ist, wenn ich sterbe. Ich glaube an die Auferstehung des Sohnes Gottes, unseres Bruders. Manchmal versuche ich, andere damit zu trösten, mit meinem Glauben, der nichts anderes ist, als eine von mir nicht restlos durchschaute, aber erlebte Geschichte einer großen Liebe. Sie hat mich nicht vollkommen oder heilig gemacht. Aber es ist wohl Gnade, daß ein Mensch im Ernst, in Trauer, in Angst und in jeder Freude kein Mühe hat zu glauben: Gott allein genügt.

# Das Herz ist die Lebensmitte

## Wer sind wir noch, wenn wir keine Beschäftigungen mehr haben?

HENRI J. M. NOUWEN

Eines der auffälligsten Merkmale unseres Alltagslebens ist der Umstand, daß wir voller Betriebsamkeit sind. Wir erleben, daß alle unsere Tage randvoll gestopft sind mit Dingen, die es zu tun gibt, mit Menschen, die wir sprechen müssen, mit Vorhaben, die wir ausführen, mit Briefen, die wir schreiben, mit Anrufen, die wir tätigen, mit Verabredungen, die wir einhalten müssen. Unser Leben ist oft wie ein zu voll gepackter Koffer, der aus den Nähten zu platzen droht. Fast immer haben wir den Eindruck, hinter dem zurückzubleiben, was wir eigentlich leisten müßten. Ständig bedrängt uns das Gefühl, daß wir Aufgaben unerledigt, Versprechen nicht eingelöst, Vorsätze nicht ausgeführt haben. Immer gibt es noch etwas, an das wir hätten denken, das wir hätten tun oder sagen müssen. Eine ganze Reihe Leute warten noch darauf, daß wir mit ihnen sprechen, ihnen schreiben, sie besuchen. So laufen wir zwar ständig auf Hochtouren, und doch schwelt in uns unausrottbar das Gefühl, daß wir nie alle unsere Pflichten erfüllen.

Das Merkwürdige ist nun, daß es uns allen sehr schwerfällt, nicht voll ausgelastet zu sein. Voll ausgelastet zu sein ist ein Statussymbol geworden. Die Menschen erwarten, daß das bei uns so ist und daß wir selbstverständlich tausend Dinge im Kopf haben. Eine ständig wiederkehrende Redewendung unserer Freunde ist: „Ich weiß, du hast wieder viel zu tun", und sie verstehen das als Kompliment. Sie bestätigen die allgemeine Auffassung, es sei gut, viel zu tun zu haben.

Wer nicht weiß, was er in der allernächsten Zeit zu tun hat, versetzt seine Freunde in Nervosität. Viel zu tun zu haben scheint oft das gleiche zu bedeuten wie: ein wichtiger Mensch zu sein. Viele Anrufe beginnen mit der Redewendung: „Ich weiß, Sie haben viel zu tun. Aber hätten Sie eine Minute Zeit für mich?", und dahinter steckt die Auffassung, eine Minute, die ein Mensch mit überfülltem Terminkalender gewährt, sei mehr wert als eine ganze Stunde, die jemand aufbringt, der nicht viel zu tun hat.

In unserer auf Leistung getrimmten Gesellschaft sind die Geschäftigkeit und der Umstand, etwas zu tun zu haben, zu einem der wichtigsten Mittel, wenn nicht zum *Haupt*mittel dafür geworden, um unsere eigene Identität aufzubauen. Wenn wir nicht beschäftigt sind, ist nicht nur unsere wirtschaftliche Sicherheit, sondern auch diese Identität in Gefahr. Das ist der Grund dafür, weshalb so viele Menschen dem Zeitpunkt ihrer Pensionierung mit Bangen entgegensehen. Denn wer sind wir noch, wenn wir keine Beschäftigung mehr haben? ...

Unsere Gesellschaft fördert nicht nur den Zustand, daß wir unablässig beschäftigt sind, sondern sie sorgt auch dafür, daß wir uns ständig Sorgen um die Zukunft machen. Zeitungen, Rundfunk und Fernsehen servieren uns ihre Meldungen in einer Aufmachung, die uns das Gefühl gibt, ständig in einer akuten Notlage zu leben. Die erregten Stimmen der Reporter, ihre Vorliebe für schaurige Unfälle, grausame Verbrechen und perverses Verhalten, die stündliche Berichterstattung über menschliches Elend zu Hause und anderswo flößen uns nach und nach das alles durchdringende Gefühl ein, uns stehe unausweichlich das Verhängnis bevor. Dazu rollt noch pausenlos über alle diese schlimmen Nachrichten die Lawine der Werbung. Unbarmherzig hämmert sie uns unablässig ein, uns entgehe Wesentliches, wenn wir nicht dieses Buch lesen, jenen Film sehen, den und den Vortrag hören und das und das neue Produkt kaufen. Sie steigert damit noch unsere innere Unruhe und fügt zu unseren bereits vorhandenen Sorgen noch eine Anzahl künstlicher Sorgen hinzu. Der Eindruck drängt sich auf, unsere Gesellschaft sei darauf angewiesen, daß all diese künstlichen Sorgen und Bedürfnisse aufrechterhalten werden. Was würde passieren, wenn wir plötzlich keine Sorgen und Bedürfnisse mehr hätten? Könnte unsere Gesellschaftsordnung, wie sie heute beschaffen ist, überhaupt noch weiter funktionieren, wenn unser Verhalten plötzlich nicht mehr bestimmt wäre von der Sucht nach soviel Zerstreuung, nach soviel Reisen, nach so vielen Dingen, die wir unbedingt kaufen müssen, nach einer derartigen Rüstung?

Es ist tragisch, daß wir uns tatsächlich in einem Geflecht falscher Erwartungen und selbsterfundener Bedürfnisse verheddert haben. Unsere vielen Beschäftigungen und Sorgen füllen unser äußeres und inneres Leben bis an den obersten Rand. Sie versperren uns für den Geist Gottes, so daß er uns nicht durchwehen und unser Leben neu schaffen kann.

## Die Zeichen der Zärtlichkeit sind es, die uns verwandeln

HANS-JOACHIM RENNKAMP

Hat die Heilige Schrift der Christen keine Antwort bereit auf den Hunger nach Zärtlichkeit, der heute nicht nur junge Menschen erfüllt? Gewiß predigen wir aufrichtig, wenn auch meist sehr steril und monoton: Gott ist die *Liebe*. Um aber verständlich zu machen, was wir damit meinen, wäre es wohl gut, diesen abgegriffenen und mißbräuchlichen Begriff durch den der *Zärtlichkeit* zu ersetzen. So verliert die christliche „Liebe" ihre liturgische Blässe und theologische Abstraktheit. Das führt keineswegs zu Verharmlosung oder Abschwächung, vielmehr zu einer „Inkarnierung", Intensivierung und Verdichtung. Die Haut- und Herznähe der Liebe wird plötzlich sichtbar und spürbar. Sagen wir es mit den Worten eines neunjährigen Jungen: Wenn du mich zart und sanft berührst, wenn du mich anschaust und mir zulächelst, wenn du mir manchmal zuhörst, bevor du redest, werde ich wachsen, wirklich wachsen.

Ein achtjähriges Mädchen fragte mich kürzlich in einer Gruppenstunde zur Vorbereitung auf die Erstkommunion (es war gerade zur Erstbeichte gegangen): Ist der Pastor im Beichtstuhl nur jetzt zu uns Erstbeichtkindern so nett oder auch später noch, wenn wir groß sind?

1967 entdeckte der amerikanische Psychoanalytiker Arthur Janov ganz zufällig die befreiende Wirkung des Hervorbrechens verdrängter Leiderfahrungen, von ihm Urschmerz genannt. Einer seiner Patienten hatte während der Analyse einen Anfall bekommen, den Janov diesmal jedoch nicht zu unterbinden versuchte. Der Patient schrie mit der Stimme und dem Sprachschatz eines Kleinkindes um die Liebe der Eltern. Danach sagte er seinem Therapeuten, er sei jetzt zum ersten Mal imstande, wirklich zu fühlen. Das Baby, das dieser Mensch einmal gewesen ist, hatte mit einem „Urschrei" seine ganze liebeleere Kindheit noch einmal wachgerufen.

Wir alle haben das Bedürfnis, von anderen anerkannt, angenommen, ja berührt zu werden. Eine wichtige Übung in gruppendynamischen Kursen ist die Überwindung von Berührungsängsten. Der „Hunger nach Berührung" (Berne) und Anerkennung kann durch Streicheln befriedigt werden, mit dem eine Anerkennung der Gegenwart des andern verbunden ist. Damit ist nicht nur die körperliche Berührung gemeint, sondern jede Art der Anerkennung. Das kann geschehen in Form eines Blickes, eines Wortes, einer Geste, einer Handlung, die besagt: „Ich weiß, du bist da, du bist für mich da!" Wohl in kaum einer anderen Weise fühlen wir uns in unserer Würde mehr bestätigt, als wenn wir von Vater oder Mutter, vom Lehrer oder Freund „positives Streicheln" erfahren.

Und doch bringen wir es so selten übers Herz, einen anderen zu loben, seine Leistung, seine schüchterne Aufmerksamkeit für uns wahrzunehmen und das auch hörbar auszusprechen oder auch einfach dem anderen unsere Sympathie zu bekunden: „Ich freue mich, daß du meine Tochter bist." „Es macht mir Freude, mit Ihnen zusammenzuarbeiten."

Die Zeichen der Zärtlichkeit sind es, die uns selbst und unseren Mitmenschen verwandeln. Es sind unsterbliche Zeichen, unscheinbare Denkmale der Liebe, die alles überdauern. Sie gehen unter die Haut und verursachen eine geheimnisvolle Kettenreaktion des Wohlwollens. Nur so wird die unheilvolle „Kette" unterbrochen, die Elisabeth Heck so beschreibt: „Warum schlägst du deinen Hund / frage ich das Kind / Mein Bruder hat mich geschlagen / antwortet das Kind / Warum schlägst du den Kleinen / frage ich seinen Bruder / Mein Vater hat mich geschlagen / antwortet der Junge."

Wenn Zuhören eine der schönsten Formen des Streichelns ist, dann ist Gott der Zärtlichste unter allen; denn er redet uns nie dazwischen; er läßt uns ausreden, ausweinen, aushandeln wie den verlorenen Sohn, dem er am Ende die Hände reicht und den er schweigend in seine Arme schließt. Die tröstlichste Form der Zärtlichkeit zeigt sich in der Vergebung und Versöhnung, indem Jesus als guter Hirt dem Verlorenen nachgeht und als Arzt dem Kranken Heil zuspricht.

Wenn Jesus den Kindern die Hände auflegt und sie gegen den Unwillen der Jünger in Schutz nimmt, bezeugt der Herr seine tiefe Zuneigung zu den „Kleinen", von Menschen so leicht Übersehenen, die aber der „große" Gott schon vor Grundlegung der Welt erwählt hat. Mit welch männlicher, weiser Zartheit weist Christus die Schriftgelehrten zurecht, die ihm eine Ehebrecherin zur Verurteilung zuführen: „Wer von euch ohne Sünde ist, der werfe den ersten Stein!" Er stößt sie vor den Kopf, damit sie aufwachen, aber er läßt ihnen noch eine Tür offen, auch selbst Vergebung zu suchen. Noch der kreuztragende Jesus wendet sich voller Zärtlichkeit den weinenden Frauen zu und und tröstet sie. Und eines der letzten Worte des Sterbenden ist nicht von Resignation oder Haß geprägt, sondern von unermeßlicher, weil auch die Feinde miteinschließender Güte: „Vater, vergib ihnen, denn sie wissen nicht, was sie tun!" Christus hat nie sein eigenes Leben in die Arme genommen, immer nur das der anderen.

Emil Nolde hat mit seinem Bild „Der große Gärtner" am treffendsten dargestellt, was die Schöpfung in den Augen des Schöpfers bedeutet. Man sollte den Schöpfungshymnus der Genesis im Licht dieses Bildes lesen und deuten. Mit zärtlicher Sorgfalt betrachtet und berührt der Gärtner jede einzelne Blume in seinem Garten. „Und Gott sah, daß es gut war", lautet der wiederkehrende Refrain des Schöpfungsliedes. Eine Welt, die von einer solch treuen Liebe umschlossen ist, wird selbst in ihrer Leidensdimension nie ganz unerträglich, nie total sinnlos, nie restlos vergeblich sein können. In aller Unbehaustheit und Wurzellosigkeit kann der Mensch wissen, wohin er gehört, wo er zu Hause ist. Noch im Verlust der Nähe Gottes darf der Mensch der Freundschaft seines Schöpfers gewiß sein: „Und Jahwe Gott machte dem Menschen und seinem Weibe Kleider aus Fellen und bekleidete sie damit."

Gott behält seine Hand im Spiel. Sein starker Arm und seine ausgestreckte Hand liegen manchmal lastend, aber immer auch stärkend, wegweisend und bergend über seinem Volk. Es hat im Alten Testament die Geschichte der Zärtlichkeit und Treue Gottes niedergeschrieben in dem Bewußtsein, seiner Liebe niemals zu entkommen: „... nähm ich des Morgenrots Schwingen und ließe mich nieder am fernsten Gestade, auch dort noch wird deine Hand mich geleiten ..." (Ps 139,9.10). Und selbst die Offenbarung seines Namens an Mose ist letztlich die Offenbarung einer Macht, die Liebe ist in ihrem Sein und Wirken: „Sage den Israeliten, der ‚Ich-bin-da' hat mich gesandt." Jahwe – ein Synonym für Zärtlichkeit, Nähe, treue Sorge! Wie könnte dieses Volk jemals seinen Retter vergessen: „Deine Hand zog mich aus tiefen Wassern."

Wer aus Gottes Händen hervorgegangen ist, wer sich ihnen anvertraut hat, kann auch nicht aus ihnen fallen. Nichts verleiht jedem einzelnen größere Würde, als daß sein „Name eingeschrieben ist in Gottes Hand". Die Vergangenheit der Menschheit liegt nicht in liebeleerem Dunkel, und ihre Zukunft endet nicht in der Nacht ohne Wiederkehr. Wir sind nicht aus einem „Urschmerz" geboren, sondern aus der zartfühlenden Umsorgtheit des Vaters, der sich in seiner Schöpfung und in seinem geliebten Sohn Jesus von Nazaret ein Denkmal seiner Liebe zu uns gesetzt hat.

## Sehnsucht nach dem zärtlichen Gott

OTTO BETZ

Zuwendung und Zärtlichkeit sind Lebenselixiere des Menschen. Erst wenn wir zuversichtlich erkennen, daß die anderen Menschen keine Wölfe sind, die sich auf uns stürzen und uns zerreißen wollen, sondern daß sie uns respektieren, unsere Eigenart achten, uns sogar fördern und einfühlsam begleiten, können wir uns auf den Weg machen und Selbstvertrauen gewinnen. ...

*Wenn wir so sehr Leib sind ...*

Wenn wir so abhängig sind von der mitmenschlichen Anteilnahme und den zärtlichen Impulsen, ist da nicht die Frage berechtigt, ob wir nicht auch vom *zärtlichen Gott* sprechen können? Gott hat sich kundgetan als der uns zugewandte Vater, als der Schöpfer, der will, daß sich das Leben entfalte. Die Sehnsucht nach dem Antlitz Gottes ist eine Sehnsucht nach seiner fürsorglichen Nähe und Zärtlichkeit. Wir haben dabei auf einiges zu achten, wenn wir uns nicht selbst etwas vormachen wollen.

Es scheint eine Urgefahr des Menschen zu sein, sich einen Gott nach eigenen Wünschen und Vorstellungen zu „zimmern". Wenn wir uns nur an unseren Sehnsüchten orientieren, geraten wir in die Gefahr, eine Projektion unserer Wunschvorstellungen für Gott zu halten.

Wenn wir die biblischen Zeugnisse bedenken, können wir beobachten, daß die Gotteserfahrung sich in einer polaren Spannung niederschlägt: er wird als der strenge und gerechte Herr *und* als der gütige und barmherzige Vater geschildert. Er hebt auf und schmettert nieder, er ist voll Licht, und doch ist er in geheimnisvolles Dunkel gehüllt, er geht dem Menschen barmherzig nach, aber er wird auch als eifersüchtig und strafend geschildert. Offensichtlich gehören diese beiden Seiten zusammen, es steht uns nicht zu, die eine oder die andere Seite herauszulösen und auszusondern. Wollen wir Gott nicht verharmlosen, dann müssen wir ihn auch als den strengen und fordernden Gott aushalten. Machen wir aber aus ihm nur noch den unnachsichtigen Richter, das eherne Prinzip der

Gerechtigkeit oder gar der Rache, dann eliminieren wir die verstehende und vergebende Seite Gottes, das Element des Trostes und der Barmherzigkeit. Vielleicht der auffälligste Charakter der biblischen Kunde vom lebendigen Gott ist, daß er sich nicht festlegen läßt. Es gibt nicht den Zeitpunkt, wo wir sagen können: „So ist Gott. Jetzt weiß ich, wer er ist, wie ich mit ihm dran bin." ... Er entzieht sich unseren Maßstäben und korrigiert unsere Vorstellungen und Bilder von ihm.

Wenn wir so sehr Leib sind und unsere Bedürfnisse und Fähigkeiten gerade in unserer Leibhaftigkeit sich ausdrücken, dann ist es naheliegend, daß sich auch Gott kundtut in einer Weise, die auf unser Bedürfen antwortet....

*Die Kunde vom mütterlichen Vater*

Selbstverständlich kann Gott auch in Bildern des Weiblichen und Mütterlichen verstehbar und nacherlebbar werden. Und die Bibel selbst verwendet solche Bilder ganz unbefangen.

„Ich war zu ihnen (den Israeliten) wie die Eltern, die den Säugling an ihre Wangen heben. Ich neigte mich ihm zu und gab ihm zu essen", heißt es beim Propheten Hosea (11,4). Und Jerusalem, die von Gott gebaute und wiedererrichtete Stadt, wird bei Jesaja zum Ausdruck mütterlicher Zuwendung Gottes an sein Volk: „Saugt euch satt an ihrer tröstenden Brust, trinkt und labt euch an ihrem Reichtum. So spricht der Herr: Die Kinder wird man auf den Armen tragen und auf den Knien schaukeln. Wie eine Mutter ihren Sohn tröstet, so tröste ich euch ... Wenn ihr das seht, wird euer Herz sich freuen, und ihr werdet aufblühen wie frisches Gras. So offenbart sich die Macht Gottes an seinen Knechten" (Jes 66,11 bis 14). Und in Psalm 27 wird angedeutet, daß Gott väterlicher *und* mütterlicher ist als unsere irdischen Eltern. „Wenn mich auch Vater und Mutter verlassen, der Herr nimmt mich auf ..."

Es ist also nicht das Bild des Vaters allein, das durchsichtig werden soll auf Gottes Gnadenhandeln, ebenso ist das tröstliche, fruchtbare, heilende Wirken der Mutter Anlaß, um einen Blick auf den „zärtlichen Gott" werfen zu können. „Gott kommt so sicher, wie die Morgenröte aufstrahlt, er kommt auf uns herab wie der Regen, wie der Frühlingsregen, der die Erde tränkt" (Hos 6, 3).

*Liebe und Strenge sind keine Widersprüche*

Unser Dasein ist von fruchtbaren Spannungen bestimmt. Eine Ganzheit ist immer aus Gegensätzlichkeiten zusammengesetzt.

Zartheit und Härte sind einander zugeordnet, Beweglichkeit und Festigkeit, Nachgiebigkeit und Stärke ebenso. Sie dürfen nicht als Alternativen angesehen werden, sondern als zusammenhängende Größen, die in ein lebendiges Gleichgewicht gebracht werden müssen.

*Zartheit* – darunter verstehen wir wache Aufmerksamkeit, Sorgfalt, Behutsamkeit, Einfühlungsgabe, Milde und Vergebungsbereitschaft. Ein zarter Mensch ist sensibel, er kann sich auf einen anderen Menschen einstellen, kann ihm entgegenkommen und ihn „von innen her" verstehen.

Aber es gibt auch ein Zerrbild der Zartheit. Dann wird ein Kind von seinen Eltern verwöhnt, von allen harten Seiten der Wirklichkeit abgeschirmt, alles wird vergeben und „übersehen". Diese Verzärtelung führt zu einer Realitätsflucht, ein Kind lernt nicht, in dieser Welt zu leben, sondern bildet sich zum Tyrannen aus, das den zärtlichen Umgang mit ihm zwar immerzu fordert und einklagt, ohne seinerseits sich mit einer ähnlichen Verstehensbereitschaft auf seine Umwelt einzustellen.

*Festigkeit und Härte* haben ebenso eine doppelte Ausrichtung. Einerseits vermitteln sie Wirklichkeitsnähe, Stabilität und innere Konsequenz. Wer eine zupackende Art hat, fordert damit andere heraus, er mobilisiert Kräfte und härtet ab, damit zum Beispiel Widerstandsfähigkeit gefördert wird.

Aber aus der Festigkeit kann leicht eine starre Haltung werden, die überfordert und dadurch entmutigt....

Auch das biblische Gottesbild verbindet die Pole. Gott ist der uns Entzogene, der nicht in unsere Verfügung gestellt wird und von uns durchschaut werden kann. Er neigt sich uns zu, aber niemand kann ihn in seinen Dienst nehmen. Er bleibt der Nahe und

Vertraute, gleichzeitig aber auch der Fremde und der absolut Überlegene.

*Der sensible Jesus*

Die Bibel macht uns nicht Angst mit Gott, sie droht nicht und schüchtert uns nicht ein; andererseits wird aber Gott auch nicht zum Erfüllungsgehilfen unserer Sehnsüchte und Wünsche. Gott steht quer dazu, sein Wort durchkreuzt unsere Projektionen und egoistischen Traumbilder. Wir werden über unsere Wunschvorstellungen hinausgeführt, die Grenzen des eigenen Denkens werden überschritten: Gott gibt sich als der Überraschende zu erkennen, der nicht berechnet und beschrieben werden kann....

In Jesus hat sich Gott kundgetan. Im Titusbrief wird uns dieser Vorgang so gedeutet: „Erschienen ist uns die Güte und Menschenfreundlichkeit Gottes" (3,4). Wir können etwas von der Zärtlichkeit Gottes erfahren, wenn wir auf Jesus schauen und ihn beobachten, wie er mit Menschen umgeht.

Wir könnten die Szene heranziehen, als die Mütter ihre Kinder zu Jesus bringen wollen, von den Jüngern aber zurückgehalten werden, bis Jesus sie zu sich ruft, sie herzt und segnet. Oder wir könnten wichtige Jesusworte bedenken, wie er die Mühseligen und Beladenen zu sich kommen läßt, um sie ausruhen zu lassen (Mt 11,28 ff.). Nicht minder bedeutsam sind die Abschnitte, die uns davon berichten, wie Jesus auf Menschen seiner Umgebung eingeht, ihre verhärteten Herzen aufbricht, den erstorbenen Mut wieder zum Leben weckt, eine Perspektive der Hoffnung erschließt. Den körperlich und geistig Blinden will er die Augen öffnen, den Stummen die Zunge lösen. Er kommt, nicht ungeduldig, sondern behutsam, verständnisvoll. Wenn der Feigenbaum noch keine Früchte bringt, nun, auch dann soll er noch nicht umgehauen werden. Wird der Boden umgegraben und gedüngt, vielleicht trägt er dann auch Früchte (Lk 13,6–9)....

## Außerhalb von Gott könnte ich nicht leben und mich bewegen

LUDWIG DE PONTE

Die Gottheit umgibt mich wie ein Meer von unermeßlicher Größe und bedeckt mich von allen Seiten: in ihr lebe ich und bewege ich mich, und außer ihr könnte ich keinen Augenblick bestehen. Gott wirkt mit meinen Augen, so oft sie schauen, und mit den Farben, daß sie ihre Beschaffenheit bemerklich machen. Er wirkt mit meinen Ohren, daß sie hören, und mit den Gegenständen, von denen der Schall, die Musik oder die Worte herrühren, die ich hören soll. Er wirkt mit meinem Munde und Gaumen zum Essen und Schmecken und mit den Speisen, daß sie mir ihren Geschmack mitteilen. Und während ich schlafe, hilft Gott, daß die genossene Speise verdaut werde und in den Körper übergehe. Er wirkt auch mit meinem Verstand und Willen und all ihren Verrichtungen und mit allem, was mich sonst unterstützt.

Wie, frohlockst du nicht, meine Seele? Hüpfest du nicht vor Freude, wenn du dich solchermaßen in deinem Gotte siehst? Er ist dein Haus, das du nicht verlassen kannst, in dem du immer leben und alle deine Werke tun wirst. Er ist dein Bett, in dem du immer ruhen darfst und außer dem du keine Ruhe finden wirst. Er ist deine Sänfte, in der du getragen wirst, wohin du zu gehen hast; denn wenn er dich nicht trägt, so kannst du dich nicht von der Stelle bewegen. Er ist die Mauer, dich dich umschließt und ohne die du keine Sicherheit hast. Er ist deine Nahrung und dein Leben, weil du dasselbe wahrhaft in ihm hast und es viel wahrer von ihm empfängst, als das Kind im Mutterleibe sein Leben von der Mutter erhält.

## Aus sich herausgehen

EDITH STEIN

In der Zeit unmittelbar vor und noch eine ganze Weile nach meiner Konversion habe ich gemeint, ein religiöses Leben führen heiße alles Irdische aufgeben und nur im Gedanken an göttliche Dinge leben. Allmählich habe ich aber einsehen gelernt, daß in dieser Welt anderes von uns verlangt wird und daß selbst im beschaulichsten Leben die Verbindung mit der Welt nicht durchschnitten werden darf; ich glaube sogar: je tiefer jemand in Gott hineingezogen wird, desto mehr muß er auch in diesem Sinn „aus sich herausgehen", d. h. in die Welt hinein, um das göttliche Leben in sie hineinzutragen.

Er kommt nur darauf an, daß man zunächst einmal in der Tat einen stillen Winkel hat, in dem man mit Gott so verkehren kann, als ob es sonst überhaupt nichts gäbe, und das täglich: das Gegebene scheinen mir die Morgenstunden, ehe die Tagesarbeit beginnt; ferner, daß man seine besondere Mission dort bekommt, am besten für jeden Tag, und auch nichts selbst wählt; schließlich, daß man sich ganz und gar als Werkzeug betrachtet und speziell die Kräfte, mit denen man besonders arbeiten muß, z. B. den Verstand in unserem Fall, als etwas, was nicht wir brauchen, sondern Gott in uns.

---

Ich weiß Dir Dank dafür, daß Du mich so hinnimmst, wie ich bin. Was habe ich mit einem Freund zu tun, der mich wertet? Wenn ich einen Hinkenden zu Tisch lade, bitte ich ihn, sich zu setzen, und verlange von ihm nicht, daß er tanze.

ANTOINE DE SAINT-EXUPÉRY

## Alle von Ihm geschaffenen Dinge hängen zusammen

JOHANNES MAASSEN

Dem von Anfang an auf Gott hin geschaffenen Menschen begegnen die Dinge der Schöpfung als Gleichnis und Abbild. Sie erschöpfen sich nicht in Vorgängen, die bloß naturwissenschaftlich zu deuten sind. Sie weisen über sich selbst hinaus und sprechen in ihrer geordneten Schönheit von dem, der sie geschaffen hat, damit wir in ihnen ein Abbild finden von jener unsern Augen noch verborgenen Herrlichkeit, die in der Fülle des Schöpfers und bei Gott vollkommene, sichtbar werdende und greifbare Wirklichkeit ist. So lassen sie sich nicht einfachhin durch die chemische Analyse deuten. Sie tragen in sich mehr als die Herkunft aus der Retorte des Naturwissenschaftlers. Hinter und in ihnen zittert das ganze Geheimnis einer sinnvollen und sich unausgesetzt ankündenden Ordnung aus Gott, der die Dinge in Herrlichkeit geschaffen und dem Menschen zum Gebrauch und Dienst überantwortet hat, damit er sich in ihnen und an ihnen bewähre. Sie sollen ihn geleiten durch die Zeit, und er soll sie in seinem lebendigen, begnadeten Tun Gott entgegenbereiten.

Die Herrlichkeit der Welt steht in ihrer Ganzheit. In ihr sind alle Dinge sinnvoll zusammengefügt und aufeinander hingeordnet, so daß keines in sich allein besteht, sondern jedes seine Vollständigkeit erst eigentlich und vollauf erlangt dadurch, daß es dem Ganzen verbunden wird und bleibt. „Die Erde gehört dem Himmel, der Leib dem Geist, und alle von ihm geschaffenen Dinge hängen zusammen, und alle zugleich sind einander notwendig" (Paul Claudel). Was draußen gesetzt ist und geschieht, ist organisch einander zugeordnet und wächst zugleich dem Innern des Menschen zu. Und was im Innersten der Sinne und des Geistes des Menschen vor sich geht, nimmt wiederum Ausgang aus uns und Gestalt in den Werken unseres Tuns. Damit sollen wir Gott verkünden und ansagen mitten in eben jenen Dingen, die er uns überantwortet hat, damit wir mit und in ihnen uns die Erde untertan machen. So nimmt der Christ die Wundergaben der Schöpfung auf.

# Wir sind für die Kreatur und den andern verantwortlich

ALFRED DELP

Auf die Dauer ist nur der Christ Mensch. Das heißt aber zugleich: Mit dem Menschen stirbt der Christ. Für unsere konkrete Verantwortung heißt dies aber, daß der Kampf um die Freiheit und Geistigkeit des Menschen, der Kampf um eine echte, saubere Kultur nicht nur Möglichkeitsanliegen der Kirche sind, sondern grundlegende Rechte und Pflichten, nicht nur der kirchlichen Menschen, sondern auch der kirchlichen Ämter. Die Kirche hat in diesen Tagen die ungeheure Chance, sich dem Gedächtnis der Kreatur unverlierbar einzuprägen, wenn und weil sie die mutige Verteidigung der bedrohten Kreatur war, und es wäre falsch, dies zu sehen unter dem Gesichtspunkt der zukünftigen taktischen Vorteile. Die Bindung an diese Aufgaben ist eine Bindung aus der Verantwortlichkeit, die wir dafür tragen, daß das Antlitz Gottes in der Kreatur bleibe.

Wir sollen vor die Menschen treten nicht zuerst, weil wir zweitausend Jahre hindurch immer da waren und weil wir große Zeiten hinter uns haben, sondern weil wir begriffen haben, was der strömende Heilswille Gottes ist. Weil wir begriffen haben, daß hier im Geschehen der Geschichte dieser ungeheure Wille des Herrn steht, die Menschen heimzuholen zu sich. Weil wir wissen um den strömenden Heilswillen Gottes, deswegen muß der erste Grundzug des christlichen Menschen sein, daß er ein suchender Mensch ist, immer unterwegs auf der Suche nach dem Menschen, und von dieser Einsicht her wird uns auch die andere Ausweitung gelingen, die von uns verlangt wird. Wir dürfen uns innerlich nicht verengen auf die eigene Sicherheit oder das eigene Heil.

## Atmen und sich fühlen hängen zusammen

WLADIMIR LINDENBERG

Wenn einer daherkeucht und nach Atem ringt, fühlt man Mitleid mit ihm. Weiß man doch aus eigener Erfahrung, wie es ist, wenn die Luftschläuche bis zum Bersten gefüllt sind und den Körper doch nicht mit dem erforderlichen Sauerstoff versorgen können.

Das bedauerlichste Bild bieten die Sportler, die sich bis zum Letzten verausgaben, sich am Ziel erschöpft zu Boden werfen und japsen. Aber auch jene, die sich bei der Arbeit anstrengen oder überanstrengen.

Wie anders sieht ein glücklicher, ein gelassener Mensch aus, einer, der sich freut. Seine Wangen sind gerötet, seine Augen strahlen, seine Brust weitet sich, er atmet tief ein und aus.

Atem ist das Element, das uns mit dem geistigen Kosmos verbindet. Es ist die Gabe des Himmels, der Geist, der in uns einströmt. In vielen Sprachen sind die Worte für Atem und Geist identisch.

Wie beglückt sind wir, wenn wir in einer schönen Landschaft auch gute Luft genießen, in den Bergen, auf hoher See, in winterlicher Schneelandschaft, im Frühling. Und diese Atemluft ist nicht steril, sie ist voller erregender und beglückender Gerüche, die uns begeistern – oder auch entsetzen, wenn die Luft Krankheits- oder Fäulniskeime oder Gifte trägt.

Atmung und Befindlichkeit hängen zusammen. Ein gesunder Mensch steht im Wohlbefinden und hat alle Voraussetzungen, glücklich zu sein. Ein Mensch, der nicht tief ein- oder ausatmen kann, aus welchen Gründen auch immer, der fühlt sich beengt – es schnürt ihm die Brust zusammen. Er wird mißmutig, gereizt und unglücklich. Im Abendland herrscht die wissenschaftliche Vorstellung, daß der Atemprozeß vom vegetativen Nervensystem geregelt wird. Daß der Atmungsvorgang also vom menschlichen Willen nicht zu beeinflussen sei. „Es" atmet in einem! Infolgedessen gab es hier auch keine Kultur des Atmens. Ganz anders verhält es sich im Osten, in Indien, China, Japan. Dort gibt es in der Hindulehre und der damit verbundenen Yoga-Praktik nicht nur die Vorstellung, daß der Mensch der Herr seines Atmens ist, sondern, daß er seinen Charakter und seine Stimmung durch Übungen zu regulieren vermag. Deshalb gibt es unzählige Atmungsanweisungen in Verbindung mit der Meditation. Man sammelt sich, man sitzt aufrecht und still, und man atmet bewußt: etwa drei Sekunden ein, dann hält man den Atem drei Sekunden an, atmet dann in drei Sekunden aus und hält wieder drei Sekunden an. Das übt man zunächst nur einige Minuten. Man wiederholt aber die Übung mehrmals am Tage. Allmählich gewöhnt man sich auch unbewußt daran, in dieser Weise rhythmisch zu atmen. Das hat sehr heilsame Wirkung. Der Mensch wird harmonischer in seinem Verhalten, in den Gedanken und Bewegungen, in dem, was sein Temperament bestimmt. Er wird nicht mehr aufgeregt oder wütend, denn jederzeit kann er seinen Atem zügeln, und in dem Moment, da er ihn zügelt, wird der Atem regelmäßig, und die Aufregung verfliegt.

Versuchen Sie einmal, wenn Sie wütend oder verstimmt sind, sich im Spiegel zu betrachten und zu lächeln. Es geht nicht. Oder es verfliegt die Wut, und Sie können lächeln. Aber beide Gefühle können Sie nicht in sich behalten.

Buddhas Anweisungen in der Sattipathana über die Meditation und besonders seine Meditation über den Atem muten uns ganz modern an: „Es gibt, ihr Mönche, diesen einen Weg zur Läuterung, zur Überwindung von Kummer und Sorgen, zum Untergang des Leiden und des Elends, zur Erreichung des rechten Pfades ... Danach, ihr Mönche, setzt sich der Mönch auf einen Baumstumpf mit gekreuzten Beinen. Wachsam atmet er ein, wachsam atmet er aus. Dabei beobachtet er seinen Körper. Auf diese Weise wird sein Atem ruhig und tief, seine Seele wird fröhlich und kraftvoll."

Die Mönche vom Athosberg, dem größten Heiligtum der Orthodoxie, haben eine ähnliche Anweisung: „Du aber, wenn du in deiner stillen Zelle sitzt und den Geist sammeln willst, ziehe den Atem durch die Nase ein, dränge ihn in das Herz hinunter. Wenn er dort eintritt, wird alles, was nachher kommt, voll Freude und Jubel sein ..."

Goethe hat, ohne die östlichen Lehren genauer gekannt zu haben, diesen Zusammenhang allgemeingültig ausgesprochen: „Im

Atemholen sind zweierlei Gnaden: / Die Luft einholen und sie wieder entladen. / So danke Gott, wenn er dich preßt, / Und danke, wenn er dich wieder entläßt."

## Uns ist das Himmlische in der Welt anvertraut

KARL RAHNER

*Maria war mit Josef verlobt; noch bevor sie in der Ehe zusammenlebten, zeigte sich, daß sie schwanger war – und zwar vom heiligen Geist. Josef, ihr Mann, der gerecht war und sie nicht bloßstellen wollte, beschloß, sich in aller Stille von ihr zu trennen. Während er noch darüber nachdachte, erschien ihm ein Engel des Herrn. (Mt 1, 18–20)*

Durch die Engelserscheinung wird Joseph zu dem bestellt, was er von seiner Verlobung her gerade nicht wäre: zum Gemahl *dieser* Jungfrau, zum Vater *dieses* Kindes: er wird in die Heilsgeschichte als solche hineingenommen, er erhält wirklich von oben den Heiland der Welt für uns anvertraut. Er ist der Bewahrer und Hüter des Sohnes, der von oben ist. Er ist es durch himmlischen Auftrag, den er im Glaubensgehorsam annimmt. Während Joseph das „Gezeugtsein aus heiligem Geist" als Grund betrachtete, der es ihm zur Pflicht der Gerechtigkeit macht, sich zurückzuziehen, erklärt der Engel eben diesen Umstand als Grund der Pflicht zu bleiben: Das Heilige muß behütet werden, es soll in der ehelichen Liebe und Gemeinsamkeit von Maria und Joseph geborgen sein.

Auch sind wir oft zu Hütern des Heiligen berufen, das da in der Welt aus ihrem dunklen Schoß herausgeboren werden soll. Zu Hütern in uns selbst, in unserem Leben, in unserem Beruf und unserer Arbeit. Scheinbar spielen sich da nur die Dinge des Alltags ab, die nichts mit der heiligen Geschichte des Reiches Gottes und des Heiles der Welt zu tun haben ...

Aber, wenn auch nicht enthüllt und offenbar gemacht, verborgen soll und kann auch unser Leben Heilsgeschichte, Geschichte des Reiches Gottes und des Sieges der Gnade, Geburt Christi im Fleisch, Bewahrung und Hut des Heiligen sein wie in der Geschichte Josephs. Scheinbar knüpfen wir nur auf eigen gut Glück und aus eigenem Entschluß Bande und Beziehungen des Lebens, der Bekanntschaft, der Liebe und des Berufes. Im Grund aber sind wir darin die Berufenen und Begnadeten, die Hüter des Heiligen in Glaube, Starkmut, Treue und Gehorsam wie Joseph. Die irdische Liebe wird zum Sakrament und die Ehe zum Ursprung eines ewigen Schicksals voll der Herrlichkeit der Gnade. Uns erscheint kein Engel vom Himmel, der uns diesen himmlischen Auftrag deutet.

Und dennoch ist auch uns durch die ebenso himmlische Botschaft des Glaubens, des Evangeliums derselbe Auftrag zuteil geworden, wenn auch uns nicht offenbar gemacht wurde durch dieselbe Stimme, daß wir ihn wirklich auch angenommen haben. Durch nur scheinbar irdische Ereignisse und Verhältnisse ist uns das Himmlische und Göttliche, Gottes Gnade, ihr Fortbestand und Sieg in unserem eigenen Herzen und in unserer irdischen Umgebung anvertraut. Überall lebt der Sohn Gottes, der Mensch wurde, sein Leben weiter.

## Beten hält die Welt im Innersten zusammen

KARL LEHMANN

Die Realität der Kirche ist vielschichtig. Die Bedingungen der modernen Massenmedien lassen dies leicht vergessen. Zu ihr gehören nicht nur die Kardinäle und die Prunkaltäre, das Gesetzbuch und die sichtbaren Riten, sondern auch die stillen Beter, geduldig ihr Leiden aufopfernde Menschen, Pioniere der Nächstenliebe, unscheinbare Dienste und verborgene Opfer. Es gibt viele Vollzugsweisen des kirchlichen Lebens, in denen Kirche als Sakrament des Lebens der Welt sich verwirklicht. Dies ereignet sich z. B. in der unablässigen Verkündigung des Wortes Gottes durch die Kirche sowie in ihrer dauernden Sorge um Frieden und Gerechtigkeit in der Völkerwelt und um mannigfache Befreiung unterdrückter Menschen. Entwicklungshilfe durch personalen Einsatz im Nahbereich der Not ist ebenso zu nennen wie die Gabe anderer aus der Ferne. Die Versöhnung Gottes mit den Menschen und der Menschen untereinander wird überall da sichtbar, wo die Christen zwischen verfeindeten Gruppen Haß und Gewalt abzubauen versuchen, wo sie inmitten von Brutalität und Schrecken eine Insel des Friedens aufbauen, wo sie geistig Behinderte und Kranke voll aufnehmen, wo sie den Abstand zu Gastarbeitern verringern helfen, wo sie einsam Sterbende begleiten.

Die Christen bezeugen aber auch die Kirche als Grundsakrament des Heils der Welt, wo sie mit der Tat ihres Lebens nichts oder noch nichts oder nichts mehr ändern können. Dialog im Sakrament der christlichen Bruderschaft kann auch heißen „Standhalten": einen anderen allein durch die Nacht der Einsamkeit und des Desinteresses anderer durchtragen. Es gibt auch den Dienst des Gebets und der Gottesverehrung in einer Art stellvertretender Funktion für die ganze Menschheit: Als messianisches Volk Gottes, in dem das Heil der ganzen Menschheit beständige Gestalt angenommen hat, vollzieht sie die Hingabe der Menschen an Gott. Besonders deutlich wird dies im fürbittenden Gebet für die ganze Welt, das schon von Anfang an zum ursprünglichen Auftrag des christlichen Glaubens gehört. Die Fürbitte der Kirche für das Heil der ganzen Welt ist das Sakrament der allmächtigen Fürbitte des hohenpriesterlichen Gebets Jesu. So wird auch verständlich, warum die reine Anbetung der Kontemplativen, obgleich sie ganz unverzweckt ist, die Welt im Innersten zusammenhält.

---

Die größte Krankheit ist die, traurig zu sein, dem Herrn nicht zu vertrauen und ihm gleichsam unseren Willen aufzwingen zu wollen.

JOHANNES XXIII.

## Worüber die Leute staunen

JOHANNES PAUL I.

Wer für die Öffentlichkeit arbeitet, darf nicht zu viel von Dank und Beifall träumen, sondern muß sich auf die Gleichgültigkeit und Kritik der eigenen Leute gefaßt machen. Hier herrscht oft eine seltsame Psychologie. Aristide Briand, wiederholt französischer Premierminister, hat sie beschrieben: Ein Verrückter kommt mit einem Knüppel in der Hand in ein Geschäft und schlägt das ganze Geschirr kurz und klein. Von allen Seiten laufen die Leute zusammen, bleiben stehen, drängen sich um den Ort des Geschehens, sperren staunend Mund und Augen auf. Einige Stunden danach kommt ein alter Mann in das Geschäft, eine Büchse Klebstoff unter dem Arm, zieht den Mantel aus, setzt die Brille auf, und mitten in diesem Scherbenhaufen beginnt er mit Engelsgeduld die zerbrochenen Gefäße zusammenzuflicken. Ihr könnt ganz sicher sein: Keiner, der da vorbei kommt, wird stehenbleiben und staunend zuschauen.

# Was reich macht und glücklich

## Von der Liebe nehmen wir auch die Schmerzen an

PETER LIPPERT

Unsere Herzen zu berühren, anzustoßen und zum Überfließen zu bringen, vermag doch nur Gott. Er ist in dem Menschen gewesen, der uns angerührt hat, er ist in dem Menschen, der uns zulächelt oder auch ernst und fragend anschaut, er ist in dem Menschen, der uns wohltut, weil Gottes Lächeln in ihm ist. Gott ist in jedem Lächeln einer Kreatur.

Wie wohl können uns Geschöpfe tun! Wie groß ist das Glück, das uns aus den Dingen zuströmt, die wir sehen, hören, greifen und lieben dürfen! Wer anders aber sollte uns so wohltun können als der, von dem alles Glück kommt, der es in sich trägt und der es ausgesprengt hat, liebend und schaffend?

Aber auch Leid kommt uns von den Geschöpfen. Es ist oft ein großes Weinen in ihnen, und zum Weinen bringen sie uns. Sie sind ja das Gewand Gottes, also seine Erscheinung und seine Verhüllung zugleich. Auch Gott kann sich nicht in irgend einer Kreatur so offenbaren, wie er wirklich ist. Immer bleibt doch etwas Unzulängliches, Verzerrtes und Verschrobenes. Aber ist nicht oft diese Verschrobenheit nur in unserer eigenen Seele, eine Täuschung unserer schläfrigen Augen? So oft Gott wieder einmal in einer neuen, ungewohnten Gestalt erscheint, so oft er wieder einmal alles aufbricht und umstürzt, was wir uns zurechtgezimmert haben, unsere kleinen Vorstellungen, Erwartungen und Gewohnheiten, ist er für uns unkenntlich und unverständlich. Alles Ungewohnte nennen wir zunächst falsch, bis wir uns daran gewöhnt haben; alles Mißfällige nennen wir böse und verwerflich, bis es anfängt, uns wohlzutun. So sind wir.

Es bleibt aber doch wahr, daß uns die Geschöpfe wirklich wehe tun und daß wir an ihnen leiden. Gott ist in allen und doch zugleich weit hinter ihnen. Alles Geschaffene ist nur ein Beginn und Aufgang, sein erstes Aufdämmern. Da fängt er erst an, und ganz göttlich wird es erst weit hinter den Gesichtern, mit denen Geschöpfe uns anschauen. Und so gibt es keine Kreatur, die nicht zu gleicher Zeit uns wohl und wehe täte. Gerade die holdseligste kann uns die brennendsten Schmerzen bereiten, und die feindseligste und boshafteste Kreatur kann uns zum Werkzeug innerer Befruchtung, zu einem herben Herbste werden, in dem wir reifen.

Vielleicht ist Glück und Leid doch ein und dasselbe, verschieden nur in den ersten Empfindungen, die sie durch ihre Berührung bewirken. Sie reichen mit ihrer letzten Wurzel doch beide in die gleichen ewigen Gründe hinab, die allen Dingen zu Grunde liegen. Und dort, meine Freunde, dort werden sie von der Liebe getragen; denn sie trägt alles. Von der Liebe aber nehmen wir auch die Schmerzen an, ja, sie wird uns um ihrer Schmerzen willen nur immer lieber. Ein geliebtes Wesen wird uns nur um so näher und unverlierbarer verbunden, je größere Schätze von Tränen und Kummer und heißem Weh wir in ihm angelegt haben.

## Einfachheit hat nichts, was der Klugheit widerspricht

JOHANNES XXIII.

Alle mit Achtung, Klugheit und evangelischer Einfachheit behandeln.

Man glaubt gewöhnlich und hält es für richtig, daß selbst die alltägliche Redeweise des Papstes voll von Geheimnis und Tiefsinn sei. Dem Beispiel Jesu ist aber viel näher eine gewinnende Einfachheit, die Hand in Hand geht mit der Klugheit der Weisen und Heiligen, denen Gott beisteht. Die Einfachheit mag bei den Überklugen wenn nicht gerade Verachtung, so aber doch geringeres Ansehen finden. Darauf kommt es nicht an, nach den Überklugen soll man sich nicht richten, auch wenn sie einen durch ihr Urteil oder ihr Benehmen demütigend behandeln: alles wendet sich zu ihrem Schaden und ihrer Verwirrung.

Der „Rechtschaffene, Schlichte und Gottesfürchtige" ist immer der Würdigere und Stärkere. Natürlich immer unterstützt durch weise und liebenswürdige Klugheit. Derjenige ist einfach, der sich nicht schämt, das Evangelium zu bekennen, auch vor Menschen, die es als eine Schwäche und Kinderei ansehen, es zu bekennen in seinem vollen Umfang, wo auch immer und in Gegenwart aller; derjenige ist einfach, der sich von niemand täuschen oder beeinflussen läßt, der die Seelenruhe nicht verliert, ganz gleich, wie die anderen sich gegen ihn benehmen.

Klug ist, wer einen Teil der Wahrheit, die zu betonen unangebracht wäre, zu verschweigen weiß und damit den Teil der Wahrheit, den er sagt, nicht verdirbt, nicht verfälscht; klug ist, wer das Begonnene zu einem guten Ende bringt, da er die wirksamsten Mittel beim Wollen und Tun wählt; wer in allen Lagen die entgegenstehenden Schwierigkeiten jeder Stunde vorauszusehen und zu ermessen weiß und den mittleren Weg einzuschlagen versteht, auf dem Schwierigkeiten und Gefahren geringer sind; der, wenn er sich ein gutes und auch edles und großes Ziel gesteckt hat, es niemals aus den Augen verliert, alle Hindernisse schließlich überwindet und es vollendet; klug ist, wer in jeder Sache das Wesentliche erkennt und sich vom Nebensächlichen hinhalten läßt; wer seine Kräfte fest zusammenhält und sie alle auf ein glückliches Ziel hinordnet; klug ist, wer von Beginn an bei all diesem den guten Ausgang allein von Gott erhofft, auf den er vertraut; und der auch, wenn er im Ganzen oder zum Teil erfolglos blieb, weiß, daß er recht gehandelt hat, und alles dem Willen der größeren Ehre Gottes anheimstellt.

Die Einfachheit hat nichts, was der Klugheit widerspricht, noch auch umgekehrt. Die Einfachheit ist Liebe, die Klugheit ist Denken. Die Liebe betet, der Verstand wacht. „Wachet und betet!" Ein vollkommener Einklang! Die Liebe ist der Taube gleich, die tätige Intelligenz gleicht der Schlange, die nie zur Erde fällt noch anstößt, weil sie mit ihrem Kopf alle Unebenheiten ihres Weges ertastet.

## Was auch immer geschieht, soll ein Segen für dich sein

JOHANNES BOURS

Mein kleines Tagebuch hat manche Zeile des Dichters Hölderlin aufgenommen. So auch diese: „Was geschiehet, es sei alles gesegnet dir, sei zur Freude gewandt!" Hölderlin hat dieses Wort um das Jahr 1800 geschrieben; wenige Jahre später fiel er in Umnachtung, die fast vier Jahrzehnte bis zu seinem Tode währte.

„Was geschiehet, es sei alles gesegnet dir". Was auch immer geschieht: alles soll wie ein Segen für dich sein! Was für ein Wort der alles umfassenden Bejahung! Welch eine Gläubigkeit steht hinter solchem Wort! Ja, wenn es nur ein schönes Dichterwort wäre, eine wunderschöne Phrase gleichsam, nicht vom Leben gedeckt – dann brauchte es uns nicht zu bewegen. Aber wenn man weiß, daß dieses Wort von einem Dichter gesagt wurde, der ein Leidender war, der mit seinem so früh verschatteten Leben ein Diener der Wahrheit sein wollte, dann vermag dieses Wort uns wohl zu berühren: „Was geschiehet, es sei alles gesegnet dir, sei zur Freude gewandt!"

Hätten wir den Mut, dieses Wort mitzusprechen? Könnten wir es von unserem Leben her bejahen?

Was den Dichter Hölderlin bewogen hat, dieses Wort sprechen zu können, war der Glaube, daß die ganze Schöpfung durchatmet und beseelt ist vom Geist Gottes: „Sind denn dir nicht verwandt alle Lebendigen?", so beginnt das Gedicht. Und dann fährt er fort: „Drum! so wandle nur wehrlos / Fort durchs Leben und zage nicht!"

Ich suche nach Worten des Neuen Testaments, die mir helfen, dieses Wort als Christ annehmen zu können. Und ich lese beim Apostel Paulus: „Denen, die Gott lieben, gereicht alles zum Guten" (Röm 8,38). Und: „Weder Tod noch Leben ... kann uns scheiden von der Liebe Gottes" (Röm 8,38). Und: „Alles ist euer, ihr aber gehört Christus" (1 Kor 3,22 f.).

Hölderlin sagt: „Was geschiehet, es sei alles gesegnet dir, sei zur Freude gewandt!" Steht dem nicht entgegen die bittere Lebenserfahrung, das Leid der Welt, die Abgründe von Bosheit in der Welt?

Steht ihm nicht entgegen die Schrecklichkeit der Passion und die Furchtbarkeit des Kreuzes?

Und dennoch! Es gibt ein Ja-Wort, das unendlich kostbarer ist als jedes Dichterwort. Ich finde es im 1. Kapitel des 2. Korintherbriefes: „Christus ist das Ja zu allem, was Gott verheißen hat!" Dieses Ja Gottes zur Welt ist Ostern! Ist das Leben der Auferstehung! ... Und so versuche ich, im Glauben das Wort mitzusprechen: „Was geschiehet, es sei alles gesegnet dir, zur Freude gewandt!"

## Freude kann wahre Wunder wirken

PAUL WILHELM VON KEPPLER

Sollte man ein solches Urrecht der Menschheit, wie das Recht auf Freude, erst beweisen und sicherstellen müssen? Es erscheint ratsam, zuerst diese Rechtsfrage aufzuwerfen. Das Recht auf Freude wird in heutiger Zeit oft genug verkannt und verkümmert. Eine Verkennung der eigentlichen Bedeutung der Freude kann selbst bei fiebrigem Verlangen und wildem Jagen nach Freude sich finden. Es gibt nicht wenige, denen gilt sie als süße Zuspeise des Lebens, als ein seltener Bissen, den man gierig hinabschlingt, wenn man seiner habhaft werden kann, als ein Trunk aus dem Champagnerkelch, den nur Reiche sich erlauben können, oder als schöne Verzierung für das Leben der Vornehmen. Manche gefallen sich darin, höchst verächtlich von der Freude zu reden – Bonbons für Kinder und Damen! – und ihr Gesicht in die Gramfalten des Weltschmerzes zu legen, um als große Geister oder welterfahrene Menschen zu gelten. Es mag auch fromme Seelen geben, welche in heiliger Einfalt in jeder Freude eine verkappte Feindin der Religion und Frömmigkeit wittern, und noch viel mehr und noch viel einfältigere Weltmenschen, welchen Religion und Frömmigkeit innerlichst zuwider sind, weil sie in ihnen geschworene Feindinnen aller Freude wittern.

Die Wahrheit aber ist: *Die Freude ist ein Lebensfaktor und ein Lebensbedürfnis, eine Lebenskraft und ein Lebenswert. Jeder*

*Mensch hat ein Bedürfnis nach Freude und Anrecht auf Freude. Sie ist gleich unentbehrlich für die körperliche wie für die seelische Gesundheit, für das körperliche und geistige Arbeitsleben wie für das religiöse Leben.*

Daß die Freude für den Menschen sei, was der Sonnenschein für die Pflanze, das ist durchaus nicht bloß poetische Redensart. Der belebende Einfluß der Freude, die lähmende Wirkung des Gegenteils ist oft ganz augenscheinlich. Im Kindesleben läßt es sich am ehesten beobachten, wie Kummer verkümmert, Fröhlichkeit alles besonnt und belebt. In kranken Tagen vermag die Fröhlichkeit wahre Wunder zu wirken. Weise Ärzte wissen das und schätzen diese Seelenarznei. ...

Sie scheint mitunter die Kräfte und die Leistungsfähigkeit des Menschen zu verdoppeln, bringt Schwung in sein Wollen und Schaffen, macht ihn wagemutig und unverzagt. Aus der Freude werden oft große Entschlüsse und edle Taten geboren. Sie hilft spielend weg über Schwierigkeiten und Widerwärtigkeiten. Ja sie wirkt veredelnd, macht empfänglich für das Gute, Wahre und Schöne. Sie stimmt gütig, menschenfreundlich und dienstfertig. Sie bringt die Menschen einander nahe, befördert den geselligen Verkehr und webt am Bande der Freundschaft.

## Es gibt viel Freuden

GEORG MOSER

Bei Georg Feuerer, einem Gelehrten mit einem schweren Schicksal, las ich eine ganze Reihe von Gründen, die uns zur Freude bewegen könnten. Unkompliziert wie ein Kind spricht er zunächst von der *Daseinsfreude.* Diese ist allerdings nur dem eigen, der Ja sagt zum Leben – Ja zu sich selbst bei aller Begrenztheit und Ja zu seinem Lebensweg mitsamt seinen Einschränkungen. Wer sich und sein Leben dankbar annimmt und das Beste daraus zu machen versucht, der findet genug Erfreuliches.

Dann nennt Feuerer die Freude über die *Erwählung.* Diese

Freude quillt aus der Offenbarung. Sie kommt aus dem Vertrauen, daß ein jeder sich von Gott mit eigenem Namen gerufen weiß. Wir dürfen Ja zu uns sagen, weil Gott Ja zu uns gesagt hat. Er liebt uns, er nimmt uns an, wie wir sind, und läßt unseren guten Willen gelten. Wir sind keine sinnlosen Zufallsgeschöpfe. Gott hat vielmehr Großes mit uns vor, und zwar mit jedem von uns. Dazu kommt erst recht jenes Erwähltsein, das uns mit der Taufe zuteil wurde. Der Menschensohn ist unser Bruder geworden. Weil uns Gottes Liebe in Jesus Christus aufgeleuchtet ist, können wir wiederlieben.

Und ferner kann uns die *Wirkensfreude* erfüllen. Als Partner Gottes dürfen wir mitwirken an der Entfaltung der Welt. Die Welt wächst an uns, und wir wachsen an der Welt. In dem, was uns an Begabungen und Weltwirklichkeit vorgegeben ist, besteht auch unsere Aufgabe und Sendung.

Außerdem könnte man die Freude an fruchtbaren *Begegnungen* nennen. Entsinnen wir uns doch, wieviel wir an Güte, Hilfe, Herzlichkeit, Anregung von anderen empfangen haben!

Und ist uns schließlich auch – dank der Zusage Gottes – die *Erwartensfreude* gegeben? Gott wird unser mangelhaftes Wesen und all unser begonnenes Schaffen vollenden. Unsere Sehnsucht, unsere Antrengung hat ein Ziel, das Erfüllung bringt.

## Christlich streiten?

WALTRAUD HERBSTRITH

Im kämpferischen Abendland, in dessen Raum sich das Christentum entwickelt hat, ist es gut, ab und zu ein Wort aus der Tradition des Ostens zu hören, zu sehen, wie ein Mensch, der im asiatischen Raum seine Heimat hat, den Christen sieht. Eine der beeindruckendsten Gestalten ist sicher Mahatma Gandhi, der im Westen studierte, dann in seine Heimat zurückkehrte und durch seinen Kampf der Gewaltlosigkeit Indien von politischer Vormundschaft befreite. Was hat ein indischer Weiser in seiner Berührung mit dem Christentum als wichtig und wegweisend erkannt?

Gandhi war beeindruckt von der Bergpredigt. Von den Worten Jesu: „Selig, die arm sind vor Gott, selig, die Trauernden, selig, die keine Gewalt anwenden, selig, die Frieden stiften ..." (Mt 5, 3ff.) fühlte er sich angesprochen in dem, was er selbst von Gott erfahren hatte. Erstaunt beobachtete Gandhi, daß für viele Christen die Bergpredigt nur ein Teil unter anderen war, daß ihre Bedeutung rein privat gesehen wurde.

Gandhi sah zwischen Religion und Politik keine Scheidewand. Wenn ein Mensch Erfahrungen mit Gott machte, hatte dies für ihn politische Auswirkungen. Seine Methode der Gewaltlosigkeit (satyagraha) war nicht ein utopischer Pazifismus, der dem Gegner das Feld überläßt, noch unrealistische Widerstandslosigkeit gegenüber dem Bösen, sondern aktiver, engagierter Widerstand, jedoch ohne Gewaltanwendung. Gandhi widersetzte sich dem Bösen mit ebensoviel Energie und Gewalt, wie der, der gewalttätig Widerstand leistet. Aber er widersetzte sich mit Liebe statt mit Haß. Gandhi erklärte seine gewaltlose Methode mit den Worten: „Die Höflichkeit ist der schwierigste Teil von Satyagraha, Höflichkeit meint nicht allein die äußere Milde des Ausdrucks, die man sich für die Gelegenheit zurechtmacht, sondern eine angeborene Milde und das Verlangen, dem Gegner Gutes zu tun."

Wenn wir uns fragen, ob wir als Christen *streiten* dürfen, sollten wir Gandhis Rat ernst nehmen und uns kontrollieren, ob wir bei unseren Auseinandersetzungen den Wunsch haben, unserem Gegner Gutes zu tun. Die traurigen Seiten in der christlichen Geschichte beweisen, daß Christen oft der Überzeugung waren, durch Androhung und Ausübung von Gewalt lasse sich Wahrheit erzwingen.

### *Wo die Grenze beginnt*

Im Glauben an die Menschwerdung Gottes in Jesus von Nazaret wird für den Christen Gott, der ganz andere, solidarisch mit dem ärmsten und schwächsten Glied in der Schöpfung. Diese ungeheure Vorgabe kann menschlich nicht eingeholt werden, außer, der Jünger Jesu läßt sich auf die Nachfolge dieses Jesus ein. Wir können uns als Christen nicht auf den Jesus der Evangelien berufen, wenn wir menschliche Verhaltensweisen als christlich ausgeben, die nichts anderes sind als verfeinerte biologische Programmierungen. Streiten, miteinander kämpfen bedeutet in den meisten Fällen: eigene Ansichten, auf Grund von Vorurteilen, mit Aggression und Machtgehabe durchsetzen. Je nach Vitalität explodieren die Streitenden. Bei fairer Auseinandersetzung gibt es eine Übereinstimmung, zumindest ein Stehenlassen verschiedener Standpunkte. Leider ist das nicht der Normalfall, weder in politischen noch in theologischen Streitgesprächen. Es ist sicher unrealistisch, Aggressionen, die jeder Mensch in sich erfährt, nur verdrängen zu wollen. Verdrängt können sie auf andere Weise ihr Unwesen treiben. Es ist jedoch ebenso unrealistisch, auf Kosten anderer die Aggressionen unkontrolliert zuzulassen, weil dies vorübergehend eine psychische Befreiung mit sich bringt. Die Grenze für Auseinandersetzungen unter Christen beginnt dort, wo Aggressionen zerstörend wirken, wo sie den moralischen Ruf oder das Wohlbefinden des anderen beeinträchtigen.

Gandhi gibt den Rat, bei der „angeborenen Milde“ in der eigenen Natur anzusetzen und mit den positiven Anlagen, die wir in uns vorfinden, die zerstörerischen und unheilbringenden zu überwinden. Wenn man oft das Wort hört: ein richtiger Streit reinige die Atmosphäre, sagen dies meist Leute, die wenig auf die Auswirkungen ihrer Aggressionen achten.

Die beste Art, Aggressionen einzudämmen, den menschlichen Charakter positiv zu formen, ist ein Sich-Bewußtmachen der eigenen Vorurteile im Denken, Handeln und Fühlen, eine planmäßige Selbsterziehung. Diese beginnt, wenn wir mit uns allein sind, wenn andere uns nicht beobachten können. Durch unermüdliche, tägliche Arbeit am eigenen zwiespältigen Charakter kann uns eine Ahnung davon aufgehen, was Jesus gemeint hat, wenn er sagt, wir sollten gewaltlos sein, sanftmütig, reinen Herzens. Diesen Vorgang nennen wir Gnade, das Geschenk einer Kraft, die das Gute, das wir in uns finden, fördert und das Negative verwandelt.

Es ist gefährlich, Worte wie „alles vermag die Gnade“ fundamentalistisch auszulegen. Die Heiligen und geistlichen Wegführer der Menschheit haben diese Worte erst gesprochen, nachdem sie mit ihrer natürlichen Anlage zum Guten längst mitgewirkt hatten.

*Wenn ich schwach bin, bin ich stark*

Teresa von Ávila sagte, wir sollten behutsam mit unseren Aggressionen und inneren Blockaden umgehen. Willensimpulse allein genügen nicht, das Zerstörerische in unserer Natur zu heilen. Noch behutsamer als mit uns selbst sollten wir mit unseren Mitmenschen umgehen. Niemand von uns sieht Gott unmittelbar. Gott selbst hat den Weg zum Menschen über den Menschen gewählt. Wie Gott ist, wie er sich mitteilt, erfährt der Nächste durch mein Verhalten – oder er erfährt es nicht. Jesus hat ein für allemal mit dem Streit und Machtgehabe des nur sich selbst entwerfenden Menschen aufgeräumt. Gegen alle Unterdrückung, Ehrabschneidung und Streiterei unter Christen bietet das Evangelium ein ganz anderes Modell christlicher Lebensführung. „Wenn ich schwach bin, dann bin ich stark" (2 Kor 12,10). „Lernt von mir, denn ich bin gütig und von Herzen demütig, so werdet ihr Ruhe finden für eure Seele" (Mt 11,29). „Die Frucht des Geistes aber ist Liebe, Freude, Friede, Langmut, Freundlichkeit, Güte, Treue, Sanftmut und Selbstbeherrschung" (Gal 5,22–23).

Es ist ein Ärgernis, wenn wir als Christen sagen: Politik hat nichts mit der Bergpredigt zu tun, Jesu Handlunganweisungen gehörten ins Privatleben. Einer, der in die Nachfolge Jesu eintritt, hat kein Privatleben mehr, außer in dem Sinn, daß das, was er verborgen in seiner Kammer tut, öffentliche, politische Auswirkungen hat. Als Christen sollten wir unser politisches Sprachspiel, unser pädagogisches, humanwissenschaftliches und kirchliches Sprachspiel immer neu überdenken. Überall, wo menschlich Positives verkürzt und unterschlagen wird, müssen wir uns nach Jesus umsehen und ihn fragen: Herr, was sollen wir tun? Jesu Sanftmut ist nicht Schwäche, sie ist Gottes Kraft, die sich in Liebe und Geduld dem sündigen Menschen zuwendet. Mit diesem Gott kann man nicht handeln.

## Durch die Freude sehen wir erlöst aus

PIUS-AIMONE REGGIO

Vor allem müssen wir uns davon überzeugen, daß die Freude eine unserer größten Pflichten ist.

Zunächst eine Pflicht gegen Gott, denn Gott hat uns für die Freude geschaffen, Gott hat uns zu freudigen Geschöpfen gemacht, und unsere Freude ist der erste Zoll, den wir ihm schulden, die einfachste und wahrste Weise zu zeigen, daß wir uns der Gaben der Natur und der Gnade bewußt sind und dafür dankbar. Wenn jemand uns ein Geschenk macht, da erwartet er von uns als Gegengabe weniger unseren Dank als unsere Freude. Unsere Freude vergilt ihm wirklich. Genauso ist es in unseren Beziehungen zu Gott. Wir wollen uns freuen über alles, was Gott uns gibt.

Die Freude ist weiterhin eine Pflicht gegen Gott, weil sie das unmittelbarste Zeugnis ist, das wir seiner Wahrheit ausstellen können. Unsere Freude bezeugt aus sich, daß unser Gott der lebendige und wahre Gott ist. Die Menschen haben *Zeichen* nötig, um zu glauben. Es gibt kein besseres Zeichen als die Freude der Christen. Vielleicht ist sie noch überzeugender als die Liebe. Mit der Liebe kann man täuschen, die Freude aber täuscht nicht, ich meine natürlich die tiefe und unerschütterliche Freude. Nur das Wirkliche und Echte hat die Macht, eine solche Freude zu schenken. Was Freude schenkt, bietet die sichere Gewähr für seine Wahrheit. Schenkt der Gott des Evangeliums Freude? So heißt die Frage. „Erlöster müßten die Erlösten aussehen, um mich an ihren Erlöser glauben zu lassen", sagte Nietzsche. Durch die Freude, und durch nichts anderes, sehen wir erlöst aus. Die Freude ist also wohl eine Pflicht gegen Gott.

Sie ist auch eine Pflicht gegen den Nächsten. Man kann alle unsere Pflichten gegen den Nächsten in diesem einfachen Hinweis zusammenfassen: *Freude schenken.* Der heilige Paulus sagte: „Einer trage des anderen Last, so werdet ihr das Gesetz Christi erfüllen" (Gal 6,2). Des anderen Last tragen, was bedeutet das? Das bedeutet: versuchen, ihm das Leben leichter zu machen, also ihm Freude zu schenken, denn die Freude bringt gerade ein Gefühl der

Erleichterung. Die Freude bringt Lust zum Tanzen. Man tanzt nicht mit einer Last auf dem Rücken. Laßt uns den anderen Freude geben, und vernachlässigen wir nicht die kleinen Freuden, jene, die, obwohl die einfachsten und nach außen hin die unscheinbarsten, oft diejenigen sind, welche die anderen am besten empfinden lassen, daß wir sie achten und wertschätzen: ein Beweis des Interesses, eine Anerkennung, ein liebes Wort, ein Lächeln. Es sind kleine Dinge, aber sie machen das Leben leichter, und darum geht es.

# Glauben kann man nicht allein

## Es gibt noch Engel in der Welt

PHIL BOSMANS

Engel sind Menschen, die das Licht durchlassen. Wo sie sind, wird alles hell und klar. Engel sind Menschen voller Leben, die zum Leben bringen, was tot ist. Engel sind Menschen, die ein Stück Freude aus dem Paradies mitbringen. Glaub mir: Engel sind Wesen von Fleisch und Blut, die auf unsichtbare Weise die Welt im Lot halten. Tief in ihnen fühlst du etwas von dem Geheimnis einer unergründlichen Güte, die durch alles hindurch zu den Menschen will. In ihnen wird eine Liebe fühlbar, die dich umarmen möchte.

Du hast ein Problem. Du kommst nicht klar. Und wie durch eine unsichtbare Antenne bekommt irgend jemand eine Eingebung, eine Art Befehl, sich an dich heranzumachen und dir zu helfen, dir den rettenden Tip zu geben oder ein verstehendes, tröstendes Wort. „Du bist ein Engel", sagst du dann. Du sagst es zu einem Mann, einer Frau, einem Jungen, einem Mädchen. Geschlecht und Alter spielen keine Rolle. Es kommt etwas Gutes, etwas Herrliches zu dir. Das Leben wird hell, und alle Qual ist weg.

Aber Engel kommen nicht auf Bestellung. Manchmal kommen sie ganz unerwartet. Manchmal sind sie da, und man merkt es kaum; sie zeigen dir den Weg und verschwinden wieder. Ich habe schon viele Engel getroffen. Manchmal hielten sie mitten auf der Straße an, kamen aus der Menschenmenge heraus, reichten die Hand, lösten ein Problem, und dann verschwanden sie wieder im Gewühl der Straße. Mitten in der Menschenmenge, namenlos, ohne auf Dank zu warten.

Es gibt noch Engel in der Welt. Aber es sind zu wenige, darum herrscht noch so viel Dunkel und Elend. Gott sucht nach Engeln unter den Menschen heute. Aber so viele Menschen sehen ihn nicht mehr, hören ihn nicht mehr. Ihre Antenne ist beschädigt oder zerbrochen. Sie empfangen nichts mehr und geben nichts mehr weiter.

Komm, du bist ein Engel! In deiner Umgebung sind genug Menschen, für die du ein Engel sein kannst.

## Gute Nachbarschaft ist eine Gelegenheit, die Christen macht.

HANS KANITZ

Das Lob der Freundschaft wird gesungen – meist zu laut sogar, denn sie braucht stillere Töne. Auch Liebe, die sich so oft nach kurzem nur als projizierte Selbstliebe offenbart, wird dennoch als reine Himmelsgabe gepriesen. Selbst Nächstenliebe fällt am leichtesten, wenn es um die Nähe nicht ganz wörtlich bestellt ist. Graham Greene hat das in einem Monolog des alleinreisenden Priesters, dem die sehr nahen Reisegefährten samt und sonders mißfallen, unnachahmlich beschrieben. Der nun wirklich Nahe aber, der Nachbar, kommt auch bei Christen in ihrem Glaubenseinmaleins selten oder nur versteckt vor.

In dem schönen Abendlied von Matthias Claudius steht vieles, was gewiß auch unserem Nachbarn wichtig ist – er selbst aber wird erst in der allerletzten Zeile erwähnt und dann auch nur der kranke. In dem von mir hochgeschätzten Choral „Werde munter, meine Gemüte" von Johannes Rist bittet der Dichter im sechsten Vers um Schutz für „Weib und Kinder, Hab und Gut, Freunde,

Feind und Hausgenossen" – vielleicht verstecken sich hinter den letzteren die Nachbarn?

Sendschreiben beider großer Kirchen befassen sich mit zahllosen, meist sicherlich wichtigen Anliegen: Familie, Frieden, Feiertagsheiligung – der Nachbar aber, ohne den wir uns ein Leben kaum vorstellen können, bleibt tabu und ist kein Thema. Sollte Nachbarschaft sich so von selbst verstehen, daß man über sie nicht zu reden braucht? Schön wär's und diese Überlegung obendrein unnötig. Das gerade Gegenteil aber ist der Fall. Es kann der beste nicht im Frieden leben ... jeder kennt die Fortsetzung. Das ist so ziemlich das einzige, was unser Schatz an geflügelten Worten, wenn's um's Stechen geht, zu diesem Thema bereit hat. Der Nachbar scheint nur Schicksal, statt Geschenk und Aufgabe zu sein. Wenn wir aber bei ihm versagen, sollten wir fein stille sein, wenn es unter uns anhebt, von Menschen- oder wenigstens doch Nächstenliebe zu tönen. Nichts ist konkreter als er, der nahe-bare, als welchen ihn die Sprachentwicklung ausweist. Noch der, welcher sich in einen Mantel der Unnahbarkeit hüllt, ist der konkrete Nächste und ich bin es ihm. Eben diese Konkretheit zeichnet ihn vor fast allen anderen Mitmenschen aus. Kommen wir mit Vorgesetzten absolut nicht zurecht, wechseln wir den Arbeitsplatz. Erscheint uns die Bedienung in dem einen Geschäft nicht freundlich genug, gehen wir nach kürzerem oder längerem zum nächsten.

Am ähnlichsten ist Nachbarschaft schon der Ehe. Auf lange Sicht sind wir aufeinander angewiesen. Wir sind auch mit ihm, dem Nachbarn, verheiratet, wenn auch ohne die Hilfestellung der Liebe, die dann glättet und Ordnung wiederherstellt, wenn unsere Fehler Unordnung anrichten. Wir müssen mit ihm unter einem Dach, oft sogar auf der gleichen Etage zusammenleben. Sollte es sich nicht lohnen, dem Nachbarn ein Nachbar zu werden?

Eben dies haben meine Frau und ich in den letzten Jahren immer dann versucht, wenn uns Nachbarn und Nachbarschaft zur Last wurden. Ich gebe zu: wir hatten es damit leichter als manche andere. Einmal deshalb, weil unsere Kinder und Verwandten so weit von uns entfernt wohnen, daß sie unsere freien und gemeinsamen Stunden nicht ausfüllen. Zum anderen, weil bei uns die

Frau ihren Beruf außer Haus, der Mann den seinigen dagegen *im* Haus ausübt. Da ich aber seit vielen Jahren von Schwerhörigkeit heimgesucht bin, geht manches an mir und uns wohltätig vorüber, was die Nachbarschaft allzusehr auf die Probe stellen könnte.

Die gemeinsamen Stunden aber gehören von Anfang an auch vielen unserer Nachbarn. Vor allem aber: wir tragen mit an Lasten, die Krankheit oder Heimsuchung aller Art Menschen unseres Hauses auferlegen und sind immer wieder beglückt, zu erfahren, daß viele es ebenso tun, wenn wir die Heimgesuchten sind ...

Ich lobe den Nachbarn, weil er eine so kaum wiederkehrende Gelegenheit bietet, mich selbst nicht wichtiger als andere zu nehmen.

## In der Mitte einer Gemeinschaft Raum für Gott schaffen.

HENRI J. M. NOUWEN

Überall, wo echte Gemeinschaft wirklich wird, kommt es entscheidend auf die Selbstdisziplin an. Nicht nur in den vielen alten und neuen Formen des Gemeinschaftslebens ist die Selbstdisziplin der ausschlaggebende Faktor, sondern das gilt auch überall dort, wo Freundschaft, Ehe und Familienleben in Treue durchgetragen werden. Es geht darum, in unserer Mitte Raum für Gott zu schaffen; und das fordert immer neu das Gespür, daß der Geist Gottes in jedem einzelnen von uns anwesend ist. Zunächst muß der einzelne Mensch in seinem Alleinsein entdeckt haben, daß der lebensspendende Geist Gottes auf dem Grund seines Wesens gegenwärtig ist. Hat er so seine ureigene Identität entdeckt und bejaht, dann wird er fähig, diesen gleichen lebenspendenden Geist auch aus seinen Mitmenschen heraus zu sich sprechen zu hören. Und wenn wir dem lebenspendenden Geist Gottes mitten in unserem Zusammenleben begegnet sind, werden wir mit verstärkter Aufmerksamkeit seine Stimme dann hören, wenn wir allein sind ...

Gemeinschaft hat wenig damit zu tun, daß man sich gegenseitig gut verträgt. Eine ähnliche Erziehung, charakterliche Entsprechungen oder gleicher sozialer Status können uns zusammenbringen; aber all das genügt niemals als Grundlage für eine wirkliche Gemeinschaft. Gemeinschaft gründet in Gott, der uns zusammenruft; sie ergibt sich nicht aus der Sympathie einiger Menschen füreinander. Es gibt viele Gruppen, die sich gebildet haben, um ihre eigenen Interessen wahrzunehmen, ihren eigenen Status zu verteidigen oder ihre eigenen Anliegen durchzufechten; aber nichts von alledem ist christliche Gemeinschaft. Statt die Mauern der Angst voreinander zu durchstoßen und neuen Raum für Gott zu schaffen, verbarrikadieren sie sich gegen wirkliche oder eingebildete Angreifer. Das Geheimnis der christlichen Gemeinschaft besteht gerade darin, daß sie *alle* Menschen umfaßt, so verschieden sie voneinander im einzelnen auch sein mögen. Christliche Gemeinschaft befähigt Menschen mit den unterschiedlichsten Eigenarten, als Brüder und Schwestern Christi zusammenzuleben ...

In unserer wortreichen Welt verbringen wir gewöhnlich die Zeit, die wir beieinander sind, mit Reden. Wir fühlen uns am wohlsten, wenn wir Erfahrungen austauschen, interessante Themen besprechen oder über aktuelle Ereignisse diskutieren. Wir versuchen uns vor allem durch einen sehr intensiven Austausch von Wörtern zu verständigen. Aber oft stellen wir fest, daß unsere Wörter eher wie Mauern und gar nicht als Türen wirken; daß sie einen Abstand aufrechterhalten und uns einander nicht näherbringen. Ohne daß wir es recht wollen, werden aus unseren Gesprächen immer wieder Streitgespräche und Auseinander-setzungen, in denen wir uns gegenseitig mit Worten auszustechen versuchen. Immer wieder möchten wir einander beweisen, daß es sich lohnt, uns zuzuhören, und daß wir etwas Besonderes zu bieten haben. Wenn wir in der Gemeinschaft Selbstdisziplin üben, hilft uns das, gemeinsam zu schweigen. Ein solches diszipliniertes Schweigen ist kein beklemmendes Schweigen, sondern ein Schweigen, in dem wir gemeinsam auf den Herrn horchen, der uns zusammenruft. Auf diese Weise lernen wir uns allmählich gegenseitig als Menschen kennen, die sich nicht voller Angst an ihre selbstkonstruierte Identität klammern, sondern die von ein und demselben Gott auf eine ganz persönliche und einmalige Weise geliebt werden.

Hier können uns oft Worte der Heiligen Schrift in dieses gemeinschaftliche Schweigen hineinführen. Der Glaube, sagt Paulus, kommt vom *Hören*. Wir müssen das Wort voneinander *hören*. Wenn wir aus verschiedenen geographischen, historischen, psychologischen und religiösen Richtungen zusammenkommen, kann das Hören auf ein und dasselbe Wort, das verschiedene Menschen aussprechen, in uns eine gemeinsame Offenheit und Empfindsamkeit schaffen, die uns erkennen läßt, daß wir in diesem Wort gemeinsam Geborgenheit finden. So können wir unsere wahre Identität als Gemeinschaft entdecken. So können wir die lebendige Erfahrung dessen machen, was es heißt, zusammengerufen worden zu sein. Und so kann uns aufgehen, daß der gleiche Herr, den wir in unserem Alleinsein entdeckt haben, auch zu unserem Nächsten in seinem Alleinsein spricht, ganz gleich, welche Sprache oder Konfession oder welchen Charakter er hat. In diesem gemeinsamen Hören auf das Wort Gottes kann sich ein wirklich schöpferisches Schweigen entfalten. Solches Schweigen ist ein Schweigen, das von der liebevollen Sorge Gottes erfüllt ist. Das gemeinsame Hören auf das Wort kann uns von unserem Konkurrenzdenken und Rivalisieren befreien. Es hilft uns, unsere wahre Identität zu erkennen: Wir sind Söhne und Töchter unseres gemeinsamen Gottes, der uns liebt. Wir werden gewahr, daß wir alle Brüder und Schwestern unseres Herrn Jesus Christus und darum auch füreinander Brüder und Schwestern sind.

Dieses Beispiel für ein bewußtes Sich-Einüben in das Gemeinschaftsleben ist eines von vielen. Es gibt zahlreiche andere Möglichkeiten: gemeinsames Feiern, gemeinsame Arbeit, gemeinsames Spielen. Aber welche Form und welchen Ausdruck es auch annehmen mag: Immer weist es uns über die Grenzen von Rasse, Geschlecht, Nationalität, Charakter oder Alter hinaus, und immer öffnet es uns die Augen dafür, wer wir vor Gott und wer wir füreinander sind.

Wenn wir uns in das Leben in Gemeinschaft einüben, wird jeder zur *Person*, das heißt zu einem Menschen, durch den etwas für den andern *hindurchtönt* (das lateinische Wort „personare" bedeutet: „hindurchtönen"): eine Wahrheit, eine Schönheit und eine Liebe, die größer, voller und reicher ist als das, was wir in uns selbst fassen können. In einer echten Gemeinschaft sind wir füreinander Fenster; wir eröffnen einander ständig neue Ausblicke auf das Geheimnis, daß Gott in unserem Leben anwesend ist ...

Schließlich müssen wir uns noch vor Augen halten, daß das Gemeinsamsein genau wie das Alleinsein zutiefst eine Qualität des *Herzens* ist. Gewiß, wir werden nie ganz erfassen, was Gemeinschaft ist, wenn wir uns nie an einem gemeinsamen Ort treffen; aber in Gemeinschaft leben bedeutet nicht unbedingt, dem Leibe nach beieinander sein. Wir können durchaus in Gemeinschaft leben und dabei dem Leibe nach allein sein. Wenn wir mit anderen gemeinsam leben, können wir frei handeln, aufrichtig sprechen und Schweres geduldig ertragen, denn ein ganz enges Band der Liebe vereint uns mit ihnen selbst dann, wenn uns Zeit und Ort von ihnen getrennt halten. Die Gemeinschaft der Liebe dehnt sich nicht nur über die Grenzen der Länder und Kontinente hin aus, sondern durchbricht auch die Grenzen der Jahrzehnte und Jahrhunderte. Nicht nur das Bewußtsein der Nähe von Menschen, die weit weg von uns sind, sondern auch die Erinnerung an diejenigen, die lange vor uns gelebt haben, kann uns in eine Gemeinschaft einbergen, die uns heilt und stützt und uns auf unserem Weg weiterhilft. Weil im innersten Raum unserer Gemeinschaft Gott steht, übersteigt diese Gemeinschaft alle Schranken von Zeit und Raum.

## Jeder Bedarf in Wahrheit aller

LUDWIG DE PONTE

Wärest du auch der Größte unter allen Menschen, so bedarfst du doch auch der Hilfe und Unterstützung der Geringsten. Die Großen im Staate bedürfen der Kleinen, und überhaupt: die einen haben die anderen notwendig und jeder bedarf in Wahrheit aller. Der eine ist dir notwendig, daß er dir die Speise schaffe und bereite, der andere, daß er dir Kleider und Schuhe verfertige; wieder ein anderer, daß er dir das Haus baue und ein Bett bereite. Und beinahe alle Menschen sind ganz wunderbar so miteinander verbunden und verflochten, daß immer die einen tun, was die anderen notwendig haben. Alle sind mit deinen Bedürfnissen beschäftigt, damit du essen, ruhen, dich kleiden und leben kannst. Würden alle diese ihre Arbeit, ihr Geschäft aufgeben, so lebtest du im größten Elend und könntest dir selbst durchaus nicht helfen. Dies alles hat die göttliche Vorsehung so geordnet, daß du gegen die Niederen nie dich stolz benehmen und sie nie als Geringere verachten sollst, da du so deutlich einsiehst, daß du ihrer aller bedarfst. Was soll ich erst sagen von den Bedürfnissen der Seele, in denen du ebenso von anderen abhängst als in deinen leiblichen Nöten! Denn ohne die Hilfe anderer könntest du weder Wissenschaft, noch Klugheit, noch Tugend lernen; und hierin lehrt oft der Niedere den Höheren, damit dieser sehen soll, daß er des Niederen bedarf.

---

Natürlich ist Religion nicht etwas für den stillen Winkel und für einige Feierstunden, sondern sie muß, wie Sie es ja selbst empfinden, Wurzel und Grund alles Lebens sein, und das nicht nur für wenige Auserwählte, sondern für jeden wirklichen Christen.

EDITH STEIN

## Das Gespräch unter Brüdern klärt.

HEINZ SCHÜRMANN

Das Gespräch *unter Brüdern* klärt, besonders wenn es ein geistliches Gespräch mit Männern oder Frauen vom heiligen Geist ist. Im Leben der Heiligen finden wir immer wieder erzählt, wie diese sich vor Entscheidungen mit anderen beraten haben. In der gemeinsamen Überlegung, die nach dem Willen des Herrn sucht, ist der Herr in besonderer Weise in der Mitte mit seinem Licht. Solchen Gesprächen ist Erkenntnis versprochen: „Wo immer sich mehrere Menschen zusammenfinden, um sich über die Wahrheit zu besprechen, da gesellt er sich zu ihnen und erleuchtet und festigt sie in der Wahrheit, die auf der natürlichen Vernunft sich gründet ... Darum heißt es auch im Evangelium: ‚Wo zwei oder drei in meinem Namen versammelt sind, um zu beraten, was mehr zur Ehre und Verherrlichung meines Namens gereicht – da bin ich mitten unter ihnen' (Mt 18,20) und erleuchte und stärke ihre Herzen in der göttlichen Wahrheit. Wohlgemerkt, es heißt nicht: Wo einer ist, da bin ich dabei, sondern wo mindestens zwei sind. Damit will Gott zu verstehen geben, es sei nicht nach seinem Willen, daß einer für sich allein an das glaube, was er für göttliche Wahrheit halte, oder sich darin bestärke, ja, es auch nur zu behaupten wage ... Denn wo sich einer auf sich allein verläßt, da mag auch Gott nicht die Wahrheit in seinem Innern erhellen und stärken" (Johannes vom Kreuz, Aufstieg zum Berge Karmel, München [5]1957, 210f.). Die erleuchtende und stärkende Gegenwart des Herrn wird aber um so wirksamer sein, je mehr die zwei oder drei sich in einer gegenseitigen Liebe „versammeln", in dieser Liebe leer werden, ihre Meinungen und Pläne verlieren, aufeinander hören und so im gegenwärtigen Herrn ihre Einheit finden. Denn „wo die Liebe, wo die Güte, da ist Gott" (Antiphon bei der Fußwaschung am Gründonnerstag).

## Glauben kann man nur miteinander

KARL LEHMANN

Glauben kann man nicht allein, sondern nur im Miteinander. Glaube ist seinem Wesen nach eine Kraft der Einigung. Das Urbild des Glaubens und der Kirche ist die Geschichte von Pfingsten, das Wunder des Verstehens, das zwischen Menschen geschieht, die von ihrer Herkunft, in ihrer Sprache, in ihrer Bildung, in ihrer Rasse und in ihrer Kultur einander fremd sind. Wenn der Glaube nicht solche trennenden Mauern einreißt zwischen den Menschen, dann ist er nicht lebendig. Und in diesem Sinne gibt es Glauben nur als kirchlichen Glauben. Es wird dann auch sehr viel deutlicher, daß man diesen Glauben nicht aufgrund eigener Phantasie oder Begabung annimmt, sondern daß der Grund dieses Glaubens uns vorausgeht. Ich habe ihn von anderen empfangen und lebe ihn mit anderen und für andere. Dies ist auch die einzige Möglichkeit, mir meinen Glauben unversehrt zu erhalten, indem ich mich in die Gemeinschaft der Glaubenden hineinstelle, ihr das Meine mit allen Kräften anbiete, vom Austausch ihres Lebens zehre und so von ihr mich binden lasse.

Dies geht so weit, daß ich mich auch – freilich nicht ohne kritische Besinnung – an institutionelle Formen des Glaubens halte, weil ich weiß, daß meine eigene Bereitschaft und meine persönliche Spontaneität unter Umständen sehr willkürlich und launenhaft sein können. Jedes Charisma braucht, wenn es seine Kraft in der Alltäglichkeit bewahren soll, den Mut, sich auch in institutionellen Formen, in der recht verstandenen, guten „Gewohnheit" des Lebens zu bewähren. Die Kirche kann nur Hinweis auf Jesus Christus sein. Dies kann *keiner* allein für sich erreichen. Gleichwohl hat jeder seine Gabe.

Er darf sich mit ihr nicht isolieren, sondern muß sich in ein größeres Ganzes hinein aufschließen. Darum gehört eine ganz eigene Art von Einheit in der Vielfalt der Glaubenszeugen zum unverlierbaren Grundwesen der Kirche.

# Liebe bringt den Menschen ins Heil

## Liebe, wie geht das?

KLAUS HEMMERLE

Glauben – wie geht das? Glaube geht, indem er in der Liebe wirksam wird; so können wir die Formel des Galaterbriefs anwenden. Wie aber geht diese Liebe? Versuchen wir ihren Gang in sieben Stichworten uns plastisch vor Augen zu stellen.

1. Alle lieben! Gottes Liebe kennt keine Ausnahme. Solange ich einen von meiner Liebe ausschließe, liebe ich nicht. Liebe ist unteilbar.

2. Immer lieben! Liebe ist keine Sonderaktion, kein Gipfel sittlicher Anstrengung oder geistlicher Ergriffenheit. Liebe muß vielmehr Wesens- und Lebensform werden. Sie kennt keine Ferien, und so wenig Unterbrechung, wie das Leben Unterbrechung duldet.

3. Immer als erster lieben! Liebe ist so sehr Gottes Wesen, daß ich nur dann liebe, wenn ich wie er grundlos, als erster liebe. Liebe findet nur statt, wenn ich anfange und nicht warte, bis die Voraussetzungen erfüllt sind. Liebe fängt nur mit der Liebe an.

4. Lieben bis zum Ende, bis zum äußersten! Liebe kennt kein: bis hierhin und nicht weiter. Es gibt keine Erkenntnis und keine Erfahrung, welche die Liebe falsifizieren (auf Täuschung prüfen) könnten. Der Tod hat scheinbar die Liebe Jesu falsifiziert – und gerade deshalb und gerade seither hat die Liebe immer recht. Liebe bewahrt freilich nicht vor dem Tod oder der Erfolglosigkeit; vielmehr gilt: „Wenn ich erhöht bin, werde ich alle an mich ziehen" (Joh 12,32). Erst im Sterben kommt die Liebe zu ihrem radikalen neuen Anfang, zur Auferweckung, zur Fruchtbarkeit. Grundgesetz der Liebe ist das Gesetz vom Samenkorn (vgl. Joh 12,24).

5. Lieben, ohne etwas zu erwarten! Liebe erwartet nicht, Liebe benutzt den anderen nicht, sondern Liebe schenkt einfach, absichtslos. Was bei der Liebe herauskommt, ist allein Gottes Sache. Kein Brosamen Liebe kann verlorengehen, denn Gott ist Liebe.

Doch welche Frucht die Liebe bringt, dürfen wir Gott und der Freiheit dessen, dem die Liebe gilt, überlassen. Ich aber soll lieben!

6. Nicht erst erkennen, sondern erst lieben! Nur die Liebe erkennt, nur die Liebe findet zur Wahrheit. Seit Gott geliebt hat bis zum äußersten und weil Gott Liebe ist, gibt es keine Wahrheit, die nicht Liebe wäre.

7. Nicht Liebe „haben", sondern Liebe „sein"! Es geht nicht an, dazusein und meine Eigenschaften zu haben und unter ihnen auch die Eigenschaft Liebe. Liebe ist nur da, wo sie mich in sich verwandelt, wo sie der Rhythmus, der Gang, die Mitte meines Lebens und Wesens wird. So erst liebe ich, wie Gott liebt, wie Jesus liebt.

---

Die wichtigste Stunde ist immer die Gegenwart;
der bedeutendste Mensch ist immer der,
der dir gerade gegenübersteht.
Das notwendigste Werk ist immer die Liebe.

MEISTER ECKHART

---

Wer sich mit fröhlichem Herzen zum Guten aufgelegt fühlt, wer ein spontan liebevolles Herz dem Nächsten entgegenbringen kann, wenn aus welchen Gründen und mit welchen Mitteln immer der Ausbruch aus einer depressiven Phase in freudige oder wenigstens tapfere Lebenstat gelingt, wer die Worte des Evangeliums wie mit neuen Ohren hören kann, als hätte er sie noch nie gehört, wer in nüchterner Geduld mit sich und seinen Grenzen fertig wird, der darf und muß solches Können und Tun als Gnade Gottes preisen und braucht nicht genau zu unterscheiden, woher es denn komme, weil alles Gute und Helle immer und überall im letzten aus der freien Güte Gottes kommt, die uns geschenkt wird. So kann das Alltäglichste, das zum Heil gereicht, noch als Gnade Gottes verstanden werden.

KARL RAHNER

## Ist es heute leichter oder schwerer fromm zu sein?

PETER LIPPERT

Als das Merkmal der modernen Religiosität muß die Liebe gelten. Und wie selten sie auch erfüllt scheinen mag – ein Beweis, wie selten wahrhaft religiöse Menschen heute sind –, als Forderung, als Wert aller Werte steht sie doch deutlich vor unser aller Geist, als geheimste Sehnsucht steht sie in den Träumen unserer Herzen. Wir sehnen uns heute nach keinem anderen Typus von Menschentum so sehr wie nach dem liebenden Menschen. In ihm allein sehen wir den Boten Gottes, wenn je einer kommen sollte; nicht im Helden und nicht im Weisen, sondern im Liebenden. Ohne den Ausweis der Liebe könnte keine Botschaft von Gott uns glaubwürdig erscheinen.

So ist die Religiosität von unserer Gegenwart gestaltet und in ihrer Eigenart bestimmt. Was hat sie nun von dieser selben Gegenwart zu erwarten an Erleichterung oder Erschwerung? Ist es heute leichter oder schwerer als je, fromm zu sein? Man könnte sagen, die Gegenwart erleichtert uns das Frommsein, weil sie uns belastet und Schwerstes von uns fordert. Von einer Erleichterung kann man nicht reden in dem Sinn, daß wir etwa heute ganz von selbst religiös würden, daß uns die Religiosität einfachhin angeflogen käme oder zugeboren würde; denn geistiges Leben kann uns nicht ohne unser eigenes Zutun geschenkt werden. Und gar das religiöse Geistesleben ist ein Umbruch, eine Verwandlung, ein Auseinanderreißen, ein Hinausschieben aller inneren Wände. Die Gegenwart kann unsere Religiosität nur insofern wecken oder erleichtern, als sie unser Wesen vertieft, uns innerlich löst, aufbricht und verwandelt. Mit diesen Prozessen ist stärkste eigene Tat, eigene Verantwortung notwendig verbunden. Das alles aber ist in gewissem Sinne immer mühevoll, ja sogar schmerzhaft. So kann man auch sagen, daß die Gegenwart unser religiöses Leben, wie überhaupt unser ganzes Leben zu einem schmerzhaften Vorgang gestaltet, daß sie schwer auf uns drückt, daß sie uns hin und her reißt, jagt und hetzt. Aber gerade darin werden jene eigentümlichen religiösen Kräfte wirksam und die religiösen Haltungen möglich.

Und in diesem Sinn kann man sagen, daß die Gegenwart es uns leicht macht, religiös zu werden. Sie arbeitet mit stahlhartem Meißel und mit funkensprühenden Schlägen an neuen Heiligengestalten; wirksam und erfolgreich freilich nur, soweit das vorliegende Menschenmaterial einen geeigneten Stoff für solche Bildhauerei darbietet. Der Mensch kann heute, wenn er will, auf die Knie fallen und beten, so inbrünstig, wie nur je ein Prophet gebetet hat; er kann beten, buchstäblich wie Christus im Ölgarten gebetet hat; er kann, wenn er will, zu einem Martyrer des religiösen Suchens und Lebens werden, zu einem Blutzeugen Gottes. Und das ist seine Gnade.

## Brüderlichkeit – mitten im banalen Alltag

KARL RAHNER

Irgendwo hat auch der normalste Ablauf eines spießigen Lebens von Alltagssorge seine Augenblicke, in denen gewissermaßen dieser Betrieb haltmacht, Lücken und Risse erhält, die Blicke ins scheinbar Leere, in Wirklichkeit aber Unendliche gestatten. Ab und zu ereignen sich eben doch vermutlich in jedem Menschenleben Augenblicke, in denen die nüchterne Alltagsliebe, die kaum von vernünftigem Egoismus unterschieden werden kann, plötzlich vor die Alternative gestellt wird zu lieben ohne Lohn, zu vertrauen ohne Rückversicherung, zu wagen, wo einem scheinbar nur ein sinnloses Abenteuer zugemutet wird, das sich nie rentieren kann.

In solchen Augenblicken steht dann die Freiheit des Menschen vor der Alternative, entweder vorsichtig feige zu sein und sich zu versagen, sich selbst nicht zu wagen, oder in einem kühnen Vertrauen, das scheinbar absurd und doch eben – Wunder der Wunder – gegeben ist, sich und das freie Subjekt ohne Rückversicherung zu wagen, wirklich zu lieben im eigentlichen Sinne des Wortes. Da ist dann kein Boden mehr gegeben, dessen Festigkeit vorher geprüft werden konnte, da wagt die Freiheit mehr, als ihr von einer berechnenden Vernünftigkeit zugebilligt wird, da wagt die Freiheit sich und das Subjekt selbst und fällt ins Unauslotbare, Unbegrenzte, in dem Gott wohnt, der letztlich nur in diesem bodenlosen Absturz erfahren werden kann. Freilich ist dieser Absturz letztlich veranlaßt, ermöglicht und aufgefangen durch das, was wir die Gnade Gottes nennen, die allein die Freiheit des bedingungslosen Sprungs schenkt. Aber das alles ändert nichts daran, daß ein solches Wunder unendlicher Freiheit und Liebe und also Brüderlichkeit mitten in dem banalen Alltag sich ereignen kann. Darin mag die Absprungsrampe (wenn man das Gemeinte so nennen darf) sehr schmal sein und sich kaum merkbar aus der Plattheit des Alltags erheben. Aber diese Kleinigkeiten (biblisch: das Glas Wasser für den Durstigen), das gute Wort am Krankenbett, der Verzicht auf einen kleinen schäbigen Vorteil auch dem gegenüber, dessen Egoismus einen rasend macht, und tausend andere Lappalien des Alltags können die bescheidene Leistung sein, durch die hindurch die eigentliche Gesinnung der selbstlosen Brüderlichkeit sich vollzieht, die die eigentliche Tat des Lebens ist.

Der christliche Glaube hat die Überzeugung, daß nur die Liebe zu Gott und zu dem Menschen, die mehr als ein Gebot und eine Pflichtübung ist, den Menschen ins Heil bringt, daß sie das Ganze des Gesetzes und der Propheten bedeutet, daß sie sich aber auch in der Demut eines gewöhnlichen Alltags ereignen und darin schon unauffällig eben doch jener letzte Verzicht und jene letzte Übergabe an Gott geschehen kann, die uns an der letzten Tat Jesu am Kreuz teilnehmen läßt. Brüderlichkeit, die von der Liebe zu Gott getragen ist und in dieser sich erfüllt, ist das Höchste. Und dieses Höchste ist die Möglichkeit, die jedem Menschen angeboten ist.

---

Die Armen sind unsere Herren,
sie sind unsere Könige.
Man muß ihnen gehorchen. Es ist keine Übertreibung,
sie so zu bezeichnen; denn in den Armen
ist unser Herr gegenwärig.

VINCENT VON PAUL

## Christliche Heiligkeit, keine Angelegenheit nur von Fachleuten

THOMAS MERTON

Der Vorrang der Liebe im sittlichen Leben des Christen gibt uns den Schlüssel zu allen anderen Verpflichtungen eines Christen ...

Wenn wir vergessen, daß die Gesetze und die Organisation der Kirche nur dazu da sind, um das innere Leben der Liebe zu bewahren, dann werden wir dazu neigen, die Befolgung des Gesetzes als Selbstzweck anzusehen. Dann wird das christliche Leben veräußerlicht. Wer das Gesetz äußerlich erfüllt hat, könnte sich damit zufriedengeben wollen, selbst wenn er mit seinem Glaubensbruder und seinem Mitmenschen nicht in aufrichtiger, demütiger und selbstloser Liebe eng verbunden ist. Er kann schließlich in den Äußerlichkeiten des Gesetzes und der Organisation so aufgehen, daß er ein wirkliches Gespür für die Bedeutung der Liebe im christlichen Leben verliert. Und dadurch wird echte Heiligkeit unmöglich, denn Heiligkeit ist die Fülle des Lebens, das Überströmen der Liebe und das Ausstrahlen des Heiligen Geistes, der in uns verborgen ist.

Christliche Liebe erfordert offensichtlich christlichen Gehorsam. Die höhere und vollkommenere Einheit in der Liebe wird nicht möglich sein, wenn die niedrigere und einfachere Einheit im Gehorsam fehlt. Es ist ein Irrtum, sich *gegen* Gehorsam auf Liebe zu berufen. Aber es ist ebenso ein Irrtum, alle Liebe praktisch auf Gehorsam allein zu reduzieren, als ob die beiden synonym wären. Liebe ist etwas viel Tieferes als Gehorsam, aber solange uns Gehorsam nicht diese inneren, geistigen Tiefen öffnet, wird unsere Liebe oberflächlich bleiben, eine Sache von Gefühl und Stimmung, kaum mehr. Gehorsam kann der Liebe die Kraft geben, sich über die Formalitäten reiner Äußerlichkeit zu erheben. Ohne Gehorsam wird unsere Liebe subjektiv und unsicher sein. Wir brauchen objektive Maßstäbe, um durch sie die Kraft der Liebe in die Richtung zu lenken, die Gott in seiner und für seine Kirche will. Gehorsam gibt uns diese objektiven Normen.

Es ist sehr wichtig, sich diese einfachen Grundgedanken ins Gedächtnis zu rufen, die so oft als selbstverständlich angenommen und praktisch vergessen werden. Doch ist es gerade dieser Verlust der richtigen Perspektive, der Heiligkeit scheinbar zu einem unpraktischen oder tatsächlich unmöglichen Ideal für den Christen werden läßt.

Wenn wir das zentrale Element der christlichen Heiligkeit – die Liebe – aus den Augen verlieren und wenn wir vergessen, daß der Weg, das christliche Liebesgebot zu erfüllen, nicht in der Ferne und im Geheimen, sondern, im Gegenteil, unmittelbar vor uns liegt, dann wird das christliche Leben kompliziert und ganz verworren. Es verliert die Einfachheit und die Einheit, die Christus ihm in seinem Evangelium gab, und es wird zu einem Labyrinth von beziehungslosen Vorschriften, Ratschlägen, aszetischen Prinzipien, Kasuistik, Gesetzesparagraphen und zeremoniellen Einzelheiten. Diese Dinge zu verstehen wird in dem Maße schwierig, wie sie ihre Verbindung mit der Liebe verlieren, wie sie alle vereint und auf Christus hin orientiert.

Entmutigt ob der Komplikationen und Schwierigkeiten eines verwirrten und kaum verständlichen inneren Lebens, fangen wir an zu glauben, echte christliche Heiligkeit sei eine so komplizierte Angelegenheit, daß sie nur von Fachleuten verstanden und ausgeübt werden kann.

Es ist offenkundig gut, sowohl theologische Kenntnisse als auch Erfahrung im geistlichen Leben zu haben. Es ist auch gut, genügend Bildung zu besitzen, um die wahre Bedeutung von Gesetz und liturgischen Vorschriften im katholischen Leben zu erfassen. Wie Adam von Perseigne, ein Zisterzienser-Schriftsteller des 12. Jahrhunderts, es ausdrückt, lehrt uns ein entsprechend ausgerichtetes Studium dieser Dinge: „Gesetz ist einfach Liebe, die verbindet und verpflichtet."

Verwirrung und Mißverständnisse aber, die dann entstehen, wenn man im christlichen Leben den Primat der Liebe vergißt, können zu einem solchen Zustand der Enttäuschung führen, daß man gar nicht mehr versucht, heilig oder eben ganz Christ zu sein. Deshalb müssen die Ideale streng geprüft werden. In dieser Prüfung kann man leicht versagen. Die Antwort heißt eben nicht, „Anstrengung" und „Willenskraft". Im Gegenteil, Erleuchtung des Geistes und Herzens mag das allernotwendigste sein, um die Berufung zur Heiligkeit und selbst zum christlichen Glauben zu retten. Willenskraft ist wirkungslos ohne Wahrheit. Liebe ohne Wahrheit ist bloß Sentimentalität.

## In dem, wonach man sich sehnt, erspäht man das Himmelreich

CARLO CARRETTO

Du siehst, wie weit wir vom Reich Gottes entfernt sind! Es ist gar nicht auszudenken.

Wir schwätzen nur immer davon, das ist alles.

Wozu soll das gut sein?

Jesus hat gesagt: „Nicht jeder, der zu mir sagt: ‚Herr, Herr', wird in das Himmelreich eingehen" (Mt 7,21). Um hineinzukommen, muß man handeln, nicht bloß reden. Gott erwartet von uns, daß wir unser ganzes Sein dransetzen.

Das ist eine fortwährende Bekehrung.

Was im Reich Gottes zählt, sind Taten.

Es gibt indes einen Tatbestand, der keiner ist und dennoch Bürgerrecht im Himmelreich hat: das ist die „Sehnsucht der Armen".

Die ist weit wie das Meer.

Sie ist schön wie das Licht.

Sie ist heiß wie das Feuer.

Die „Sehnsucht der Armen" ist das schmerzliche Auslangen des Menschen nach einem Traum, der größer ist als er.

Das geschieht, wenn Gott im Menschen wohnt und ihm seine Wärme mitteilt.

In die Schwäche und Enge eines armen Menschen zieht Gottes eigene Sehnsucht ein. Dann magst du krank im Bett liegen und trägst doch deine Sendung bis an die Enden der Erde, du magst von

Sünde gedemütigt sein und verzehrst dich doch in Träumen von Licht und Heiligkeit.

Der „Sehnsucht der Armen" ist keine Grenze gesetzt, wenn sie sich den Seligpreisungen des Herrn des Lebens öffnen. In dieser Sehnsucht gelingt es ihnen, im wahren Leben, das Gott selbst ist, heimisch zu werden, in sein Licht einzudringen und seine Liebe auf dieser Erden vorwegzunehmen.

Den meisten Menschen auf dieser Erde gelingt es nicht, sich in ihrem Werk zu verwirklichen. Aus Schwäche der eine, der andre aus Armut, der dritte aus Unwissenheit: es gibt für den Menschen Ursachen genug, auf dem Pfad des Schaffens zu versagen. Abgekämpft, gedemütigt, ausgebootet, bleiben ihm nur die Tränen.

Aber danach, wenn er aus seiner Depression aufzuschauen vermag zu Gott, wenn er erkennt, was Gott aus ihm und seiner Armut machen will, dann entdeckt er das größte Geheimnis des Lebens und des Himmelreiches: bei Gott zählt nicht das Schaffen oder Nichtschaffen, das Gelingen oder Mißlingen, nur die Liebe zählt.

Und wenn meine Liebe sich nicht in der Tat verwirklichen durfte, dann verwirklicht sie sich heute in meiner Sehnsucht, in meiner Armut.

Und wenn meine Liebe sich nicht in der Ehe verwirklicht hat, so verwirklicht sie sich in der Ehelosigkeit.

Unserer Sehnsucht sind keine Grenzen gesetzt, und wir können wahrhaft sagen:

*Wir sind unsere Sehnsüchte.*
*Ich habe, was ich ersehnt habe.*

In meinem Handeln habe ich meine Grenze und meine Ohnmacht erkannt, in der Sehnsucht habe ich meinen wahren Traum verwirklicht;

im Realen habe ich die Erde begriffen, in der Sehnsucht habe ich das Himmelreich erspäht.

Es wäre schlimm, wenn das Reich Gottes das Ergebnis des menschlichen Handelns wäre. Nicht nur wäre das eine Ungerechtigkeit, denn dann wäre das Reich Gottes das Erbteil der Starken, der Klugen, der Tüchtigen, der Schlauköpfe, sondern es wäre auch eine ziemlich kleine Sache.

Nein, das Reich Gottes ist das Ergebnis einer unermeßlichen Sehnsucht, die in den Herzen der Armen entspringt und überfließt in das durchbohrte Herz des wahrhaft Armen: Christus.

## Sei Regen in unserer Dürre!

HANS URS VON BALTHASAR

„Gieße in unsere Herzen die Gesinnung Deiner Liebe ein." Gieße sie ein: werde Du selbst ein Strömender für uns, denn unser Strömen trägt uns nicht bis zu Dir. Sei Regen in unserer Dürre, sei Fluß durch unsere Landschaft, daß sie an Dir die Mitte erhalte und Ursache ihres Schwellens und Fruchtens. Und wenn Dein Wasser Blüten und Früchte in uns hervorbringt, dann wollen wir sie nicht als unsere eigenen Triebe und Ergebnisse betrachten, denn sie stammen von Dir, und wir wollen sie im voraus zu den unsichtbaren Gütern bei Dir hinterlegen, über die Du verfügen kannst wie Du willst. Es sind Früchte aus unserem Land, aber von Dir hervorgebracht, die Du für Dich oder für uns verwenden kannst, und wir sind ja zahlreich, so daß Du, was der eine vielleicht im Überfluß hervorbringt, für einen andern, der nichts hat, aufsparen kannst. Kein Baum genießt doch seine eigenen Früchte; ihm ist es nur um die Kerne zu tun, daß sie in den rechten Boden fallen und ein neuer Fruchtbaum entsteht: aber das süße Fruchtfleisch, das der Baum mit so viel sorgender Kunst hervorbringt: für wen? Für die Vögel, für die Würmer. Und schließlich für den Besitzer des Baumes. Und noch schließlicher: für jeden Hungrigen, der vorübergeht. Deine Bäume, Gott, wissen es, und wir wissen es nicht. Sie tragen ein Geheimnis der Hingabe in sich, das wir erst lernen müssen. Sie sagen nicht Ich; wir aber sagen Ich und müssen erst von Dir lernen, Du zu sagen. Nicht wir sind die Strömenden, Du bist der Strom, der wehende Hauch der Liebe. Du bist Du selbst, indem Du der Selbstlose bist. Die Personen in Dir sind nicht fixe Punkte, sondern schwebende Beziehungen, Formen der Hingabe, keine Festungen, die man erobern müßte, sondern Offenheiten, an denen nur teilgewinnt, wer aus der eigenen Festung preisgebend heraustritt. Die Gesinnung der Liebe, die wir von Dir erbitten, bist Du selbst. Du, Vater, gibst Dein ganzes Gottsein dem Sohn; Du bist Vater nur, indem Du dich gibst; Du, Sohn empfängst alles vom Vater und willst vor ihm nichts anderes sein als der Empfangende und Zurückgebende, der in liebendem Gehorsam den Vater Darstellende, Verherrlichende; Du, Geist bist die Einheit dieser beiden gegenläufigen Hingaben, ihr Wir als ein neues Ich, das königlich, göttlich sie beide beherrscht – Person gewordene Liebe! – die in beiden nichts anderes wünscht, als von der absoluten Liebe gekrönt zu werden: in der Hingabe jedes eigene Planen und Verfügen zu lassen, um der Liebe das Regiment zu übergeben.

Ist vielleicht dieser Geist, um den wir Dich bitten, schon selbst der Inbegriff aller unsichtbaren Güter? Ach, leider ist er für uns geistlose Sünder gar sehr unsichtbar, beinah in allem das Gegenteil dessen, was wir schätzen und begehren. Er ist ja Dein Geist, nicht der unsrige; die Liebe nach Deiner Art, nicht nach der unsrigen. Und wenn er dann in allen entscheidenden Lagen unsere Opferung fordert, dann bedarf er immer gerade dessen, was wir zu behalten gedachten, unter den schönsten Vorwänden, es zu Deiner größeren Ehre, aber auch der unsern, zu gebrauchen. Immer sollte für uns, individuell oder kollektiv, etwas herausschauen. Immer muß Dein Geist mit sanfter Gewalt unsere Richtung verändern und umkehren, muß unerbitterlich die Schosse, die am Boden hinwuchern, an seinem Spalier hochbinden, und jene, die phantastisch ins Leere verstoßen, an das harte, realistische Holz anschmiegen. Was wir irdische Liebe nennen und was meist selbstsüchtig ist, muß er mit himmlischer durchdringen, und was wir himmlische Liebe nennen, und was meist Einbildung ist, muß er im Irdischen erproben. Er zeigt uns das Leben Deines Sohnes, sein Kreuz. Hier sind Himmel und Erde vereint, in dieser hartgefügten Kreuzung. Einfacher geht es nicht. Dieses Kreuz sollen wir täglich auf uns nehmen. Täglich in allen Dingen uns selber absterben, um in Christus ein neuer Mensch zu sein. Und der neue Mensch gehört zu den unsichtbaren Gütern, sich selber ist er nicht verfügbar. Er verspürt vielleicht von Zeit zu Zeit etwas vom Wehen und Duft des Geistes, der göttlichen Atmung zwischen Vater und Sohn. Aber herzuzeigen ist nichts, weder der Geist (der weht, wo er will), noch der Mensch in seinem Wind. Er treibt an einer nicht festzulegenden Stelle zwischen Himmel und Erde.

# Füreinander dasein

## Mit denen einig sein, die uns im Wege stehn

PETER LIPPERT

Immerzu suchen wir die Schuld bei den andern, immerzu ist die Welt schuldig oder die Frau oder der Feind oder der Leib oder das Blut oder die Armut oder – Gott. Und in Wirklichkeit ist die letzte Schuld doch immer bei uns, weil wir das Lachen und Weinen, das um uns ist und in uns selber, nicht verstehen, es nicht ebenso im Herzen bewahren, wie es aus einem Herzen gekommen ist, aus einem freien, großen und guten Herzen. Kommt, meine Freunde, wir wollen ebenso großzügig und vollkommen sein wie unser Gott, unser Vater, der im Himmel ist. Wir wollen uns denen anpassen, die uns im Wege stehen; denn Gott selbst hat sich mit ihnen zusammen in unsern Weg gestellt. Wir wollen einig sein mit ihnen, so wie Gott mit ihnen einig ist. Wir wollen die Kreaturen anschauen und sie fragen, was sie von uns wollen, und was Gott uns durch ihr Lachen und Weinen , durch ihren erhobenen Finger oder auch durch ihre lallenden und oft verworrenen Reden sagen will. Wir wollen es machen wie die Kinder, wenn ein Erwachsener plötzlich vor sie hintritt; zuweilen lächelt er, zuweilen hebt er den Finger oder macht eine Tierstimme nach oder läßt ein glänzendes Ding vor ihren Augen hin und her baumeln. Dann schaut das Kind mit großen, ernsten, ehrlich fragenden Augen und will herausbekommen: Was will der? Und wenn es glaubt, ihn verstanden zu haben und wie gut er es meint, dann fängt er plötzlich an, strahlend zu lächeln. So wollen wir auch die Kreatur fragen, wollen durchdringen durch ihre seltsamen reizenden oder erschreckenden Gesichter und herausbekommen, was dahinter steht. Eindringen wollen wir in die Geschöpfe, unter ihre Oberfläche wollen wir hineinsickern wie ein Wassertropfen. Eintreten wollen wir in ihre innere Kammer, und aus ihrem Fenster heraus in die Welt sehen, um zu erfahren, wie Gott aus diesem Fenster herausschaut. Wir wollen immer und in allen Dingen wissen: Was will er? Und wenn wir es erfaßt haben, dann werden wir die Kreatur anlächeln, welches Gesicht sie auch gemacht haben mag. Ja, meine Freunde, so weit müssen wir kommen, daß wir jedes Geschöpf anlächeln können, weil wir hinter ihm den lächelnden Gott gesehen haben. Selbst den bösen, verstockten Stein, der uns im Wege liegt und an den unsere Füße schmerzlich stoßen, müssen wir anlächeln können. Denn siehe, auch über ihm liegt Gottes Lächeln.

Und Gott will, daß auch wir wieder lächeln, auch den übrigen Geschöpfen zulächeln; denn er will auch aus unsern Augen und Werken strahlen, auch in uns will er seine lockende Stimme hören lassen. Wir sind alle von ihm geschaffen, um Boten seines Wortes zu sein. Wohltun und Freude soll von uns ausströmen. Wie könnte das aber geschehen, wenn wir bitter und verzagt sind? Wie könnten wir einem Geschöpf zulächeln, wenn wir uns von ihm abwenden? Kein Prophet kann fliehend die Sendung erfüllen, zu der Gott ihn sandte.

---

Herr, gewähre, daß ich eher zu trösten suche, als getröstet zu werden; zu verstehen, als verstanden zu werden; zu lieben, als geliebt zu werden; denn durch Selbstvergessen findet man; durch Verzeihen erlangt man Verzeihung; durch Sterben erwacht man zum ewigen Leben. Amen.

AUS DEM TÄGLICHEN GEBET
DER MITARBEITER MUTTER TERESAS

## Auf du und du mit Gott?

FRANZ M. MOSCHNER

Wir sind es, die sich zu Gott wenden müssen: und eben das geschieht in der Sammlung, im Sichbewußtmachen: „Du bist da!" Gewöhnen wir uns gleich an dieses „Du"! Nicht denken: „Wie gut ist er doch!", sondern: „Wie gut bist du doch!" Nicht: „Wird er mir helfen?", sondern: „Wirst du mir helfen?" Jede Gelegenheit sollen wir benutzen, um mit ihm ins Gespräch zu kommen; Gott ist nicht und nie „Gegenstand", immer ist er das eine Du, „über" das nicht geredet und gedacht werden soll, sondern mit dem und aus dem und von dem her das Reden und Denken erfolgt, indem wir uns auf ihn beziehen. So ist auch die „Vergegenwärtigung" nichts als ein einfaches Sich-Ihm-Zuwenden: Da bist du, und ich bin nun bei dir – und bete dich an ... Das „Gebet" hat begonnen.

## Vom Herrn leben und füreinander dasein

HEINRICH SCHLIER

„Weil ein Brot, sind wir, die vielen, ein Leib; denn wir haben alle Anteil an dem einen Brot" (1 Kor 10,17).

Die Taufe ist nicht das einzige große Zeichen, durch das der Heilige Geist die Kirche aufbaut. Das andere ist das Herrenmahl oder, wie man es schon früh nannte, die Eucharistie. Die Taufe schenkt einen neuen Anfang des Lebens, die heilige Eucharistie kräftigt es.

Der Apostel Paulus nennt sie „das Mahl des Herrn". Und damit meint er zunächst, daß der Herr Jesus Christus es uns bereitet und wir bei ihm zu Gast sind. Es ist nicht irgendein Gemeinschaftsmahl, das wir uns bereiten und das uns noch enger zusammenführen soll. Es ist das Mahl des Herrn. Denn es ist ja auch ein Mahl, bei dem er uns Anteil gibt an sich selber und an seinem leibhaftig für uns hingegebenen Leben. Daß er uns an seinem Kreuz auf sich nahm und unsere Sünden mit seinem Leib ersterben ließ, das wird uns bei diesem Mahl mitgeteilt. Und zwar nicht mehr im Wort, obwohl dieses vorangeht und nachfolgt und auch, freilich nun verstummt, im Zeichen mit dabei ist. Man kann sagen: Das Wort tritt zurück und aus seinem Schweigen heraus tritt das Zeichen der Anteilgabe von Brot und Wein, in dem der Herr gegenwärtig ist. Jetzt „hören" und „verstehen" wir nicht mehr, sondern jetzt schmecken wir nur noch. In diese Einfachheit läßt sich der Herr herab.

In diesem Einfachen geschieht noch ein anderes. Und darauf lenkt unser Text den Blick. Alle, die da kommen, „die vielen", die da im Glauben das Brot „am Tisch des Herrn" empfangen, werden zusammengefügt zu *einem* Leib, zu einer einigen, leibhaftigen Gemeinschaft, zu seinem Leib, zu seiner einigen, leibhaftigen Gemeinschaft. Im Herrenmahl zuletzt und ganz realisiert sich der eine Leib Christi in seinen Gliedern. Als die den Herrn im Brot Empfangenden sind wir nur noch seine Glieder, nichts anderes mehr. Aber als seine Glieder sind wir seines Leibes Glieder und also auch untereinander Glieder. Jetzt, da der Herr uns – durch ein Stückchen Brot – sein Leben geschenkt hat und wir „alle" von ihm und nicht mehr von uns leben, entdecken und erweisen wir uns als solche, die füreinander da sind. Wenn wir wirklich Eucharistie, Danksagung feiern, öffnen wir uns einander, kümmern wir uns umeinander, sorgen wir füreinander, lassen wir einander gelten, dienen wir einander, trauern und leiden wir miteinander, freuen wir uns miteinander, und was der Apostel Paulus in dem großen Gleichnis von 1 Kor 12 alles sonst ausführt. Und so sind wir mit der „eine Leib", der „Leib Christi", die innige, einige Korporation derer, die vom Herrn leben und deshalb füreinander leben. Im Herrenmahl wird sie immer von neuem gefestigt und sichtbar. Letztlich von ihm her muß sie sich dann im Alltag bewähren.

---

Das ist ein unverbrüchlicher Grundsatz: Wer vom Geist unseres Herrn beseelt ist, handelt milde und sanft. Unfreundlich und hart wird dagegen vorgehen, wer sich von seinen Trieben und vom bösen Geist drängen läßt.

VINCENT VON PAUL

## Die Kirche existiert zunächst als Gemeinde

KARL LEHMANN

Die Kirche existiert zunächst als Gemeinde. Sie wird von Gott zusammengerufen. Man könnte „Kirche" (= ekklesia) auch als das Aufgebot Gottes übersetzen. Menschen, die von ihm sich rufen lassen, sehen keine letzten Trennungen mehr in dem, was sie natürlicherweise unterscheidet: Rasse und Klasse, Nation und Sprache. Seitdem Jesus Christus die Mauern zwischen den verfeindeten Menschen beseitigt hat, können die Völker unter Wahrung ihrer verschiedenen Kulturen zum gemeinsamen Lobpreis zusammenkommen. So wie die Kirche eine Sammlung der Völker ist, so führt der Geist Gottes an einem bestimmten Ort oder innerhalb eines konkreten Personenkreises Menschen zu einer neuen Gemeinschaft zusammen, die nicht durch die Bande einer natürlichen Zusammengehörigkeit errichtet wird. Diese Menschen haben das versöhnende Wort des Evangeliums Gottes glaubend angenommen und gründen ihre Hoffnung auf die Verheißung seiner nie endenden Gegenwart. Dieser Glaube wird von Gott im Sakrament der Taufe befestigt. Darauf gründet das Christsein. Die Gemeinde ist eine zur Verherrlichung Gottes und zum Dienst an den Menschen berufene Gemeinschaft. Es ist vor allem der Dienst der Versöhnung und des Friedens, des Helfens und des Teilens. Die christliche Gemeinde bezeugt dabei das in Jesus Christus geschenkte Heil vor der Welt. Eine solche Gemeinschaft soll modellhaft abzulesen sein sowohl an der einzelnen Gemeinde als auch an ihrer lebendigen Verbindung mit anderen Gemeinden desselben Glaubens auf der ganzen Welt (die ursprüngliche Bedeutung von „katholisch" und „ökumenisch"). Gerade dadurch ist die Kirche Salz der Erde und Licht für die Völker. Dabei gehören der innere Aufbau der Gemeinde und das glaubwürdige Zeugnis sowie der tatkräftige Dienst nach außen zusammen.

## Durch einen gemeinsamen Lebensgrund verbunden

ROMANO GUARDINI

Die Liturgie sagt nicht „Ich", sondern „Wir", es sei denn, daß die betreffende Handlung die Einzahl in besonderer Weise fordert (z. B. bei einer persönlichen Willenserklärung oder in manchen Gebeten des Bischofs, des Priesters u. a.). Die Liturgie wird nicht vom einzelnen, sondern von der Gesamtheit der Gläubigen getragen. Diese Gesamtheit nun setzt sich nicht nur aus den Menschen zusammen, die gerade in der Kirche sind; sie ist nicht nur die versammelte „Gemeinde". Sie dehnt sich vielmehr über die Schranken des betreffenden Raumes hin aus und umfaßt alle Gläubigen auf der ganzen Erde. Über die Schranke der Zeit greift sie ebenfalls hinweg, insofern sich die auf Erden betende Gemeinschaft auch mit den Heimgegangenen eins weiß, die in der Ewigkeit stehen. Allein die Bestimmung des Allumfassens erschöpft den liturgischen Gemeinschaftsbegriff noch nicht. Das Ich, welches die liturgische Gebetshandlung trägt, ist nicht die einfache Zusammenzählung aller gleichgläubigen einzelnen. Es ist deren Gesamtheit, aber sofern die Einheit als solche etwas ist, abgesehen von der Menge derer, die sie bilden: *die Kirche.*

Hier liegt etwas Ähnliches vor wie im Staatsleben. Der Staat ist mehr als die Gesamtzahl der Bürger, Behörden, Gesetze und Einrichtungen usw. Die Glieder des Staates fühlen sich nicht nur als Teile einer größeren Zahl, sondern irgendwie als Glieder eines übergreifenden, lebenden Einheitswesens.

Etwas Entsprechendes, freilich in einer wesentlich anders gearteten Ordnung, der übernatürlichen, stellt die Kirche dar. Sie ist in sich geschlossen: ein Gefüge von unübersehbar mannigfaltigen Lebensäußerungen, von Mitteln und Zwecken, von Tätigkeiten und Wirkungen, von Menschen, Einrichtungen, Gesetzen usw. Sie besteht aus den Gläubigen; aber sie ist mehr als deren bloße durch gleiche Überzeugungen und gleiche Ordnungen zusammengefaßte Summe. Die Gläubigen sind vielmehr durch einen wirklichen, gemeinsamen Lebensgrund verbunden. Das ist der wirkliche Christus; sein Leben ist das unsere; ihm sind wir „einverleibt", wir sind

„sein Leib", *Corpus Christi mysticum* (vgl. Röm 12,14ff.; 1 Kor 12,4ff.; Eph Kap. 1–4; Kol 1,15ff. u.ä). Und eine wirkliche Macht ist vorhanden, welche diese große Lebenseinheit beherrscht, den einzelnen in sie einfügt, ihn an gemeinsamen Leben teilnehmen läßt und darin erhält: der „Geist Christ", der Heilige Geist (vgl. 1 Kor 12,4ff.). Jeder einzelne Gläubige ist eine Zelle dieser Lebenseinheit, ein Glied des Leibes.

Bei mannigfachen Gelegenheiten wird sich der einzelne Gläubige dieser ihn umschließenden Einheit bewußt, vor allem in der Liturgie.

In der Liturgie sieht er sich nicht als Sonderwesen, sondern als Glied dieser Einheit Gott gegenüberstehen. Sie ist es, die zu Gott spricht; der Gläubige spricht in ihr. Von ihm fordert sie, daß er sich als Glied wisse und wolle. Das Erlebnis der kirchlichen Gemeinschaft liegt für den einzelnen auf dem Grunde des liturgischen Verhältnisses. Der Gläubige – wenn anders er die Liturgie in lebendiger Weise mitfeiern will – muß sich bewußt sein, daß er als Glied der Kirche und die Kirche in ihm betet und handelt; er muß sich mit allen anderen Gläubigen in dieser höheren Einheit eins wissen und mit ihnen eins sein wollen.

## Jeder steht für alle da

EDITH STEIN

Innerhalb der Kirche gibt es Gemeinschaftserlebnisse verschiedenster Art: Andacht, Begeisterung, Werke der Barmherzigkeit usw., aber nicht ihnen verdankt die Kirche ihr Bestehen. Sondern dadurch, daß der einzelne vor Gott steht, vermöge des Gegeneinanders und Zueinanders von göttlicher und menschlicher Freiheit, ist ihm die Kraft gegeben, für alle dazustehen, und dieses „Einer für alle und alle für einen" macht die Kirche aus ... Je mehr einer von der göttlichen Liebe erfüllt ist, desto mehr ist er geeignet, die für jeden prinzipiell mögliche Stellvertretung zu leisten.

## In allem Zeitlichen reift etwas Ewiges

JOHANNES PAUL II.

Ihr Brüder und Schwestern der älteren Generation, Ihr seid ein Schatz für die Kirche, Ihr seid ein Segen für die Welt! Wie oft müßt Ihr die jungen Eltern entlasten, wie gut könnt Ihr die Kleinen einführen in die Geschichte Eurer Familie und Eurer Heimat, in die Märchen Eures Volkes und in die Welt des Glaubens! Die Jugendlichen finden in ihren Problemen oft leichter zu Euch als zur Generation ihrer Eltern. Euren Söhnen und Töchtern seid Ihr in schweren Stunden die wertvollste Stütze.

Mit Rat und Tat wirkt Ihr in vielen Gremien, Vereinigungen und Initiativen des kirchlichen und zivilen Lebens mit. Ihr seid eine notwendige Ergänzung in einer Welt, die sich für den Schwung der Jugend und für die Kraft der sogenannten „besten Jahre" begeistert, in einer Welt, in der so sehr zählt, was man zählen kann. Ihr erinnert sie daran, daß sie auf dem Fleiß derer weiterbaut, die früher jung und kraftvoll waren, und daß auch sie eines Tages ihr Werk in jüngere Hände legen wird. In Euch wird sichtbar, daß der Sinn des Lebens nicht nur in Geld-Verdienen und Geld-Ausgeben bestehen kann, daß in allem äußeren Tun zugleich etwas Inneres reifen soll und in allem Zeitlichen etwas Ewiges – entsprechend dem Wort des heiligen Paulus: „Wenn auch unser äußerer Mensch aufgerieben wird, der innere wird Tag für Tag erneuert" (2 Kor 4,16) ...

Kann man ein höheres Loblied auf die Würde des Alters singen? – Aber Ihr wärt gewiß enttäuscht, meine lieben älteren Zuhörer, wenn der Papst nicht auch auf eine andere Seite des Altwerdens einginge; wenn er Euch nur die – vielleicht unerwartete – Ehrung mitgebracht hätte, den Trost aber schuldig bliebe. Wie zu der herbstlichen Jahreszeit, in der wir stehen, nicht nur die Ernte und die feierliche Pracht der Farben gehören, sondern auch das Kahlwerden der Äste und das Fallen und Zerfallen der Blätter, nicht nur das weiche, volle Licht, sondern auch der feuchte, unwirtliche Nebel, so ähnlich ist das Alter nicht nur der kraftvolle Schlußakkord oder die versöhnende Summe des Lebens, sondern auch eine

Zeit des Verwelkens, eine Zeit, da einem die Welt fremd, das Leben zur Last und der Leib zur Qual werden kann. Und so fügt sich zu meinem Ruf „Nehmt wahr Eure Würde" der andere „Nehmt an Eure Bürde".

Die Bürde des Alters besteht für die meisten zunächst in einer gewissen Gebrechlichkeit des Leibes. Was kann der Papst sagen? Womit soll ich Euch trösten? Ich will es mir nicht so leicht machen. Ich will die Bedrängnisse des Alters, Eure Gebrechen und Krankheiten, Eure Hilflosigkeit und Vereinsamung, nicht verharmlosen. Aber ich möchte sie mit Euch in einem versöhnenden Lichte sehen – im Lichte unseres Heilandes, „der für uns Blut geschwitzt hat, der für uns gegeißelt worden ist, der für uns mit Dornen gekrönt worden ist". Er ist in den Prüfungen des Alters Euer Leidensgefährte, und Ihr seid die Gefährten des Kreuzweges. Keine Träne weint Ihr allein, und keine weint Ihr vergeblich (vgl. Ps 56,9). Durch Leiden hat er das Leid erlöst, und durch Leiden wirkt Ihr mit an seiner Erlösung (vgl. Kol 1,24). Nehmt Euer Leiden an als Seine Umarmung und macht es zum Segen, indem Ihr es mit Ihm annehmt aus der Hand des Vaters, der in unergründlicher, aber unbezweifelbarer Weisheit und Liebe gerade darin Eure Vollendung wirkt. Im Feuerofen wird das Erz zum Gold (vgl. 1 Petr 1,7) in der Kelter wird die Traube zum Wein.

# Man wandelt nur, was man annnimmt

## Sich nicht selbst zum Thema machen

HANS ALBERT HÖNTGES

Wer sein Leben retten will, der wird es verlieren. Das ist ein Satz! In den Millionen von Büchern, welche die Gedanken der Menschen festhalten – dumme und kluge, belanglose und wichtige, oberflächliche und erfahrene –, steht kaum ein Satz wie dieser. Selbst im Evangelium haben nicht viele Sätze eine solche Wucht: Wer sein Leben retten will, der wird es verlieren – aber wer es verliert um meinetwillen, der wird es finden.

Aufs erste kann man denken: das Leben finden, das Leben verlieren – das ist nicht mein Problem. Ich habe ganz andere Fragen, für die ich eine Antwort brauche.

Aufs zweite dämmert uns das Gefühl, daß dieser Satz „unser Problem" ist in einem Ausmaß, dem wir gar nicht gewachsen sind.

Was wollen wir denn anders – als unser Leben retten? Unser bißchen Leben auf eine anständige Weise retten?

Wenn wir einmal die Kulissen hochziehen, hinter denen wir uns vor der Zudringlichkeit und der Neugier der anderen schützen, dann kommt dieses leidenschaftliche Verlangen zum Vorschein: unser Leben retten.

Leben – das geht zuerst von selber. Wir denken, daß wir aus dem vollen schöpfen können. Als Kinder hatten wir ein Spiel, da mußte man den anderen mit dem Ball abtreffen. Damit es nicht so schnell zu Ende war, hatte jeder zehn Leben. Zehn Leben, das war viel, da kam es auf eins nicht an: acht oder sieben war auch noch viel. Und wenn man dann gar keins mehr hatte, dann wurden die Seiten gewechselt, und es ging von vorne los. Längst wissen wir, daß es keinen Seitenwechsel im Leben gibt, daß wir nur am Anfang meinen,aus dem vollen schöpfen zu können, daß wir auf den Grund stoßen, viel schneller, als uns lieb ist.

Die Unruhe, wie wir überleben können, wird größer. Was uns lang nicht aufgefallen war, bestürzt uns nun: Was ist geworden aus meinem Leben, was ist geblieben: eine Menge „Dienstleistungen" für andere – und ich selber? Wir kämen in Verlegenheit, sollten wir jeweils unser Leben beschreiben. Ja – was ist es denn bis jetzt? Gefordert haben immer die anderen. Mich selbst verwirklichen – wann und wie? Und dann ist der Verdruß da: Ich bin es leid, ich will nicht mehr, „sucht euch einen anderen". Aber die tun dies nicht, und so kehrt man enttäuscht in die kleine Alltäglichkeit zurück.

Wenn etwas „unser Problem" ist, dann das: das eigene Leben retten. Keine Angst sitzt uns tiefer in den Knochen als die Angst, daß wir unser Leben verlieren. Nicht das Sterben ist gemeint – sondern daß wir unser Leben schon verloren haben, längst bevor wir sterben: den Sinn unseres Leben; das Ziel, das sich lohnt; die Frucht, um die wir nicht betrogen werden wollen.

Weltweit stellen die Psychiater eine Zunahme von Depressionen fest. Als Ursachen werden genannt: Beziehungslosigkeit zu Menschen, zur Arbeit, zur Umwelt, Verlust der Persönlichkeit. Häufig äußern sich Depressionen in körperlichen Störungen, in denen der gepeinigte Mensch seine Ängste signalisiert.

Drei mal vier Meter groß waren die Plakate in den Bahnhöfen der Pariser Metro: Das verstörte Gesicht eines jungen Menschen und die Worte: Angst? Depression? Einsamkeit? Und eine Telefonnummer.

Was sagt Jesus zu diesem Problem? Er versteht es gut. Er unterstreicht die ganze Wichtigkeit: das Leben gewinnen ist nicht ein Ziel neben anderen, es ist *das* Ziel überhaupt. Es ist nicht nur schlimm, sagt er, wenn du dein Leben verlierst, es ist das Schlimmste, was dir überhaupt passieren kann.

Nachdem Jesus unser tiefes Bedürfnis, unser Leben zu finden, und unsere tiefe Angst, unser Leben zu verlieren, so gut versteht und so ausdrücklich bejaht, sagt er ebenso unmißverständlich, wie er die Lösung sieht.

Seine Antwort ist paradox: es verliert *der* sein Leben, der es zu retten versucht. Das ist nicht nur paradox, das ist, logisch gesehen Unsinn. Dennoch: es ist das unerbittliche Gesetz des Lebens, das der Schöpfer bestätigt – und diese Bestätigung können wir selber leidvoll erfahren.

Wie sieht das aus, wenn wir anfangen, *unser* Leben zu retten? Wir setzen uns selbst zwangsläufig an die erste Stelle, grenzen uns ab, entziehen uns den anderen, reden von dem, was unser Recht ist, verteidigen uns, bekommen es mit Neid zu tun, mit Eifersucht, fangen zu klagen an. Das ist so verständlich! Das hat soviel Vernünftigkeit für sich. Bloß wirksam ist es nicht. So rettet man nicht sein Leben. Mein Leben – das ist mehr als die Vitalität, die ich in mir spüre. Mein Leben – das bin ich selber. Mein Leben finden – das heißt meinen größten Wunsch erfüllen: mich selbst zu verwirklichen. Mein Leben verlieren – das ist meine größte Angst: meine Identität zu verlieren.

Es hat sich noch keiner im Alleingang verwirklicht. Oder wie von dem Psychologen Viktor E. Frankl zitiert wurde: „Nur die Hingabe an einen anderen Menschen oder an eine Aufgabe bringt dem einzelnen Selbstverwirklichung und gibt seinem Leben Sinn." Du findest dein Leben, sagt Jesus, indem du es verlierst, wie ich es verloren habe: nicht durch Unachtsamkeit, nicht durch Oberflächlichkeit, nicht durch Trägheit, nicht durch Versäumnis. Das Leben verlieren, wie ich es verloren habe, sagt Jesus – das ist die einzige Möglichkeit, wie du dich verwirklichen kannst: indem du dich vergißt, dich aus den Augen verlierst, indem du dich verläßt. Nicht indem du anfängst zu zählen, gewinnst du, sondern indem du aufhörst, dich und das Deine zu zählen und zu messen. Weigere dich nicht zu leiden. Die Kreuzschau ist kein Prospekt zum Aussuchen. Auch deine Arme sind am weitesten am Kreuz. Hör endlich auf, alles selbst in die Hand nehmen zu müssen. Hör auf zu glauben, du seist für alle zuständig. Hör auf zu glauben, du wärst alles schuld, nachdem du nicht alles so regeln konntest, wie du es wolltest. Hör auf, dich so wichtig zu nehmen, ständig über dich nachzudenken, über dich selbst zu reden. Das hat nichts damit zu tun, sagt Jesus, daß du dir die Freude verbietest. Aber so wirst du die Freude niemals finden, weil deine Tränen dich blind machen. Das hat nichts damit zu tun, daß du dir nichts gönnst, indem du dich selbst nicht liebhast.

Das hat nichts damit zu tun, daß du dich zum Trottel für andere machen sollst, daß du keinen Anteil hast an den schönen Dingen dieses Lebens. All das ist auch für dich da. Und deine Liebe zu den Menschen soll bei dir selber anfangen.

Aber dich und dein Leben wirst du verwirklichen nur dadurch, daß du aufhörst mit dem anstrengenden und schweißtreibenden Krampf, dich selbst zum Thema zu machen. Das Leben ist dem Lieben so verwandt – und nur im Geben ist es zu haben.

## Wenn man sich nicht leiden kann

GEORG MOSER

In einem Artikel des bekannten Schriftstellers C. S. Lewis stehen einige bedenkenswerte Sätze. Da heißt es: „Wenn ich ehrlich zu mir bin, dann werde ich nicht sagen: Alles, was aus mir kommt, ist schön und gut. Ich werde manches oder sogar vieles an mir lächerlich, ekelhaft und hassenswert finden. Ich werde mir streckenweise äußerst unsympathisch sein." – Lewis sagt hier etwas, was jeder gelegentlich bei sich selbst erfährt oder bei anderen beobachtet.

Es gibt Menschen, die so zerfallen mit sich sind, daß sie die eigene Art verabscheuen, der Selbstverweigerung nahe. Solange ein Mensch sich seinem Denken und Tun gegenüber kritisch verhält und somit zu einer teilweisen Ablehnung des Ich gelangt, so lange ist das nicht weiter schlimm. Ja, eine derartige Selbstkritik ist notwendig, damit wir uns nüchtern beurteilen und wieder entschlossener dem Guten zuwenden können. Schlimm wird eine Ablehnung des eigenen Ich erst, wenn sie die Übermacht erlangt, wenn sie sich auf alles ausbreitet, wenn sie gleichsam den Grundakkord des Lebensgefühls bestimmt oder in Selbstzerstörung ausartet.

Wie aber kann ich mich annehmen, wie kann ich mich selbst

lieben, wenn ich immer wieder Mangelhaftes, Unliebenswürdiges und Finsteres in mir entdecke? Der Arzt und Psychotherapeut C. G. Jung, der das Seelenleben des Menschen sehr wohl kannte und eben deswegen um die hohe Bedeutung der Selbstannahme wußte, gab auf diese Frage die Antwort: Ich muß begreifen lernen, „daß ich selber des Almosens meiner Güte bedarf, daß ich mir selber der zu liebende Feind bin". Ein solch gütiger Umgang mit sich hat nichts mit falscher Selbstbeschwichtigung oder mit sentimentalem Selbstmitleid zu tun, vielmehr mit Vertrauen und mit der Bereitschaft zur Umkehr. Der gerechte Umgang mit dem eigenen Ich fordert ein demütiges, zuweilen auch humorvolles Jasagen zu den eigenen Grenzen, ein zuversichtliches Weiterschreiten in die Zukunft, ein ständiges Verlassen von Irrwegen, um zum richtigen Weg zurückzukehren. Auch das Gebot der Nächstenliebe, wie es uns die Evangelien aus dem Mund Jesu überliefern, schließt das eigene Ich mit ein: „Du sollst deinen Nächsten lieben wie dich selbst" (Mt 22,39).

Sich selbst annehmen und nicht irgendein illusionäres Ich – kommt das aber nicht einer Überforderung gleich? Ein Mann gestand mir: „Nach außen schaffe ich's noch, nach innen habe ich mich schon lange aufgegeben. Wie soll ich das aber durchhalten? Wäre es nicht sinnvoll oder ehrlicher, einfach Schluß zu machen?" – Nun, wenn einer so übel dran ist, dann sollte er vor allem das Entscheidende nicht übersehen. Er darf, ja muß sich sagen: Es gibt Menschen um dich herum, die dich schätzen und brauchen. Und sogar dann, wenn es diese nicht mehr gäbe, einer steht auf jeden Fall zu dir. Einer, nämlich Gott, hält dir unentwegt die Treue und stößt dich nicht weg, magst du auch meinen, du wärest gar nichts mehr wert. In Jesus Christus, dem Gekreuzigten und Auferstandenen, bleibt er dir als Erlöser nahe. Auch heute, auch zu unseren Gunsten gilt, was Petrus einst von ihm bezeugte: „Er hat unsere Sünden mit seinem Leib auf das Kreuz hinaufgetragen. Durch seine Striemen seid ihr geheilt" (1 Petr 2,24).

Wenn einer sich als glatten Versager erkennen muß, braucht er nicht der Depression zu verfallen; er darf neues Vertrauen gewinnen. Mir selbst hilft in Stunden des Zweifels und der Anfechtung ein Paulus-Wort sehr viel. Der Apostel schrieb es den Galatern: „Soweit ich aber jetzt noch in dieser Welt lebe, lebe ich im Glauben an den Sohn Gottes, der mich geliebt und sich für mich hingegeben hat. Ich mißachte die Gnade Gottes in keiner Weise; denn käme die Gerechtigkeit durch das Gesetz (durch die eigene Leistung), so wäre Christus vergeblich gestorben" (Gal 2,20f.).

Im übrigen sei hier noch ein Mißverständnis geklärt. Mancher, der sich nicht leiden kann, meint damit womöglich einem Wort Jesu zu entsprechen. Hat der Herr nicht selbst gesagt, wir sollten unser Leben ‚hassen'? Lesen wir nicht im Johannes-Evangelium: „Wer an seinem Leben hängt, verliert es; wer aber sein Leben in dieser Welt geringachtet, wird es bewahren bis ins ewige Leben" (Joh 12,25)? Nun, die entsprechenden Stellen der Heiligen Schrift meinen durchweg etwas ganz anderes als Selbstverachtung. Sie wollen vielmehr zum Ausdruck bringen: Wo es in der Nachfolge Jesu um das Reich Gottes geht, müssen wir bereit sein, das eigene Interesse zurückzustellen gegenüber dem Anspruch Gottes; dies aber geschieht – und darin liegt das Geheimnisvolle dieses Vorgangs, das nur erfährt, wer es wagt – dies geschieht gerade nicht auf unsere Kosten, vielmehr zu unserem Gewinn.

## Man wandelt nur das, was man annimmt

JOHANNES BOURS

Jeder hat es irgendwann einmal – vielleicht sogar für die Dauer eines ganzen Lebens – mit einem Menschen zu tun, mit dem es sehr schwer ist auszukommen. Vielleicht ist es wirklich so, daß die Ursache oder auch die Schuld an dem schlechten Miteinanderauskommen bei dem anderen liegt, an seiner Verkehrtheit, an seinen mißlichen Charaktereigenschaften, an seiner neurotischen Befangenheit. Gibt es da noch eine Hoffnung auf Verwandlung?

Ich glaube, daß es eine Hoffnung auf Wandlung gibt unter *einer* Voraussetzung. Diese Voraussetzung heißt: „Man wandelt nur das, was man annimmt!" (C. G. Jung).

Wie ist das zu verstehen? Statt einer umständlichen Erklärung erinnern wir uns einer Geschichte, die wir alle kennen: die Geschichte vom verlorenen Sohn. Er kommt aus einem verpfuschten Leben nach Hause. Wir kennen die Sätze, mit denen seine Heimkehr beschrieben wird: „Als er noch weit entfernt war, sah ihn sein Vater. Er wurde von Erbarmen bewegt, lief ihm entgegen, umarmte ihn und küßte ihn."

Ich denke mir oft, wenn ich diese Geschichte lese, wie es nachher, nach den Tagen der Heimkehr wohl weitergegangen ist. Es kann nicht anders sein, als daß der Heimgekehrte nun im Hause seines Vaters ein Verwandelter ist. Einer, der aus dem Dank heraus lebt, weil er erfahren hat, wer dieser Vater ist, der ihn so angenommen hat. „Man wandelt nur das, was man annimmt." Dieser Vater hat den Sohn, der im Hochmut von Zuhause weggegangen war, ganz angenommen, und weil er angenommen wurde, war er verwandelt.

Vielleicht wird man einwenden: Lag die Verwandlung seines Herzens nicht schon vorher, noch in dem Elend der Fremde, als er sagte: „Ich will mich aufmachen und zu meinem Vater gehen"? Ja, aber wie hätte er das sagen können, wenn er nicht schon ahnungsvoll gewußt hätte, daß er zu diesem Vater heimkehren dürfte? Daß er hoffen durfte, von ihm angenommen zu werden?

Und vielleicht wird man einwenden: Bei diesem verlorenen Sohn war schon selbst eine Einsicht. Bei dem Menschen, dem schwierigen und verkehrten, mit dem *ich* es zu tun habe, ist gerade *das* nicht da – wie sollte ich hoffen können, daß es noch einmal Wandlung bei ihm gibt, wo doch bei ihm gar kein Ansatzpunkt dafür zu sehen ist?

Es mag so sein. Und doch! – Sollten wir es nicht versuchen, gegen alle Hoffnung, diesen anderen anzunehmen, noch und noch ... Vielleicht geschieht es doch, irgendwann einmal, vielleicht ganz zuletzt, daß in dem anderen die Ahnung aufgeht: der meint es gut mit mir! Es ist sehr schwer, unendlich mühsam. Aber ist es ganz aussichtslos? Vor Gott?

Man wandelt nur das, was man annimmt. Gott tut es mit jedem von uns, in grenzenloser Treue, unaufhörlich, solange wir leben.

*Das* ist der Grund unserer Hoffnung, *und* die Ermutigung, es, auch in aller Gebrochenheit und Armseligkeit, miteinander zu wagen.

## Gott spricht durch das eigene Ich

GISBERT GRESHAKE

Machen nicht viele, vielleicht sogar die meisten Menschen die Erfahrung, daß Gott schweigt, daß er sich auch für den Gläubigen in ein geheimnisvolles Dunkel zurückgezogen zu haben scheint? Wie kann man da vom Ruf Gottes sprechen? Wie kann man sich das vorstellen? Läuft man nicht Gefahr, Illusionen zu erliegen?

Mag sein, daß der eine oder andere meint, in Stille und Gebet „Stimmen" und darin „so etwas wie Gott" zu vernehmen. Aber sind dies nicht doch in Wirklichkeit nur die Stimmen des eigenen Geistes, die eigenen Ideen, Gedankenblitze, Fantasien, Bilder? Oder wenn jemand glaubt, in bestimmten Situationen seines Lebens, etwa in außergewöhnlichen Ereignissen und Begegnungen, „so etwas wie Gott" zu erfahren – ist es da Gott, der sich in Erfahrung bringt, oder nicht vielmehr der Mensch selbst, der solche Situationen und Zeichen auf Gott hin „deutet"? Wie also kann überhaupt von Gott und seinem Ruf sinnvoll die Rede sein?

Diese Fragen sind nicht nur sehr berechtigt, sie geben zugleich auch einen Verstehenszugang zur Art und Weise, wie Gott spricht. Gehen wir ruhig davon aus, daß man im Gebet und im Nachsinnen über Probleme und Ereignisse des Lebens zunächst einmal sich selbst hört: es sind die eigenen Gedanken, Einfälle, Ziele, die einem aufgehen; es ist das Ich, das sich selbst vernimmt. Aber – und das ist entscheidend –, wenn dieses Ich in der Bereitschaft zum Hören und zur Lebenshingabe ehrlich und wahrhaftig nach dem Willen Gottes fragt, wenn man aus ungeteiltem Herzen das Wort Samuels nachspricht: „Rede, Herr, dein Diener hört!" (1 Sam 3, 10), dann ist dieses „Ich" mehr als nur „es selbst", dann ist in ihm Gottes Heiliger Geist am Werk. Denn niemand besitzt die Bereitschaft zum gläubigen Hören und die Willigkeit, sich Gott anheimzustellen, von sich aus. Es sind die Wirkmacht des Wortes Gottes und die Gnade des Heiligen Geistes in uns, welche sich bei uns Raum verschaffen.

Das aber hat zur Folge: Jenes „Ich", das sich im Wunsch zu hören auf Gott hinwendet, ist immer schon „mehr" als nur ein menschliches Selbst, es ist ein wirkmächtig von Gott ergriffenes und erfülltes Ich, in dessen geistigen Vollzügen darum auch Gott selbst mit am Werk ist. Somit mag – vordergründig betrachtet – auch das Selbst es sein, das da im Nachdenken und schweigenden Innehalten bestimmte „Stimmen", Gedanken, Ideen und Zielvorstellungen in sich hervorbringt; in Wirklichkeit und tiefer gesehen ist es Gott, der in und durch das eigene Ich spricht.

Das gleiche läßt sich auch von einer anderen Seite her erläutern. Es gibt ein theologisches Prinzip, welches lautet: Wenn Gott in der Welt handelt, so handelt er nicht direkt und unmittelbar. Wir sehen Gott nicht, wir hören ihn nicht, wir fühlen ihn nicht direkt und unmittelbar. Solange wir in der Zeit leben, schauen wir wie „in einen Spiegel und sehen nur rätselhafte Umrisse" (1 Kor 13, 12). Unmittelbare Gotteserfahrung ist uns verwehrt. Wenn Gott in unserem Leben und in der Welt handelt, so wirkt er durch sogenannte „Zweitursachen". Das heißt: er nimmt etwas Geschaffenes in seinen Dienst, indem er es befähigt, Instrument seines Wollens und Wirkens zu sein. Das gilt auch vom Sprechen Gottes.

Gott spricht nicht direkt zu uns; sein Wort ist durch Geschöpfe vermittelt. Er spricht zu uns durch seine Schöpfung (vgl. Ps 19, 1 ff.; Weish 13, 1 ff.; Röm 1, 19 ff.) und durch besonders berufene Menschen: durch die großen Führergestalten und Propheten des Alten Testaments. „Zuletzt und endgültig aber hat er zu uns gesprochen durch den Sohn" (Hebr 1, 2). Dieses Sprechen, in dem Gott sich ganz ausgesagt hat, ist in seiner ursprünglichen und normativen Bezeugung in der Heiligen Schrift aufbewahrt, die infolgedessen in zugespitztem Sinn „Wort Gottes" ist. Weiter spricht Gott zu uns durch die kirchliche Gemeinschaft, in welcher der Heilige Geist das Wort der Schrift je neu Leben werden läßt. Aber Gott spricht auch durch die Ereignisse, die sich in der Welt und in der

Geschichte im Großen und im Kleinen zutragen. In den Situationen, Ordnungen und personalen Begegnungen, die das eigene Leben ausmachen. Und – nicht zuletzt – durch unser Ich, durch Einsicht und Neigung, durch Vorstellungskraft und Phantasie.

Von all dem gehen „Signale" aus, die freilich „verstanden", d. h. als Gottes Ruf für mich ganz persönlich erkannt werden müssen. Und diese Deutung geschieht durch die Stimme des eigenen Herzens und den Spruch des Gewissens. So „ergibt sich" gleichsam Gottes Ruf aus einer Konvergenz zwischen Anruf und Ereignis „von außen" und Deutung „von innen". Immer aber ist sein Wort durch eine geschöpfliche Wirklichkeit vermittelt.

Darum braucht mich auch der Zweifel nicht – oder wenigstens nicht grundsätzlich – zu beunruhigen, der mich vor die Alternative stellt: War dies oder jenes, was ich zu hören glaubte, eine Stimme Gottes *oder* nur der inwendige Spruch des eigenen Herzens, vernünftige Einsicht, Äußerung des in der Erziehung eingeprägten Über-Ichs, rein subjektiv-emotionale Deutung eines Sachverhalts?

Diese Alternative gilt dort, wo ich in Glaube und Hingabebereitschaft, d. h. im Heiligen Geist, vor Gott hintrete, nicht. Gott spricht gerade durch mein Ich und durch die Welt, die das Ich als seine Welt erfährt. *Ich selbst in der Gesamtheit meiner Bestimmungen* – und dazu gehören ganz wesentlich auch die äußeren Ereignisse und Situationen, auf die ich verstehend und deutend zu reagieren habe – *bin ein Ruf Gottes.*

## Ich weiß gar nicht, wie anders man glauben kann

GABRIELE MILLER

Ich weiß nicht, wie man das macht: zu glauben und seinen konkreten Alltag – seinen „Kruscht", wie man schwäbisch sagt – auszuklammern. Wenn ich dem lieben Gott davonlaufe, dann laufe ich ihm nicht theoretisch, sondern mit meinem konkreten Alltag davon – ich kümmere mich nicht um ihn und tue so, als gäbe es ihn nicht. Und doch wußte ich auch in den lauesten und flauesten Zeiten, daß er mich „an der Angel hat". Er läßt mich nicht los; und das ist nicht unangenehm, sondern beruhigend. Auf weite Strekken läßt er mich machen; manchmal läßt er mich eher gewähren, wenn ich ihm den Rücken kehre, – ihn sozusagen nicht zuschauen lasse, bei dem, was ich so treibe –, und sei's ein theologisches Geschäft! Wenn ich aber nach ihm frage – wenn ich ihn frage, was er von mir will –, dann will er meist mehr, als ich freiwillig zu geben bereit bin ...

Auch wenn es anmaßend klingt, es sind einige Worte der ganz Großen, die mich begleiten: „Nichts soll mich ängstigen" (Teresa von Avila) – „Schenk mir die wahre Großmut" (Ignatius von Loyola) – „Nimm alles von mir, was mich hindert zu dir" (Nikolaus von der Flüe) – „Gott allein genügt" (Teresa von Avila) – „Wo ich gehe, Du" (Martin Buber). Oder es ist ein Psalmvers, der mich nicht losläßt: „Wenn ich gehen muß in dunkler Schlucht" (Ps 23,4) – „Mit meinem Gott überspringe ich Mauern" (Ps 18,30) ..., auch wenn ich manchmal mit Füßen stampfe und gar nicht so behend über Mauern und Hürden springe – und wenn wir im konkreten Fall der Liebe Gott gar nicht genügen mag! Grundsätzlich möcht ich's mit dem heiligen Ignatius halten, der dafür war, alles so zu tun, als ob alles von mir und nichts von Gott abhinge und zugleich mich so zu verhalten, als ob's allein auf Gott und nicht auf mich ankäme.

Wenn ich so vor mich hindenke, was mir am Glauben wichtig ist, *wie* ich glaube, ob ich so anders glaube als zum Beispiel Männer – dann kommt mir die Frage in hohem Maß merkwürdig vor. Ich weiß gar nicht, wie anders man glauben soll oder kann. Ich habe nur den Eindruck: von sogenannter männlich-kirchlich-(pseudo)theologischer Erziehung verformt verwechseln manche Männer (und leider sind das oft jene, die in der Kirche das Sagen haben) die Sprache ihrer Theologie mit der Sprache des gelebten Glaubens. Sie lassen die Sprache des Glaubens nicht hochkommen – verdrängen sie – geben ihr keinen Raum – schlagen sie tot –, bis dann eines Tages einer kommt und die „narrative Theologie" (narrativ = erzählend) entdeckt! Dann wird das Gestammel von unsereinem wieder hoffähig, ohne daß er erst definitorische Worthülsen benützen muß, um das, was er glaubt, darin einzufüllen.

## Das Kreuz ist immer schon mit dabei

KARL RAHNER

Was ist gemeint, wenn wir vom Kreuz sprechen, von der Passion, vom Tode und diese Worte das Schicksal Jesu deuten lassen? Was damit gemeint ist, war gewiß bei Jesus in einer unauslotbaren, abgründigen Weise gegeben. Aber dennoch ist es auch beim Menschensohn das gewesen, was wir Menschen alle erfahren und heute meist nur anders nennen. Das Gemeinte ereignet sich nicht nur in *den* Augenblicken, in denen die Unbegreiflichkeit des Lebens nicht mehr verdrängt werden kann, dann, wenn z. B. der geliebteste Mensch stirbt, wenn eine Lebensliebe durch letzte Treulosigkeit für immer zerbricht, wenn der Arzt eröffnet, daß es keine Rettung mehr gibt und der Tod nicht mehr aufzuhalten ist. Das Gemeinte ist *immer* da, gerade wenn wir es nicht wahrhaben wollen, übertönen und verdrängen. Immer: In der stummen Anwesenheit des Todes im ganzen Leben, in der Einsamkeit, die alle vertraute Nähe auch noch zum geliebtesten Menschen durchwaltet, in der grauen Alltäglichkeit, in der wir im Alltag verfangen sind, in der ungedankten, vom Egoismus anderer wie selbstverständlich ausgenützten Erfüllung unserer Pflicht, im Blaß- und Müdewerden des Lebens, das einmal so herrlich und bunt, so überquellend war, im Stummwerden der inneren Stimme, in der der Mensch sich vor sich und vor die geliebten Menschen brachte, in all dem, was wir die unausweichliche Enttäuschung des Lebens und der Hoffnung nennen.

In all dem ist schon unauffällig, aber unerbittlich das anwesend, was die religiöse Sprache, abgegriffen und unverstanden, das Kreuz des Lebens nennt. Wenn wir unserer Lebenserfahrung gestatten würden, solche leer gewordenen Worthülsen mit dem Inhalt dieser

Erfahrung zu füllen, dann würde plötzlich die religiöse Rede vom Kreuz, vom Kreuztragen in der Nachfolge des Gekreuzigten Inhalt, Verstehbarkeit und Kraft erhalten, die zur Entscheidung zwingt. Dann würden wir uns angefordert erfahren zur letzten Tat des Glaubens, wenn wir gefragt werden: Nimmst du das „Kreuz" deines Lebens an, weißt du es als Teilnahme an der Passion des Herrn? Dann käme uns aus unserem Leben selbst und nicht nur aus der Liturgie der Kirche das Wort voll Unbegreiflichkeit und Selbstverständlichkeit zugleich entgegen: Sei gegrüßt, Kreuz, einzige Hoffnung, in dieser Zeit der Passion, die auch noch im alltäglichsten Leben immer gegenwärtig und gelitten wird.

# Selbst die Schuld wird zum Heil

## Was fängst du mit dem Dunklen an?

ALFRED DELP

Wieweit ein Mensch das Erlebnis seiner Schuld innerlich durchträgt, wieweit er ehrlich ist mit dem, was als dunkles Erlebnis in seinem Leben steht, muß jeder mit sich selbst ausmachen. Das ist eine Frage, die immer wieder vor jeden gestellt werden wird. Aber es ist eine der wesentlichsten Fragen des Menschen: was fängst du mit dem Dunklen an, das in dein Leben geraten – das du selber hereinriefst, in das vielleicht andere dich mit hineinzerren? *Was fängst du damit an?*

Nicht, daß wir in Schuld geraten – das wird immer so sein, so wie der Mensch ist –, aber was wir mit ihr anfangen und ob wir an ihr wachsen, das ist die Gewissensfrage an uns Christen. *Ob wir Zeuge sind* dafür, daß jenen, die Gott lieben, wirklich alles, auch ihre Nacht auch ihr Absturz, auch ihre Sünde zum Heile wird.

Es gibt für den schuldigen Menschen nur einen Weg zur Heilung: nicht zu fliehen vor der Einsicht oder Ahnung der Schuld. Sondern sich zu sich selbst, zu seiner Verantwortung und Fehlleistung zu bekennen, das mißlungene Werk des eigenen Lebens nicht zu verleugnen. Aber dieses Bekenntnis darf nicht zur Grabkammer des Lebens werden. Daß der Mensch einmal und öfters vor sich und seinen Möglichkeiten erschrickt, ist heilsam. Aber wehe, wenn er im Schrecken steckenbleibt oder durch ihn zu Müdigkeit und Resignation erdrückt wird. Dann ist erst recht alles verloren. Gerade in der Schuld muß der Mensch den innersten, feinsten Strebungen seines Wesens treu bleiben, und die verweisen ihn über sich selbst hinaus.

## Von der Macht des Bösen

ROMANO GUARDINI

Immer wieder steht Jesus dem Satan gegenüber. Dieser erscheint als der Urheber von Krankheiten, oder als die „unreine" Macht, welche die Besessenen beherrscht ... Man sagt, das seien Anschauungen primitiver Medizin, die ja bei allen Völkern dazu neige, Krankheitserscheinungen und überhaupt schädigende Vorgänge auf dämonische Wesen zurückzuführen. Was aber die angebliche Besessenheit angehe, so handle es sich um eine bestimmte Form der Gemütserkrankung, die sich auch heute noch finde, und bei welcher gewisse Störungen im Triebleben sich durch das Bild des Dämons ausdrückten. Das alles mag zunächst richtig sein; wenn aber Jesus hinter dem Zustande bestimmter Kranker oder seelisch Geplagter feindliche Wesen erblickt und ihnen entgegentritt, dann gibt es keine Möglichkeit, das anders als wörtlich zu nehmen. Schwächen wir diese Gedanken und Haltungen historisch oder symbolisch ab, dann besteht kein Grund, es nicht auch in anderen Fällen zu tun, etwa bei den Lehren von der ewigen Verworfenheit, oder vom Untergang der Welt und dem Jüngsten Gericht, oder von der Auferstehung der Toten, und es ist schlechterdings nicht abzusehen, wo man aufhören soll. Dann wird in der Heiligen Schrift immer das „symbolisch" verstanden werden, was dem betreffenden Leser widersteht. Damit ist aber alles aufgehoben, worauf es ankommt. Wenn Jesus die Erscheinung des lebendigen Gottes und die endgültige Offenbarung der Wahrheit ist, dann wird es grundsätzlich unmöglich, über Ihn zu urteilen. Wir müssen vielmehr seine Botschaft so annehmen, wie Er sie verkündet, um dann aus ihr heraus über die Welt und uns selbst zu urteilen. Sicher gibt es eine magische Medizin, die Dämonen sieht, wo unsere Mikroskope Bazillen feststellen; sicher ist es ein Zeichen mangelhafter psychologischer Erkenntnis, den am Besessenheitswahn Erkrankten für vom Teufel beherrscht zu halten, während in Wahrheit sein Triebleben in Unordnung ist. Es steht auch durchaus dahin, wie weit die Kranken und Besessenen des Neuen Testaments Gegenstand ärztlicher Diagnose und Therapie sein könnten und müßten. Tatsache ist aber jedenfalls, daß Jesus vor ihnen vom Widersacher Gottes spricht und sie heilt, indem er diesen aus seiner Macht stößt. Wenn wir es also mit der Offenbarung ernst meinen, müssen wir sagen, daß es dann eben so ist.

In solchen Fällen sieht Jesus hinter dem organischen oder psychologischen Zustand eine Macht, die der Arzt nicht sieht – Gott habe ihm denn die Gabe der Unterscheidung der Geister verliehen. Es wäre medizinische Unwissenheit, zu sagen, Epilepsie oder Depression als solche würden durch den Dämon bewirkt; das tut aber weder der Evangelist, noch viel weniger Jesus selbst. Der Bericht Mk 9, 14–29 zum Beispiel erzählt von einem Kranken, dessen Zustand wir als Fallsucht bezeichnen würden. Das Volk nimmt den herrschenden Anschauungen gemäß an, er werde durch einen Dämon bewirkt. Jesus sichtet auch tatsächlich hinter den Symptomen den Widersacher, tritt ihm entgegen, und der Kranke wird gesund. Wie steht es also mit dem ganzen Zusammenhang? Wenn der Vater des Knaben sagt: „der unreine Geist wirft ihn ins Feuer und ins Wasser, um ihn ums Leben zu bringen", so ist das zunächst Volksglaube, Aberglaube, wenn man will. Wenn aber dann Jesus nicht rät, man solle ihn baden, oder die und die Speisen vermeiden, sondern „den unreinen Geist bedroht" und ihm gebietet, „fahre aus von ihm und ziehe nicht mehr in ihn ein!" – dann bedeutet das nicht, daß Jesus laienhafte oder abergläubische Ansichten vom Wesen der Krankheit hat, sondern daß Er dort sieht und weiß, wo die Leute ringsherum weder sehen noch wissen können. Die gleiche Aussage bedeutet im Munde verschiedener Menschen ganz Verschiedenes; im Munde Jesu ist sie Wort Gottes und offenbart. Wir müssen in diesen Dingen sehr genau sein, denn jedes Abgleiten und Umbiegen rächt sich bitter.

Wenn nun Jesus heilt, dann hat das nicht nur den Charakter des Wissens und der Überlegenheit, des Erbarmens und Helfens, sondern des Kampfes. Die Krankheit ist nicht nur ein organisches oder seelisches Übel, das in Ordnung gebracht werden muß, sondern ein Schaden, den der Feind angerichtet hat. Zugleich ein Wall, hinter dem er sich verbirgt, und eine Waffe, mit der er kämpft. Sie ist Ausdruck eines Willens, der die Geschöpfe Gottes plagen, die vom Schöpfer gesetzte Ordnung des Lebens stören, die Menschen von Ihm wegreißen will. Sie zu heilen und die hinter ihr stehende Macht zu überwinden, ist ein Sieg.

Besonders stark wird das Bewußtsein dieses Kampfes gegen Ende des Lebens Jesu. Das zeigt sich in Worten wie denen, daß jetzt die Stunde der „Macht der Finsternis" sei (Lk 22, 53); daß jetzt „der Fürst der Welt kommt", aber „keine Macht über ihn hat" (Joh 14, 30); daß „Satan gefordert hat", die Jünger „sieben zu dürfen, wie man den Weizen siebt; er aber gebetet hat, daß der Glaube des Petrus nicht wanke und dieser, wenn er sich dann wieder bekehrt, seine Brüder stärken" solle (Lk 22, 31–32). Am Ende des Versuchungsberichtes hat es geheißen: „Und nachdem der Teufel seine Versuchungen zu Ende gebracht hatte, ließ er bis zu einer gelegeneren Zeit von ihm ab." (Lk 4, 13) Der Kampf wird für diesen Augenblick abgebrochen, zieht sich aber dann durch Jesu ganzes Leben hin, um am Ende in die entscheidende Phase einzutreten. Jesu Tod und Auferstehung ist der Sieg.

---

Auch der Heilige kennt Zeiten der inneren Trockenheit, in denen er in den Wüsten ausharren muß – ja, gerade er kennt sie, weil sie sich ihm abheben von den Zeiten, in denen ihn das Licht der Gnade überströmt und das Feuer des Geistes ihn durchglüht.

EDITH STEIN

## Wenn Gottes Wort in uns schweigt

HANS URS VON BALTHASAR

Aber zunächst ist von etwas anderem zu handeln: von dem, was Trockenheit, Dürre, Trostlosigkeit in der Meditation genannt wird. Der Betrachtende steht vor einem Text, der lauter Buchstabe ist und sich zu keinem geistigen Innenraum, vielleicht nicht einmal zu einer lebendigen Präsenz hin öffnet, „wobei sich die Seele ganz träg, lau, traurig findet, und wie getrennt von ihrem Schöpfer und Herrn" (Ignatius). Kann hier von einem Schweigen des Wortes gesprochen werden? In einem Sinn ja, denn dieses scheint sich nicht von sich selbst her erschließen zu wollen. Dieser Zustand kann, wie man uns belehrt, mehrere Gründe haben: eigene Schuld, „weil wir lau, träg oder nachlässig in unsern geistlichen Übungen sind", oder Ansporn von seiten des Herrn, ob wir uns auch ohne seine fühlbare Hilfe um das Eindringen in seine Tiefe bemühen, oder endlich die uns zugemutete existentielle Erfahrung, daß der Einlaß in diese Tiefe nicht durch eigene Anstrengung erzwungen werden kann, sondern „ganz eine Gabe und Gnade Gottes, unseres Herrn ist" und wir „unsern Geist nicht in einer Art Stolz oder eitlem Ruhm aufblähen dürfen", durch eigene Kraft auf diese oder jene „Gebetsstufe" emporgeklommen zu sein. Klopfen dürfen und sollen wir, aber unserem Klopfen nicht die magische Kraft zuschreiben, daß ihm das Aufgetanwerden notwendig entspricht. Das scheinbare Schweigen des Wortes ist in jedem der drei Aspekte intensive Belehrung. „Selig, die nicht sehen und doch glauben" – und glauben in einer auch ungefühlten „unsäglichen, verklärten Freude" (1 Petr 1,8), deren „Verklärung" aber beim Herrn liegt, und auf die wir jetzt verzichten.

Hier weicht christliche Meditation erheblich von jeder nichtchristlichen Meditationstechnik ab, die von ihrem Standpunkt aus mit Recht auf ein bestimmtes Erfahrungsziel hin arbeitet, das früher oder später erreichbar sein muß, und nicht mit der Freiwilligkeit des sich von innen her erschließenden Gnadenraumes des Wortes zählt. Außerdem ist der Weg der Fühllosigkeit – jetzt abgesehen von den Folgen unserer eigenen Nachlässigkeiten – ein Weg der Nachfolge in die Passionszustände des Wortes selbst, das sich am Kreuz „wie getrennt von seinem Schöpfer Gott", vom ewigen sprechenden Vater gefühlt hat: und dies auf dem Höhepunkt der Selbstaussage des sich seiner Welt erbarmenden Vaters, der stumm seinem verlorenen Sohn „entgegeneilt, ihm um den Hals fällt und ihn küßt" (Lk 15,20). Das ist Wort jenseits aller Worte, ausgesagt im Verlassenheitsschrei „Mein Gott, warum hast du mich verlassen?"

So kann, was in der Meditation als Dürre, sogar als dunkle Nacht erlebt wird, in der Verborgenheit gleichzeitig und in Wahrheit hellstes Scheinen der Liebe sein. Aber diese Liebe muß sich verbergen in der Nacktheit des Glaubens, dem einzigen, was Jesus, dem alles Äußere und Innere geraubt worden ist, nicht verlieren kann. Damit wird endgültig bestätigt, daß in christlicher Meditation jedes Schweigen ein bedeutendes ist. Oder anders gesagt: daß dort, wo wir im irdischen Sinn Wortlosigkeit empfinden, sich die über-aussprechlichen Sphären des Wortes und Sinnes öffnen.

## In der Zerstreuung von Gott umfangen

FRANZ M. MOSCHNER

Unfähigkeit, sich zu konzentrieren, zu sammeln, Zerstreuungen: Statt sich zu grämen oder gar zu empören über diese unsere Schwachheit, sollen wir sie aus den Händen unseres Vaters annehmen. Sobald die Seele sich einmal in aller Ruhe klarmacht, daß Gott selbst es so in uns haben will, dann begegnet sie ja in den Zerstreuungen ihm selbst, dann umfängt sie darin ihn, hat ihn. Darum hat sie ja doch ihr Beten begonnen, weil sie bei Gott sein wollte. Es gibt keine innigere und vollkommenere Einheit mit Gott als die in der reinen und vorbehaltlosen Hingabe an seinen Willen!

Man betet. Vielleicht in Worten, vielleicht auch innerlich nur. Die Zerstreuungen umlagern einen; sie wandern durch das Innere; lassen sich nicht fortscheuchen, kein Wegwenden nützt. Sie sind da. Es kann sich dann ein sehr eigentümlicher Zustand herausbilden. Es ist, als wäre man ganz und gar von ihnen angefüllt, als wäre für sonst gar nichts Platz. Ganz leise zeichnet sich aber drinnen etwas völlig anderes ab. Das Herz weiß sich bei Gott. Ganz still und voller Frieden. Es ist ihm zugewandt und wird von ihm angeschaut.

## Warum verändert das Evangelium die Welt nicht?

CARLO MARTINI

Wir sollten auch über unsere eigenen Glaubensschwierigkeiten nachdenken; Schwierigkeiten, die alle irgendwann einmal durchstehen müssen ...

So können sich im Hinblick auf unsere eigene Situation Fragen ergeben wie: Warum läßt Gott mich nicht besser werden? Warum bleiben wir nach all den Jahren gläubigen Bemühens und pflichtgetreuen Einsatzes, des Gebetes und der Betrachtung immer dieselben, behaftet mit denselben kleinen Fehlern, denselben kleinen Schwierigkeiten, als ob wir immer noch am Anfang des geistlichen Lebens stünden? Warum hat Gottes Wort uns nicht umgestaltet?

Und wenn wir uns dann einmal umschauen, kann uns die Frage kommen: Warum verändert das Evangelium die Welt nicht? Warum bleibt mein Apostolat so steril? Warum zieht unsere Botschaft keine Hörer an? Warum findet sie bei den Menschen nicht gleich Widerhall, d. h., warum versteht man sie nicht sofort, so daß man sie sich zu eigen macht und in die Praxis umsetzt? ...

In besonderen, dramatischen Augenblicken unseres Lebens steigen dann weitere Fragen in uns auf. Welchen Sinn hat das Leiden? Welchen Sinn hat dieser frühe Tod, der jähe Abbruch eines so reich gesegneten seelsorglichen Wirkens? Warum scheint Gott an Menschen auf dem Gipfel ihrer Schaffenskraft und ihrer Produktivität nichts zu liegen?

Das alles sind Situationen, in denen wir immer wieder sagen

können: Warum muß es im Reich Gottes so zugehen; warum steht die Macht des Wortes in keinem direkten Verhältnis zu seiner Verwirklichung? ...

Die *drei* Gleichnisse, die vom Samenkorn handeln, geben Antworten, jedes auf seine Art, auf die Grundfrage, warum das Wort Gottes nicht auf der Stelle Frucht bringt, die Welt, die andern und mich selbst nicht verwandeln usw.

Das *erste* Gleichnis, das vom Sämann, (Mk 4, 1–9), lehrt im Grunde, daß das Wort Gottes nicht von selbst Frucht bringt. An sich ist das Wort Gottes gut und würde, richtig vorgetragen, auch Frucht bringen; aber das hängt nicht nur vom Wort ab, sondern auch vom jeweiligen Erdreich, von der jeweiligen Antwort. Das ist ein wesentlicher Gesichtspunkt in bezug auf das Geheimnis des Gottesreiches, zu dessen Deutung man keine Leistungsmaßstäbe heranziehen darf, als brächte man in bestimmtem Umfang Mittel ins Spiel und erzielte dann die entsprechenden Ergebnisse. Es ist ein dialogisches Geheimnis, in dem ein Angebot ergeht, das man annehmen oder unbeachtet lassen, nur flüchtig in Betracht ziehen oder zurückweisen kann. Es ist ein Geheimnis, das die Apostel auf Grund ihrer Berufung durch ihr Verweilen beim Herrn leben sollen. Tag für Tag sollen sie feststellen, daß das Reich Gottes auf Grund dieses unscheinbaren Angebotes seinen Weg nimmt, das als Angebot auch von vornherein das Risiko enthält, daß man es vernachlässigt, nicht beachtet, nicht annimmt oder gar abweist.

Und die Apostel müssen mit Jesus dieses Geheimnis des unscheinbaren Samenkorns des Reiches leben, das, obgleich es Wort Gottes und somit das Vollkommenste, Heiligste und Mächtigste überhaupt ist, doch auch auf felsigen Boden, unter die Dornen oder auf ungeeignetes Erdreich fallen kann und Voraussetzungen vorfindet, unter denen es keine Frucht bringen kann ...

Das Wort bringt nicht von selbst Frucht, sondern richtet sich trotz seines göttlichen Wesens demütig nach der jeweiligen Beschaffenheit des Erdreichs oder, besser gesagt, es findet sich ab mit den Antworten, die der Boden ihm gibt. Und diese sind oft negativ. So erklärt Jesus den Aposteln, warum das Wort seiner Predigt keine Wirkung hervorbringt. Es fehlt eigentlich nicht seinem Wort an Kraft, aber man nimmt es nicht auf. Dieses Gleichnis soll Jesus in den Augen der Seinen rechtfertigen, die bei ihm gern größeren und gewissermaßen selbstverständlichen Erfolg sähen.

Das *zweite* Gleichnis – vom Wachsen der Saat – ist, wie so oft im Evangelium, die Umkehrung des vorigen. Das erste hat uns deutlich gemacht, daß das Wort nicht von selbst Frucht trägt; hier hingegen heißt es ausdrücklich, es wachse „spontan", von selbst (4,28).

Dieses Gleichnis soll den Aposteln in ihrer Sorge um die Abweisung des Wortes sagen, daß das Wort zu seiner Zeit Frucht trägt. Man muß nur darauf vertrauen, daß das ausgesäte Wort sich von selbst entwickelt. Werft es also mutig aus, ohne Zögern und ohne euch einzureden, der Boden tauge nichts und man müsse günstigere Verhältnisse abwarten. Es wäre falsch zu glauben, das Wort hänge von einem selbst ab. Es muß nur ausgesät werden, danach kann man in Ruhe abwarten.

Während das erste Gleichnis uns zu einer realistischen Haltung führen will, leitet dieses zum absoluten Vertrauen an, daß das Wort von selbst Frucht tragen wird. Man braucht es nur mutig, geduldig und beharrlich auszusäen.

Auch das *dritte* Gleichnis – vom Senfkorn – ist auf diese Situation gemünzt.

Diese Apostel, die sich um Jesus geschart haben, sehen auf einmal, daß ihre Schar klein bleibt und nicht wächst, daß viele Menschen den Meister nicht ernst nehmen. Und Jesus beantwortet ihre unausgesprochenen Fragen mit dem Gleichnis vom Senfkorn, dem kleinsten aller Samenkörner. Fürchtet euch nicht, sagt er, das Reich Gottes fängt klein an. Verlangt nicht wer weiß wie große Erfolge; gebt den Dingen Zeit, sich allmählich zu entwickeln: dann werden kleinste Samenkörner und unsichtbare Anfänge zum großen Erfolgt führen, zum Reich Gottes.

Im Grunde fordert Jesus von den Aposteln eine Blankovollmacht, absolutes Vertrauen in seine Person: folgt mir nach! Ihr seht, es steht nicht gut; ihr habt von einem Meister geträumt, der die Massen in seinen Bann zieht, und merkt nun, daß ich das nicht bin. Das liegt nicht an mir, sondern daran, daß das Reich ein Angebot von Person zu Person darstellt. Aber Gottes Reich ist Gottes Macht, und daher ist seine Entwicklung nicht aufzuhalten. Aus wenig wird Gott viel machen; aus dem Allerkleinsten wird Unermeßliches entstehen.

Jesus lehrt die Seinen – und die Urkirche gibt diese Lehre an die Taufschüler weiter –, die Augen vor dem zu schließen, was nur, weil man es sieht, wirklich zu sein scheint, und auf das zu richten, was ist, nämlich auf die geheimnisvolle Wirklichkeit des Gottesreiches, dessen Früchte in der Stille reifen, während wir es nicht bemerken. Es trägt Frucht zur rechten Zeit.

## Laß jetzt das Kreuz nicht sinken

### Zur siebten Station des Kreuzwegs

REINHOLD SCHNEIDER

Dein Wandel ist nur noch ein Ringen mit den Gewichten der Schuld, die noch immer zu wachsen scheinen. An Deinem Wege stehen die Weisen, die die Torheit des Kreuzes nicht zu begreifen vermögen und noch immer meinen, sie könnten der Welt Gesetze geben nach ihrem Ermessen, während Du das Gesetz und die Wahrheit lebend geoffenbart hast; die Ratsherren stehen da, die nicht verstanden haben, daß Du einen neuen Grundstein gelegt hast und die Menschen, seit Du gekommen bist, nicht mehr sind, was sie waren, und die Ordnung der Welt sich Dir unterwerfen muß; alle stehen da, um deren Herzen Du geworben hast, an deren Ohren Deine Worte vorübertönten. Niemand hilft Dir. Und da Du vorüberschreitest und durch den Anblick Deines Opfers und Deines Leidens noch einmal wirbst um die Menschen und auch jetzt ihr Herz sich nicht erschließt, da Du für einen Augenblick einem jeden der am Wege Stehenden ganz nahe bist, so daß Dein Gewand ihn fast streift, und Du und Deine Botschaft noch einmal verworfen werden, so wird das Kreuz immer schwerer.

Sünde ist die Abkehr von Dir, der Wille, Dir nicht zu folgen, nicht zu leben in Deiner Gegenwart.

Laß jetzt das Kreuz nicht sinken, wir sind verloren, wenn es fällt, und werden nicht mehr wissen, wohin wir gehen sollen! Über uns ist die ganze Macht des Bösen gekommen; sie ist hervorgebrochen in unserem Herzen, und sie hat draußen alle Türme besetzt und sich selbst noch den Fleiß und den Mut und die Kühnheit der Menschen unterworfen. Wenn aber das Unbegreifliche eindringt in die Welt, von unten her, welche Hoffnung bliebe dann, als daß von oben her das Unbegreifliche niedersteigt: die Macht Gottes im Gewande, unter dem Zeichen der Schmach? Hier, auf dieser Erde, treffen ja alle Mächte zusammen: die heilige Macht von oben und die Macht der Tiefe; und des Menschen Macht hat nur einen geringen Anteil an dem, was geschieht. Laß jetzt das Kreuz nicht sinken, in dieser Stunde entscheidet sich alles! Wir vermögen nicht zu kämpfen, wenn wir Dein Zeichen nicht sehen. Eben jetzt muß es errichtet werden auf dem schrecklichen Hügel am Ende des Wegs: eben jetzt muß sich das namenlose Unrecht der Erde in Gnade verwandeln durch Deine Macht. Von Schritt zu Schritt wird unsere Seele zernichtet; immer tiefer gelangen wir in die Schatten ewigen Todes. Menschen helfen uns nicht mehr; welche Hilfe sollten sie uns bringen, da sie Dir nicht helfen? Und nur die Dich erkannt haben, erkennen auch die ganze Not, die ganze Gewalt des Bösen, die uns bedrohen; nur die Dich erkannt haben, könnten wahre Hilfe bringen. Aber Du gehst voraus durch das Verderben hindurch. Und da Du wieder stürzest und wieder die schuldüberladene Erde heiligst durch Deinen Fall, so möchten wir niederfallen mit Dir: hier ist unser Verderben geschehen, hier entspringt unser Heil. Über die Spur der Schlange schreitet Dein heiliger Fuß.

Erhebe das Kreuz wieder, mein Herr, sein Bild soll meinem Herzen eingeprägt sein, und wenn ich falle unter der Sünde oder der Not der Stunde und der Sorge um Deine Welt, die heimkehren soll zu Dir und den Weg der Heimkehr nicht findet, weil sie ihn nicht finden will, – dann laß mich das Kreuz schauen, das Du, sieghaft im furchtbarsten Leiden, wieder erhebst. Es will emporsteigen über uns; Du lässest es nicht auf der Erde ruhen und nicht verschüttet werden vom Elend der Zeit, und nicht begraben unter Bergen von Toten und unter der Asche der großen Städte. Du wirst es in der Macht Deiner Liebe weitertragen, bis es als das Zeichen der Ewigkeit in diese Erde gegraben ist.

# Die Herrschaft der Angst ist gebrochen

## Die Einsamkeit durchbrechen

ELIE WIESEL

Als ich ein Kind war in meiner kleinen jüdischen Stadt tief in den Karpaten, hatte ich schreckliche Angst vor der Einsamkeit; denn sie bedeutete Verlassenheit. Des Abends wartete ich auf die Heimkehr meiner Eltern, und in gleicher Weise wartete ich am Morgen auf das Erscheinen meiner Meister und meiner Schulkameraden: vielleicht war ihnen etwas zugestoßen ... Vor allem wollte ich nicht eines Tages ganz allein und von ihnen getrennt sein, ausgeschlossen von ihren Erfahrungen, so schlimm sie auch immer sein mochten. Ich ahnte dunkel, daß in meiner Familie, in meiner Gemeinde meine einzige Überlebenschance lag. Ein Leben oder Überleben außerhalb dieser Gemeinschaft erschien mir unvorstellbar. Es war, um es anders auszudrücken, so, daß ich die kollektive Einsamkeit akzeptierte, nicht aber die individuelle.

Die kollektive Einsamkeit flößte mir keine Angst ein, sie war für mich etwas Altgewohntes. Sie bestand ja bereits seit Ägypten, seit dem Sinai. Sie war ein Teil unserer Berufung: wer sich unterscheiden will, muß sich isolieren. In einer Gesellschaft aus Heiden und Götzendienern waren wir für eine bestimmte Zeit die einzigen, die an einen einzigen Gott glaubten, die einzigen, die ihm die Treue wahrten. In einer Welt der Gewalt waren wir die einzigen, die sich dem Mord widersetzten, der Lüge, der Sinneslust, der Knechtschaft und nicht zuletzt der Demütigung und Erniedrigung, die die schlimmste Form von Knechtschaft ist. Aber so gesehen be deutete das eigene Absondern nicht das Ausschließen eines andern und schon gar nicht das Lossagen von einem andern. Im Einklang mit der jüdischen Überlieferung dachten wir, daß die Torah, das Gesetz und die überlieferte Lehre, als Wesenskern des Judentums für die Juden das beste Mittel war, das ihnen half, ihre Besonderheit zu bewahren und sich innerhalb ihrer bindenden Verpflichtungen zu verwirklichen. Mit anderen Worten: Der Jude ist aufgrund seines eigenen Wesens und seiner Identifikation mit der Torah imstande, im Zeichen der Wahrheit zu seiner Vollendung zu gelangen. Gleichzeitig kann aber auch ein Nichtjude, der den ihm eigenen Weg geht, zur gleichen Stufe der Wahrheit gelangen. Wenn es zum Menschen gehört, nach Vollendung zu streben, dann kann auch jeder auf seinem je eigenen Weg dorthin gelangen. Jude sein wollte besagen, daß Existenz und Leben sich nicht gegen die anderen richtete, sondern sich Seite an Seite mit ihnen vollzog. Der heidnische Prophet Bileam wollte uns verfluchen, indem er die Absonderung auf uns herabrief. Doch sein Fluch wurde in Wahrheit zu einem Segen. Im Laufe der Zeit verwandelte sich der Segen jedoch wieder in einen Fluch, aber dann bedeutete das Wort *„levadad yiskon"* nicht mehr Isolierung, sondern Ausgeschlossensein und zwar in jeder Hinsicht: Ausgeschlossen aus der Gesellschaft, aus der Geschichte und schließlich auch aus der Menschheit. Es ist wohl nicht erforderlich, an dieser Stelle Dinge zu wiederholen, die, wie ich hoffe, dem Leser bekannt sind. Die Gettos, die Entbehrungen, die Plünderungen, die Pogrome, die haßerfüllten und absurden Verdächtigungen, die Verfolgungen aus rassischen oder religiösen Gründen, Jahrhunderte lang und in den Ländern der Christenheit, bis zu den Opferaltären der Nazis, für die die Namen Auschwitz und Treblinka stehen. Wodurch waren denn meine Vorfahren und ihre Nachkommen umgekommen? Doch dadurch, daß die Menschheit beschlossen hatte, sie auszuschließen, um sie besser zu zertreten, zu entstellen und auszulöschen.

Dieser Prozeß war simpel, aber doch höchst wirkungsvoll. Man nahm uns unsere Tugenden und verkehrte sie in ihr Gegenteil, um sie der Lächerlichkeit preiszugeben. Und dann warf man uns dieses unser Verhalten vor, unsere lächerliche Art zu glauben und zu leben. Man machte aus unserem Sinn für die Unterscheidung das Streben, etwas Besonderes sein zu wollen, aus unserer Einsamkeit Absonderung, aus unserer Treue machte man Unterwürfigkeit, aus unserem Glauben Verzweiflung.

Manchmal weiß ich nicht, was mehr in Erstaunen setzen müßte, die Einsamkeit, die uns von außen aufgezwungen wurde, oder die Hartnäckigkeit, die wir bewiesen haben, um sie zu durchbrechen, ohne dabei im Grunde etwas preiszugeben, d. h. von den Kräften, die die Substanz und die innere Kraft ausmachten, etwas zu opfern.

Die Methoden, die wir anwandten, waren zahlreich und unterschiedlich. Wir widmeten uns nicht nur deshalb dem Studium, um uns altes Wissen anzueignen, sondern auch, um dabei unseren Vorläufern zu begegnen. Ihnen verdankten wir es, daß wir uns weniger einsam fühlten. Geheimnis und Macht des Talmud besteht darin, daß seine Menschen lebendige und gegenwärtige Gestalten sind. Sie stellen uns Fragen, als seien sie unsere Zeitgenossen, als ob unsere Probleme sie beträfen und ihre Probleme uns. Ich bin Rabbi Shimon bar Yohai in seinem Keller, und er und ich, wir beide, sind nicht mehr so allein. Ich höre Rabbi Akiba zu, und seine Stimme rührt mich an, während die von Rabbi Zeira mich tief bewegt. Ihre Gegenwart ist nicht meine Vergangenheit, sondern meine eigene Gegenwart.

„Der Mensch ist nicht allein", so sagte der Baal-Schem, Begründer der chassidischen Bewegung, zu seinem Gefährten Rabbi Pinchas von Korez. „Die Vergangenheit zählt, sie bevölkert unsere Einsamkeit. Du und ich, wir müssen uns ihrer bewußt sein, die anderen auch. Wir alle haben einst Frondienst geleistet in Ägypten, um die heilige Sprache zu bewahren, die Namen unserer Väter und das Gedenken an den Bund; wir alle saßen zu Füßen der Propheten, von denen wir die Lehre empfingen; wir alle sind Rabbi Jochanaan ben Sakkai ins Exil gefolgt und wir alle lauschten den schrecklichen Worten Schimon bar Jochais. Und deshalb müssen wir vereint bleiben."

Sie blieben es.

# Wer den Leidenden nicht mehr sieht, erblindet auch für die Rose

HEINRICH SPAEMANN

Technik als Kniff, die Welt
durch Tempo zu verdünnen,
damit wir sie nicht erleben müssen.
(Max Frisch in: „Homo Faber")

Nach dem Lukasevangelium (1,79) sitzen wir hier in „Finsternis und Todesschatten". Schattenhafte Existenz: Wenn einer dem anderen so etwas wie ein Schatten ist – gemessen an der Wirklichkeit, die jeder sich selbst ist.

Welt jenseits des Todes: wenn wir einer dem anderen so wirklich sind, wie wir uns selbst wirklich geworden sind.

Im hektischen Betrieb unserer Leistungsgesellschaft herrscht das Gesetz der Überbietung des anderen und meiner selbst: einer muß immer noch mehr können, und alles muß immer noch schneller gehen, dabei zugleich noch reibungsloser und wirksamer. – Daraus resultiert in stillen Minuten (sobald man nur einmal zuschaut, nicht mitrotiert) das Empfinden der zunehmenden Verdünnung von Realität.

Eindruck des Gespenstischen: wenn das Jetzt sich ständig aufhebt, weil es nur noch erlebt wird als Überholung von Gewesenem und Einholung von Künftigem.

Autobahn als Symbol: keiner sieht das Gesicht des anderen vor ihm, jeder hat lediglich den Drang, den anderen hinter sich zu lassen ...

Oberste Parole: Anspruch. Schon das Kindergartenkind wird darin eingeübt. Schulbildung verbindet sich mit dem Leistungsziel: Du mußt möglichst dafür sorgen, daß dir dieses oder jenes zusteht. Später: daß dir mehr zusteht.

Von diesem Ziel her dynamisiert den Menschen der Gedanke an die Mehrung von Möglichkeit – vorgestellt und dargestellt wird diese vor allem im Geld (Geld ist geronnene Möglichkeit) – sichergestellt wird sie mit dem Anwachsen von kommerzieller und politischer Macht durch psychische und physische Mittel der Gewaltanwendung. Unter Werbung verstehen wir Suggestion von Möglichkeit, Rüstung wiederum ist Drohung mit Möglichkeit.

Das bedeutet: Ansammlung von Möglichkeit wird zunehmend vorrangig gegenüber der Wahrnehmung von Wirklichkeit; das Jetzt wird jeweils aufgesogen vom Nochnicht. Im gleichen Maße wird das Geschehen schattenhaft.

Gleichnis für diesen Befund: Lk 12, 16–20. Dem Mann, der da angesichts guter Erträge nur auf die sichere Kapitalanlage, die eigene größere Möglichkeit bedacht ist, sagt Gott: „Du Narr, in dieser Nacht noch fordert man deine Seele von dir." Endgültig geht er in den Bereich der Schatten ein, da er die Wirklichkeit nicht wahrnehmen will.

Aber wo wäre für ihn die Wirklichkeit gewesen? Vielleicht in einer hungernden Familie nebenan, für die er seine Überschüsse hätte auswerten können, einem sonstwie Hilfsbedürftigen, Armen, Alleingelassenen, also in irgendeinem Lazarus vor seiner Tür. Er hätte einen Freund gewinnen können, der ihn die Wirklichkeit erleben ließ, oder, was genau dasselbe ist, der ihn „aufnahm in die ewigen Wohnungen" (Lk 16, 9). Die ewigen Wohnungen sind der Bereich der endgültigen Wirklichkeit ...

Notwendig reduziert die Beschäftigung mit der eigenen je größeren Möglichkeit mehr und mehr auch die Fähigkeit des Aufnehmens von Wirklichkeit. Keine Zeit haben: sie immer weniger haben für den Schmerz, für die Freude (die Zeit brauchen). Jedes Organ, das nicht geübt wird, verkümmert. Wer den Leidenden nicht mehr wahrnimmt, erblindet auch für die Rose.

*Hölle* wäre da, wo wir durch den totalen Egoismus uns alle Schatten wären. Wo sich jeder mit dem Rücken gegen den andern gutgehen und -schmecken ließe,

da, wo man aufgrund eines totalen Kollektivs nur teilhätte am Anspruch aller, nicht aber an der Liebe auch nur eines einzigen. Wo man also nicht mehr bitte und danke sagte, da, wo jeder das Zustehende, keiner das Ungeschuldete bekäme. Wo man das Überraschende und Überbordende des Geschenks nicht mehr kennte, da, wo alles mit Computern verplant wäre. Vorahnung von Hölle: in Zwangsstaaten. Aber auch in westlichen Großstädten.

Oder auch in irgendeinem Großdorf unserer Nachbarschaft am späten Abend: Neonlicht über menschenleerer Straße, also kein Sternenhimmel mehr. Filiale eines Supermarktes mit Waschmaschinen und Leberwürsten, alles angestrahlt. Hinter einer Fensterscheibe Hausbewohner vor dem Blaulicht eines Fernsehgerätes, keiner schaut hin zum andern. In der Ferne ein kläffender Hund.

*Himmel* ist da, wo man einander „mit dem Herzen sieht" (Saint-Exupéry), ernst nimmt, gelten läßt,

wo man sich selbst aus dem Auge verlor, weil man Gott im Auge hat, Gott in Christus und Christus im Bruder. Im Sichdrehen um das eigene Ich kamen wir einander, uns selbst, und damit der Wirklichkeit überhaupt abhanden. Jetzt, da wir uns wieder um Gott bewegen, um Gott in Christus, um Christus im Bruder, finden wir endlich ganz zueinander und ganz zu uns selbst, finden wir die Wirklichkeit.

Beendigt ist die Welt des Vergessens, sind die Angstträume des Vergessenwerdens.

Verbannt sind für immer die in der Tiefe des Unbewußten eingenisteten Gespenster der Angst, aus dem eigenen Alleingelassenwerden und dem Alleinlassen anderer aufsteigend.

Entleert ist der ganze Papierkorb einer chaotischen Traumwelt. Alles wird jetzt erweckt, alles wird jetzt leibhaftig. Nichts mehr wird ausgelassen vom Menschen, wie es diesseits des Todes fortdauernd geschieht aus mangelnder Liebe, aus mangelnder Nähe zu Gott, aus mangelnder Verantwortung für seine Schöpfung.

Himmel: durch den Tod des Ich hindurch zur Vollendung gelangte Leibhaftigkeit, reine klare Wirklichkeit, verläßlich wie Diamant, wie die Firne der Berge bei Sonnenaufgang – in der nie mehr endenden Erfahrung des Geliebtseins und Wiederliebens.

## „Sorgt euch nicht …“

FRANZ KAMPHAUS

Das Evangelium geht davon aus, daß all das, was der Mensch „in seinem Konkurrenzverhalten und seiner passionierten Sucht nach Selbst-Verwirklichung vergeblich zu erreichen sucht, ihm längst *gegeben* ist. Während er nach einem Frieden jagt, den er in seiner militärischen Herstellung zunehmend selber vernichtet, entfremdet er sich dem Frieden, der nicht hergestellt werden muß, sondern angenommen werden darf. Das Evangelium schockiert den Bürger mit der sonderbaren Frage, ob nicht gerade sein guter Wille zur Selbsterhaltung das Böse ausmacht, dem er nicht entrinnen kann: Es geht bis an die Wurzel seines Sicherungsbedürfnisses und fragt nach der elementaren Friedlosigkeit, die atomare Gewalten braucht, um den einen Bürger vor dem anderen zu schützen“ (P. Eicher, „Er ist unser Friede“). Es geht an die Fundamente, an den tragenden Grund unseres Lebens.

An eben dieser Stelle trifft uns Jesu Wort: „Sorgt euch nicht um euer Leben …“ Das ist weniger ein Befehl, vielmehr eine Einladung, *die* Einladung unseres Lebens: Ihr braucht euch nicht um euer Leben zu sorgen. Ihr könnt's im Grunde auch gar nicht. Was ihr euch besorgt – Brot, Kleidung, Geld und was auch immer –, bleibt im Vorfeld, bleibt weit hinter dem zurück, was zu besorgen wäre. An den Kern der Sache kommt ihr überhaupt nicht heran. Das, worum es im letzten geht, könnt ihr euch nicht besorgen: das Leben. Es läßt sich nicht erarbeiten oder bezahlen, es ist unverfügbar: „Wer von euch kann mit all seiner Sorge sein Leben auch nur um eine kleine Zeitspanne verlängern?“ (Mt 6,27). Ihr könnt euch das Leben nicht besorgen, und ihr braucht es auch gar nicht. Schaut euch die Spatzen an, sie pfeifen es von den Dächern. Sie sorgen nicht und sind doch versorgt. Gott ist für sie da, er trägt sie. Wenn er sich um sie kümmert, dann doch erst recht um euch: „Seid ihr nicht viel mehr wert als sie?“ (6,26).

Gott kennt den Mehrwert eures Lebens. Ihr könnt ihm vertrauen, ihr könnt euer Leben in seine Hand legen. Ihr braucht keine Angst um euch zu haben, ihr braucht euch nicht um jeden

Preis zu sichern. Die Herrschaft der Angst ist durch die Herrschaft Gottes gebrochen – im Prinzip und für immer. Die verheißene angstfreie Welt ist hier und jetzt schon da, reale Wirklichkeit für den, der glaubt. Wer sich Gott überlassen kann, wer Gott im Rükken hat, dem sitzt die Angst nicht mehr im Nacken.

Freilich: „In der Welt habt ihr Angst" (Joh 16,33). Der Glaube führt nicht aus dieser Welt heraus, sondern mitten in sie hinein. Angst und Sorgen sind noch da, oft genug bestimmend und quälend. Sie werden im Evangelium deshalb ausdrücklich angesprochen und ernst genommen. Aber ihr Bann ist gebrochen. Die Wurzel des Übels ist ausgerissen: die Angst vor der Angst. Wer sich in Gottes Treue geborgen weiß, kann den Menschen trauen. Wer Gottes Für-Sorge traut, kann seine Sorgen und Ängste gelassen anschauen und mutiger zugeben – vor Gott und den Menschen. Er braucht sich ihrer nicht mehr zu schämen. Er bekommt Mut, sie sich einzugestehen. So verlieren sie ihre lebensbestimmende Macht. Die Ängste und Sorgen können zurücktreten vor dem größeren Ziel: Zuerst das Reich Gottes, und alles andere wird euch dazugegeben (vgl. Mt 6,33).

## Sich hineingeben in den Abgrund des göttlichen Wesens

FRANZ M. MOSCHNER

Auf dem Weg des Betens macht die Seele die Erfahrung, als ob Gott es sei, der da schweige. Sie bringt es noch fertig, etwas zu sagen; aber es ist ihr, als rede sie wider eine Wand. Was sie „hört", ist das Echo der eigenen Stimme. Gottes Blick ist abgewendet. Er sieht sie nicht an, hört ihr nicht zu. Schweigt. Ist er überhaupt noch da? Gibt es ihn? Eine bittere Erfahrung: Dieses Rufen, aber es hört keiner. Dies „Echo meiner selbst". Diese ungeheure Verlassenheit. Da wird der Glaube zu seinen größten Anstrengungen aufgerufen. Der Glaube erklärt uns ja ganz eindeutig, daß Gott immer da ist; daß er immer für mich da ist; daß er alles hört und weiß;

daß wir nie umsonst rufen. Das genügt, wenn es einen auch sehr schwer ankommen mag, sich damit zu begnügen. Die Seele gelangt jedoch auf diese Weise zu einer sehr reinen Form der Hingabe und Selbstlosigkeit; zu einem echten und vorbehaltlosen Sich-lassen, Sich-hinein-Geben in den unbegreiflichen, dunklen und heiligen Abgrund des göttlichen Wesens.

Der reine Glaube ist sicherer als jede Form des Eigenerfahrens! Der Glaube ist die Grundlage; ohne ihn ist die „Erfahrung" sehr mißlich und fragwürdig, wie stark sie sich auch geben möge und wie deutlich überzeugend. Immer bleibt der reine Glaube das letzte Maß! Darum bringt Gott die Seele dahin, daß sie einmal ohne die „Erfahrung" auskommen lerne und so erst der Glaube in ihr jene Kraft und Größe erreiche, die die späteren Erfahrungen unterbauen und gleichzeitig von ihnen unabhängig machen werden.

## Jesus, ein „Weggeworfener"

JOHANNES BOURS

In meinem kleinen Tagebuch „Worte, die mich bewegten" steht eines, das mich sehr betroffen gemacht hat, als mir zum ersten Mal aufging, was es bedeutet. Es ist das Wort: Jesus, ein „Weggeworfener". Es steht im Neuen Testament. Jesus wird da einem Stein verglichen, den die Bauleute als unbrauchbar weggeworfen haben. Ich habe im Wörterbuch nachgeschlagen, was das griechische Wort, das da im Neuen Testament steht, alles bedeuten kann. Da steht: als unbrauchbar wegwerfen, abschaffen, ausstreichen, ausstoßen.

Ich denke daran, was ich von Jesus weiß. Er ist der liebenswürdigste Mensch, den man sich denken kann. Alles, was wir von ihm wissen, sagt uns: Er war ein Mensch von lauterster Gesinnung, von reiner Herzensgüte, völlig für die Menschen sich hingebend. Und von ihm sagt das Neue Testament: ein Weggeworfener! Wie ein Maurer einen Stein in der Hand hält, ihn anschaut, ihn wegwirft: unbrauchbar! Die Leidensgeschichte Jesu sagt uns, wie dieses Wegwerfen ausgesehen hat. Ein weggeworfener Mensch! *Der* Mensch! Ecce homo!

Und ich denke daran, daß in diesen Menschen Jesus von Nazaret Gott ganz hineingegangen ist, daß Gott in diesem Jesus selbst ein Weggeworfener wird, sich wegwerfen läßt von den Menschen!

Man hat vor einigen Jahren entdeckt, daß der Fels Golgota, auf dem Jesus gekreuzigt wurde, mitten in einer Müllhalde gelegen hat, vor der Stadtmauer von Jerusalem. Jesus, Gottessohn, ein Weggeworfener! Das alles ist unausdenkbar.

Setzt sich das fort durch die Menschengeschichte? Setzt sich das fort, wenn Menschen von Menschen weggeworfen werden? Setzt sich das fort in der Verworfenheit von Menschen?

Die Schrift sagt: Gott hat es geschehen lassen, damit alles Weggeworfensein von Menschen, alle Verworfenheit erlöst werden kann. Er nimmt es selbst auf sich, um es auszulösen. An diesem Jesus, dem von den Menschen Weggeworfenen, ahne ich, daß die Erlösung nicht wie von außen her geschehen ist, sondern daß Gott selbst in diesem Jesus sich hat wegwerfen lassen in die äußerste Verworfenheit. Was ist das für ein Gottessohn, der wie ein Weggeworfener neben zwei Verbrechern am Kreuz aufgehängt wird, mitten in einer Schutthalde?

Die meisten Menschen möchten wohl lieber an einen Gott glauben, der mit seiner Macht dazwischenfährt.

Herr, ich danke deiner armen Liebe. Ich danke dir, daß die verborgene Mitte der Welt die Ohnmacht deiner gekreuzigten Liebe ist, das durchbohrte Herz, der Ort unseres Lebens!

Im ersten Petrusbrief, in dem dieses Wort vom Weggeworfenen steht, heißt es: „Kommt zu ihm, dem lebendigen Stein, der von den Menschen weggeworfen, aber von Gott auserwählt und geehrt wurde … Wer an ihn glaubt, der geht nicht zugrunde.“

# Der Karfreitag und unser eigener Tod

KARL RAHNER

Der Karfreitag soll uns zunächst einmal einfach ganz nüchtern an den eigenen Tod erinnern. Nicht weil der Karfreitag nicht zuerst und zuletzt das Gedächtnis des Todes des Herrn und letztlich seines Todes allein wäre. Aber man kann diesen Tod nur wahrhaft verstehen und begehen, wenn man sich selbst als den dem Tod Überantworteten weiß und annimmt. Sonst ist man von vornherein blind und erblickt den Gekreuzigten gar nicht wahrhaftig. Darum müssen wir zuerst unseres eigenen Todes gedenken.

Es ist nun einmal so: wir alle sitzen im Kerker unseres Daseins als zum Tod Verurteilte und warten, bis wir drankommen. Bis dahin kann man Karten spielen, eine Henkersmahlzeit gut finden und für den Augenblick vergessen, daß die Kerkertür bald aufgeht und wir herausgerufen werden zum letzten Gang. Aber vergessen, eben das sollen wir *nicht*. Dem Tier ist sein Tod verborgen oder nur in dumpfer Lebensangst präsent. Wir aber wissen vom Tod und sollten dieses Wissen nicht verdrängen. Wir sollten im Angesicht des Todes leben. Wissen, daß wir einfach in die unerbittliche Einsamkeit des Todes gestoßen werden, wohin keiner mehr mitgeht, das Geschwätz aufhört, keiner sich mehr hinter einem anderen verstecken, keiner sich auf eines anderen Meinung hinausreden kann. Wo nur noch gilt, was man dahinein mitnehmen kann: je ich selber, der ich war im letzten Abgrund des Herzens, des Herzens voll Liebe oder des Herzens voll tückisch vor mir und anderen versteckter Selbstsucht. Nichts nehmen wir in diese Verlassenheit mit als das, was wir in der letzten Grundentscheidung unseres Herzens selber sind. Wir sollen jetzt schon unser Leben, Tag für Tag, auf der Waage des Todes wiegen, so trachten, einmal unseren eigenen Tod sterben zu können; die Gewichtslosigkeit des einen, das wir tun, und das Gewicht des anderen, das wir tun sollten – beides gilt es zu erkennen; die innere Heiterkeit dessen zu lernen, der dem Tod gelassen entgegengehen kann, nicht weil er zynisch verzweifelt ist, sondern weil er bereit ist, das Geheimnis des Todes als Geheimnis unbegreiflichen Sinnes anzunehmen. Wir sollten im

Leben den Tod einüben, weil es zwar klar ist, daß man auf jeden Fall den biologischen Exitus fertigbringen wird, nicht aber schon eindeutig ist, daß wir den wahrhaft menschlichen Tod zu sterben vermögen, in dem das Unverfügbare die Mitte der bereiten Freiheit wird.

Am Karfreitag verkünden wir Christen den Tod der Menschen, bis alle gestorben sind, damit alle sterben lernen, weil alle sterben werden.

Aber wir verkünden am Karfreitag auch den Tod des Einen, des Herrn. Bei einem zuerst haben wir den Mut zu glauben, daß er nicht nur gestorben *wurde,* nicht nur erwürgt wurde von der Absurdität des Daseins, sondern gestorben *ist,* d.h. den Tod zur Tat gemacht hat, die das unbegreiflich Unverfügte annimmt und tut, was erlitten wird. Dieser erste Eine, dem wir im Tod nachfolgen wollen, ist Jesus. Er ist gestorben, wie wir sterben werden: in jener Finsternis, in die er das „Gott, mein Gott, warum hast du mich verlassen?" hineinstöhnte. In seinem Tod war alles, was diesen schrecklich macht, und es war wahrhaft ausgelitten, was in ihm ist: die Qual des Leibes, die brutale Ungerechtigkeit, die ihm zugefügt wird, der Haß der Feinde und ihre lachende Selbstsicherheit, das Scheitern des Lebenswerkes, der Verrat der Freunde und zu aller Entsetzlichkeit doch die Banalität eben des Todes, wie er überall gestorben wird, mit Trauern der anderen, die einem nicht helfen, mit Atemnot und aller Qual, aus der keiner zurückkehrt, mit all dem Nicht-mehr-Können, in dem man aufhört, heroisch zu sein.

Wenn jetzt zu diesem Tod Jesu eben doch noch etwas, ja das Eigentlichste, dazugesagt werden muß, so ist es nicht, um seinen und unseren Tod umzuändern oder umzustilisieren. Nein, so wie er da war und bei uns sein wird, so muß er gestorben werden. So daß wir wirklich verstummen. Mein Gott, warum hast du mich verlassen, wie jeder sagen wird, was immer er im Leben für seinen Gott gehalten hat: ob den wahren Gott oder Geld oder Erfolg oder Wissenschaft oder sozialen Fortschritt oder seine Kinder oder die Lust des Fleisches oder einen anderen Götzen auf dem Altar des Herzens.

Diese stürzen herunter, und aus dem schweigenden Tempel des Herzens scheint auch der wahre, der unsagbare Gott gewichen zu sein. Und man scheint verschluckt zu sein von dem dumpfen Schmerz des Leibes allein, bis eben auch das aus ist. Was noch zu Jesu Tod und zu unserem zu sagen ist, will uns diesen Tod nicht ersparen. Und wir brauchen uns nicht einmal besonders anzustrengen, heroischer oder in einer der traditionellen christlichen Stilisierungen zu sterben. Aber es ist eben doch noch etwas zu diesem brutalen und zugleich banalen Tod zu sagen. Nicht weil es tröstlich ist, denn vielleicht tröstet es uns gar nicht sonderlich, tröstet uns darum vielleicht nicht, weil wir eben im Grunde die Sterbenden schon sind und darum grausam ungetröstet sterben müssen. Es muß vielmehr gesagt werden, weil es uns Gott in Jesus, in seinem Leben, in seinem Selbstverständnis, in seinem Tod und in seiner Auferstehung, alles zusammen und in einem, gesagt hat. Was hat er gesagt? Daß in diesem absoluten Nullpunkt unseres Lebens und unserer Erfahrung sich erst das wahre Leben ereignet. Nicht als ob es dahinter in zeitlicher Erstreckung weiterging, sondern weil darin gerade über aller Zeit endgültig wird, was das Eigentliche unseres Lebens ausmacht: die freie Treue der Liebe, die von Gott her kommt, ihn in sich trägt und frei in der Tat des Lebens angenommen und getan werden muß. Nicht als ob der absurde Tod dies von sich selbst her in sich hätte; von sich aus ist er nur die radikalste Frage, die alles in Frage stellt und so uns vor die Entscheidung zwingt, ob wir – selbst gegen unser Gewissen – das Erbärmliche, aber Greifbare unseres Lebens festhalten, solange es nur geht, oder das für uns nutzlose Gewissen mehr respektieren. In dieser Frage des Todes ist die selige Antwort vielmehr schon beschlossen, weil Jesus gestorben ist, oder sagen wir vorsichtiger und genauer: weil in ihm gegeben und glaubwürdig geworden ist, was an seligem Geheimnis der absurde Tod in sich birgt, weil – noch richtiger – Gott unseren Tod erlöst hat, indem er ihn über uns in Jesus Christus dem Gekreuzigten verhängte, in Ihm, in dem Gott selbst unseren Tod als seinen eigenen annahm. Nochmals: der Tod, so wie er wirklich ist, wird uns dadurch nicht abgenommen. Aber man kann ihn sterben, ihn, in dem die Zuversicht vom

Sohne kommen kann und in dem noch die unbegreifliche Todesangst Teilnahme an seiner eigenen zu sein vermag. Den Tod Jesu sterben darum viele, die ihn nicht glaubend beim Namen kennen, die sich aber in einer letzten Ergebenheit vom Tode nehmen lassen, ohne dem Dasein zu fluchen. Den Tod Jesu sterben viele, weil man auch im Bruder Tod dem Menschensohn begegnen kann, der sich in seinen Brüdern auch von denen finden läßt, die meinen, ihn nicht zu kennen. Aber der angenommene Tod ist einer seiner Namen. Ach, das Leben des Menschen ist verzweifelt. Wer es nicht wahrhaben will, ist in der ärgsten Verzweiflung.

Es gibt keinen Trost, der uns solche Verzweiflung abnimmt. Aber es gibt das unbegreifliche Geheimnis, daß die Verzweiflung *selbst* getröstet sein kann, willig gelassen ist und sich nicht selbst zum letzten der Götzen des Daseins macht. *Dieser* Trost des Todes heißt mit dem wahren Namen Jesus von Nazaret. Heute stehen wir Sterbende bei seinem Sterben und verkünden unseren und seinen Tod. Bis er kommt in unseren Tod.

# Überall wirst du das Kreuz finden

## Der letzte Platz ist der wahre Platz

CARLO CARRETTO

Mit der Offenbarung Jesu, des Gekreuzigten, wird die Kirche geboren als Gemeinschaft derer, die an ihn glauben und, neugeschaffen von seinem Geist, befähigt werden, den Plan Gottes, das Böse durch das Gute zu besiegen, in die Tat umzusetzen. Das führt zur Entstehung des Martyriums mit seinem unstreitigen Vorrang.

Von nun an ist es nicht die Macht, die bei der Ausbreitung des Reiches den Ausschlag gibt, sondern das Dienen, nicht die Rache, sondern die Vergebung, nicht der Stolz, sondern die Demut, nicht die Bildung, sondern das Blut.

Der Vorrang des Martyriums wird zur absoluten Größe, nicht nur für Jesus, sondern für jeden einzelnen von uns.

Diesen Sachverhalt gilt es, gut einzuprägen, da nun alles anders aussieht und das, was die Liebe verlangt, jetzt von uns verlangt wird. Man kann in Zukunft nicht mehr einfach sagen: „Es gibt doch jemanden, der die Rechnung für alle bezahlt hat"; das ist allzu leicht.

Für berechnende Krämerseelen, wie wir es gewöhnlich sind, genügt es jetzt nicht mehr, die ganze Last unserer Schurkereien auf das Blut Christi abzuschieben und das Problem dadurch zu lösen, daß wir uns hinter die Behauptung verschanzen, am Kreuz habe jemand unsere Untaten bereinigt.

Nein! Das geht nicht mehr. Wir werden, wie Paulus sagt (vgl. Kol 1,24), an uns ergänzen müssen, was an den Leiden Christi noch fehlt.

Die Liebe wird in ihrer Unerbittlichkeit Fragen in uns aufsteigen lassen, uns beunruhigen, uns betrüben, uns umwerfen, uns zusetzen und uns unsere Oberflächlichkeiten zur Kenntnis bringen, aber schließlich wird sie uns ans Licht gelangen lassen ...

Jesus hat das wahre Martyrium gestiftet: seine engsten Freunde müssen in seiner Nachfolge das Martyrium lieben. Der Vorrang des Martyriums muß in der Wertskala an oberster Stelle stehen.

Zunächst wird er dir sagen: „Heute wird dein Martyrium in der Loslösung von deinem Reichtum bestehen, und du mußt dich von ihm trennen, wenn du glücklich sein willst; denn der Reichtum wird dir zuwider sein, besonders wenn du deinen Bruder hungern siehst."

Morgen wird er dir sagen: „Laß den Götzendienst. Wirf deine Götzen hoch in die Luft: Gott allein ist dein Gott." Und dann mußt du das tun, um den Durst nach Freiheit zu stillen, den die Liebe dir eingegeben hat.

Dieser Läuterungsweg hört nie auf. Er gräbt sich immer tiefer in dich hinein, um an die Wurzel deines Egoismus, deines Stolzes und deiner Verrücktheit zu gelangen.

Und wenn du dich dann im Gewissen wieder deiner Verantwortung erinnerst und daran denkst, daß du jemandem wehgetan hast, wird sich immer mehr die Überzeugung durchsetzen, daß du von Rechts wegen für jemanden die Zeche bezahlen mußt ...

Ja, das spüre ich! Nur wenn ich aus Liebe sterbe, wird es mir gelingen, mich von mir selbst, von meinen Götzendienereien, von meinen Komplexen und von meinen Ketten zu befreien. Aus Liebe sterben ist der Weg zur Seligkeit, die Freiheit, Selbsthingabe, Friede, Freude und Ewigkeit ist ..."

Was wäre für uns Franziskus ohne den Aussätzigen? Während ich Franziskus, der den Aussätzigen in die Arme schließt, seligpreise, sage ich zum Aussätzigen: „Und du bist noch seliger als er."

Die Seligkeit des Jüngsten Tages ist die Seligkeit des letzten Platzes, des Platzes, von dem aus sich der Schrei nach Erlösung aus der Ungerechtigkeit und der Sünde der Menschen zu Gott erhoben hat. Und Gott hat ihn so gut vernommen, daß er keine Bedenken gehabt hat, selbst den letzten Platz einzunehmen.

Charles de Foucauld sagt: Jesus hat sich den letzten Platz so zu eigen gemacht, daß niemand von uns ihn ihm wegnehmen kann. Er ist der wahre Platz der Liebe.

## Die Betrübten trösten

MICHAEL FAULHABER

Schwer wie Sünde und Unwissenheit, schwer wie Zweifel und Ratlosigkeit lastet heute *die Trübsal auf den Seelen.* Schopenhauer hat das Leben einen *„Kerker voll Trauer"* genannt. Wir müßten es heute einen *„Kerker voll Verzweiflung"* nennen. Mühsal und Trübsal haben ihre Namenszüge in die Gesichter der Menschen geschrieben. Aus vielen Gesprächen spricht die trostlose Verzweiflung. Je höher aber die Wasser der Trübsal steigen, um so rascher müssen wir Archen des Trostes bauen.

Das vierte Werk geistiger Barmherzigkeit soll *Tröster erwecken,* Menschen, die noch ein fröhliches Gesicht machen und ein aufrichtendes Wort sprechen können, auch wenn alles um sie herum traurig ist und ihre eigene Seele weint. Gerade jene, die selber bittere Betrübnis erlebten, vielleicht einen geliebten Menschen im Tode hergeben mußten, gerade die können fremdes Seelenleid gut nachfühlen und sollen in den Dienst der vierten Barmherzigkeit treten. Nicht allen ist die Gabe zu trösten, wie ein Charisma gegeben, allen aber wird der Vater seinen guten Geist, den Tröster, geben, wenn sie ihn darum bitten (Luk. II, 13).

## Zuhören ist sehr schwierig

HENRI J. M. NOUWEN

Wenn wir die einzigartigen Talente der anderen zur Geltung bringen, lernen wir, uns selbst zu entäußern. Die Selbstentäußerung verlangt von uns nicht, daß wir jetzt darangehen, uns irgendwie zu kasteien oder mit uns ins Gericht zu gehen, sondern andern die Aufmerksamkeit zu erweisen, die sie brauchen, um zu einer positiven Selbsteinschätzung zu gelangen.

Es ist gar nicht so leicht, unseren Mitmenschen Aufmerksamkeit zu erweisen. Normalerweise sind wir unser selbst so unsicher und brauchen so viel Bestätigung, daß es uns sehr schwerfällt, nicht selbst Aufmerksamkeit zu verlangen. Wir merken es noch nicht, da reden wir schon von uns, berichten von unseren Erlebnissen, erzählen unsere Geschichten oder manövrieren den Gegenstand der Unterhaltung in Richtung auf unser eigenes Gebiet. Die bekannte Wendung, „Das erinnert mich an ...", ist eine gängige Methode, die Aufmerksamkeit auf uns selbst zu lenken.

Anderen Aufmerksamkeit zu schenken in dem Bestreben, sie zum Mittelpunkt und ihre Interessen zu den unseren zu machen, ist eine echte Form der Selbstentäußerung, da wir leer sein müssen, wenn wir anderen unser Innerstes einräumen wollen. Deshalb ist Zuhören so schwierig. Es verlangt ja, daß wir uns aus dem Rampenlicht zurückziehen und andere hereinbitten.

Wir wissen aus Erfahrung, wie wohltuend solch eine Einladung sein kann. Wenn jemand uns wirklich aufmerksam zuhört und echte Anteilnahme an unseren Kämpfen und unseren Schmerzen äußert, spüren wir, wie ganz tief in unserem Innern etwas vorgeht. Allmählich schwindet unsere Furcht, Verkrampfungen lösen sich, Ängste weichen, und wir sehen auf einmal, daß wir etwas in uns tragen, auf das wir uns verlassen und das wir anderen schenken können. Schon die Erfahrung, für einen anderen Menschen wertvoll und wichtig zu sein, läßt uns wieder aufleben.

Wenn man uns zu dieser Erfahrung verholfen hat, sind wir um eine wertvolle Erkenntnis reicher geworden. Wir haben gelernt, was das Paulus-Wort „Einer schätze den andern höher ein als sich selbst" wirklich bedeutet. Es ist keine Aufforderung zu falscher Demut oder zur Leugnung unseres Eigenwertes, sondern ein Aufruf zur Mitwirkung an den Krankenheilungen Christi. Immer wenn wir anderen Aufmerksamkeit schenken, werden wir leerer, und je leerer wir werden, um so mehr Therapieraum können wir anbieten. Und je mehr wir die Genesungsfortschritte anderer beobachten, um so mehr werden wir verstehen, daß die Heilung nicht durch uns, sondern durch Christus in uns vonstatten geht.

So erwecken wir im Miteinander die verborgenen Talente gegenseitig zum Leben und empfangen sie dankbar als wertvollen Beitrag in unserem Gemeinschaftsleben.

Eins der eindrucksvollsten Beispiele für dieses Miteinander im Mitleiden ist eine Behindertengemeinschaft in Rom. In dieser von Don Franco gegründeten Gemeinschaft leben behinderte Erwachsene und Kinder in Familienverbänden zusammen und wecken beieinander Talente, die bisher verborgen waren. Das Schöne an ihrem Miteinander ist so augenfällig und überzeugend, daß viele „Gesunde" sich diesen Gelähmten, geistig Behinderten, Blinden, Spastikern, Verwachsenen oder Gehörlosen angeschlossen und mit ihnen das große Geschenk der Gemeinschaft entdeckt haben. In dieser Gemeinschaft gibt es nur wenige, die durch Wehleidigkeit auf ihren eigenen Vorteil bedacht sind, sich selbst zu wenig zutrauen oder an tiefer Depression leiden. Statt dessen sind die Menschen, die gegenseitig ihre je eigenen Talente entdeckt haben und sich miteinander ihres erfüllten Gemeinschaftslebens freuen.

Dieses neue Miteinander ist der Raum für das Mitleiden. Wo Menschen in das Sinnen und Trachten Christi eingegangen sind und nicht mehr das eigene Wohl obenan setzen, offenbart sich der mitleidend barmherzige Herr und schenkt seine heilende Gegenwart allen, die ihn darum angehen.

## Aufräumen mit der freudlosen Kleinlichkeit

BERNHARD WELTE

Der Trost und die Freude des Evangeliums ist auch uns verkündet, und wir sind eingeladen, unser zagendes Herz ihnen zu öffnen. Auch uns ist die Huld Gottes, die in Jesus erschienen ist, bezeugt. Doch vor unseren Augen ist das Antlitz des Herrn hinweggenommen. Und es mag sein, daß der Gang unserer Geschichte und für manchen aus uns sein persönlicher Lebensgang eine besonders dichte Nacht der Unsichtbarkeit und der scheinbaren Ferne Jesu und damit des Lichtes Gottes zugefügt hat. Sollten wir nicht in aller unserer Armut den heimlichen Heiligen Geist der Freude in uns erfahren dürfen? Der Gedanke wird uns vielleicht in unserer Nüchternheit und in unserer so weiten Entfernung von allem unmittelbaren Bewußtsein göttlichen Trostes als allzu kühn erscheinen. Aber die Schrift lädt uns ganz einfach und deutlich ein, uns ihm gleichwohl anzuvertrauen.

Wir werden das stille Wehen dieses schönen Geistes am besten vernehmen lernen, wenn wir uns immer wieder in Einfalt des Lichtes erinnern, das auf dem Antlitz Jesu erschien, versöhnend und wunderbar über allen Mühseligen und Beladenen.

Aber dann müssen wir wohl in der Stille einiges abbauen und auflösen von unserem Zögern, unserer Rechenhaftigkeit, unserer Trägheit und Schwermut. Dann müssen wir wohl aufzuräumen beginnen und jenen Arten freudloser Kleinlichkeit, denen wir gerne christliche Namen geben. Sie verdienen diese Namen nicht ... Wir werden am Ende merken, daß doch so etwas wie eine Kraft, ein Hauch und eine verborgene Lebendigkeit sich in uns regt, welche einstimmig ist mit unseren eigenen Versuchen, ihre Bewegungen mitmacht, ja am Ende überhaupt trägt. Wir können schließlich etwas entdecken auf dem Grunde des Herzens wie den

Rest einer Flamme, wie eine lange verdeckte Glut, die wieder in Gang kommen kann, sobald sie ein wenig Luft bekommt. Wo wir aber darauf kommen, da müssen wir uns dann vollends freimachen für dieses von Gott uns eingegebene Leben in der verborgenen Mitte unseres Herzens. Der Morgenwind des Geistes der unsichtbaren Freude hat auch uns berührt, und er hat sich mit den Regungen unseres eigenen Herzens verbündet.

## Keine Angst: „Ich kenne dich mit Namen"

JOHANNES BOURS

Einer unserer Diakone aus dem Priesterseminar machte für ein Jahr in einer Pfarrei ein Seelsorgspraktikum. Es wurde ihm auch erlaubt, eine Schulklasse von zehnjährigen Kindern im Religionsunterricht zu unterrichten. Bald kannte er alle Kinder dieser Klasse mit ihrem Vornamen. Nach Beendigung des Praktikums kehrte er wieder ins Priesterseminar zurück. Als er nun ein halbes Jahr später zufällig noch einmal einen Besuch in der Schule jener Pfarrei machte, umringten ihn auf dem Schulhof die Kinder seiner früheren Klasse, und ein Kind fragte den Diakon: Kennen Sie mich noch? Er nannte den Namen des Kindes. Nun wollte jedes Kind wissen: Kennen Sie mich noch? Er wußte noch alle Namen – bis auf ein Kind, dessen Namen ihm nicht einfiel. Da sah er mit Erschrecken, wie traurig dieses Kind wurde.

Gott sagt zu Mose im Buch Exodus: „Ich kenne dich mit Namen." In einem jüdischen Gebet heißt es: „Des Vergessenen vergißt Er nicht!" Nein – Gott sagt: „Ich kenne dich mit Namen."

Name, das ist das Wesen des Menschen, das Unvertauschbare, das Einzigartige. Das ist der Mensch, wo er ganz er selbst ist.

Ich will dieses Wort von Gott her hören auf mein eigenes Leben hin. Er spricht es mir zu: „Ich kenne dich mit Namen." Nicht Menschheit, sondern: Ich! Du! Nicht ein Gott über den Sternen, sondern: „Ich kenne dich mit Namen." Gott hat es mit mir zu tun. Ich habe es mit Gott zu tun. Ich bin gemeint.

Er kennt mich, er wendet sich mir zu. Jesus nennt diesen Gott: Vater!

Manchmal, wenn wir Bilder von großen Massenversammlungen sehen, kann in uns ein Gefühl von Beklemmung aufkommen angesichts dieser riesigen Anonymität, Namenlosigkeit. Aber von jedem einzelnen gilt von Gott her: „Ich kenne dich mit Namen!"

Dieses Wort kann uns sagen: Du bist nicht allein, du brauchst keine Angst zu haben: „Ich kenne dich mit Namen!"

Im „Gotteslob", dem Gesangbuch unserer Gemeinden, steht diese Liedstrophe von Paul Gerhardt:

Da ich noch nicht geboren war,
da bist du mir geboren
und hast mich dir zu eigen gar,
eh ich dich kannt, erkoren.
Eh ich durch deine Hand gemacht,
da hast du schon bei dir bedacht,
wie du mein wolltest werden.

## Der Kompaß unseres Herzens weist auf Gott

FRANZ VON SALES

Gott führt das Dasein dieser großen Welt in einem unaufhörlichen Wechsel weiter. So verwandelt sich der Tag ständig in Nacht, der Frühling in den Sommer, der Sommer in den Herbst, der Herbst in den Winter, der Winter in den Frühling. Und kein Tag gleicht völlig dem andern: man erlebt neblige, regnerische, trockene, windige Tage. Diese Verschiedenartigkeit gibt dem Universum große Schönheit. Ebenso steht es mit dem Menschen, der, wie die Alten sagten, ein Abriß der Welt ist. Denn niemals ist er im gleichen Zustand. Sein Leben fließt über diese Erde wie die Wasser, schwankend und wogend in ständiger Verschiedenheit der Bewegung, bald zu Hoffnungen erhoben, bald in Furcht niedergedrückt, bald durch Tröstung zur Rechten gekehrt, bald durch Betrübnis zur Linken. Und niemals gleicht einer dieser Tage oder Stunden völlig den anderen. Dies ist eine große Warnung: es nötigt uns, danach zu trachten, in dieser großen äußeren Ungleichförmigkeit eine beständige und ungestörte Ruhe des Herzens zu bewahren. Wie auch immer alle Dinge um uns her sich wenden und ändern, müssen wir ständig unbeweglich nach unserem Gott schauen, streben und uns ausstrecken. Damit das Schiff die gewünschte Richtung einhält, welcher Wind es auch immer treiben mag, blickt der Seemann nur nach seinem schönen Stern und dem Pol. So zeigt die Magnetnadel unseres Herzens, unser Geist, unser höherer Wille, der unser Kompaß ist, ständig auf die Liebe Gottes.

# Wir sind die Jünger von Emmaus

## Andeutungen seiner bleibenden Anwesenheit

### Glaubensverkündigung für Erwachsene

Kein Zeugnis ist einstimmiger im Neuen Testament. Von den ältesten bis zu den jüngsten Schriften haben alle dies als Höhepunkt, daß Gott „seinen Sohn ... von den Toten erweckte" (1 Thess. 1, 10), daß die Apostel „den Herrn gesehen haben" (Joh. 20, 25).

Das ist nicht die Auffassung einiger weniger, die langsam die Überhand gewann und dann die Meinung aller wurde; nein, vom ersten Augenblick an ist diese Überzeugung da als Zentrum und Eckstein der Predigt bei allen: „Einerlei nun, ob ich es bin oder jene (die anderen Apostel) es sind, so predigen wir, und so seid ihr gläubig geworden" (1 Kor. 15, 11).

Damit steht und fällt der Glaube. „Ist aber Christus nicht auferweckt worden, so ist damit auch unsere Predigt nichtig, und nichtig ist euer Glaube ... dann ist euer Glaube unsinnig, dann seid ihr noch in euren Sünden" (1 Kor. 15, 14.17).

Ohne Auferstehung, sagt Paulus weiter, sind wir Apostel Lügner und ihr Belogene, und das auf eine erbärmliche Weise, denn „wenn wir weiter nichts sind als Leute, die nur in diesem Leben ihre Hoffnung auf Christus gesetzt haben, so sind wir die bedauernswertesten unter allen Menschen" (1 Kor. 15, 19). Denn lieber noch, als sich mit einem Christus abzugeben, den man sich bloß eingebildet hat, gesellt er sich jenen zu, die lustig und zugleich traurig rufen: „Laßt uns essen und trinken, denn morgen sind wir tot" (1 Kor. 15, 32).

Das ist die Haltung der ersten Zeugen. Sie erscheinen also keineswegs als Menschen, die sich ängstlich und phantasievoll in eine Illusion hineinmanövrieren und dem Gegenteil einfach nicht in die Augen zu sehen wagen. Nein: lieber alles, als ihr Leben auf eine Lüge bauen. Doch können sie in aller Schlichtheit nur das eine sagen: „Nun aber ist Christus von den Toten erweckt worden" (1 Kor. 15,20).

Das älteste Zeugnis, das wir schriftlich haben, stammt von Paulus, genauso, wie das auch für die Eucharistie der Fall ist, und genau wie dort leitet er seine Worte mit der besonderen Mitteilung ein, auch er habe das Zeugnis empfangen. Die Worte sind also noch älter. Wir stoßen auf die älteste Schicht, auf das Urgestein des Neuen Testamentes, und wir lesen:

> „An erster Stelle habe ich euch ja überliefert, was ich auch überkommen habe, nämlich: Christus ist für unsere Sünden gestorben nach der Schrift, er ist begraben worden und am dritten Tage auferweckt worden nach der Schrift, und er ist dem Kephas erschienen, dann den Zwölfen. Danach ist er mehr als fünfhundert Brüdern auf einmal erschienen: die meisten von ihnen leben jetzt noch, einige aber sind entschlafen. Danach ist er dem Jakobus erschienen, dann allen Aposteln. Zuletzt aber von allen ist er auch mir erschienen, gleichsam der Fehlgeburt." (1 Kor. 15,3–8).

Diese Botschaft, dieses ‚Kerygma', stimmt überein mit dem, was als erste Predigt der Apostel aus der Apostelgeschichte bekannt ist …

*Die sichtbaren Erscheinungen als Zeichen unsichtbarer Nähe*

In den Erscheinungsgeschichten sind wir seltsam betroffen davon, daß die Jünger ihn zuerst nicht wiedererkennen. Andererseits stellen sie doch fest, daß er es ist. Das hat einen tiefen Sinn. Zuerst ist es natürlich ein Beweis mehr, daß das Bild des Auferstandenen aus der Wirklichkeit auf sie zukommt und daß es nicht durch ihre Phantasie geschaffen worden ist: es braucht Zeit, bis sie ihn wiedererkennen. Doch zeigt es uns auch noch etwas Tieferes an, etwas über Jesus selbst: seine Neuheit. Er ist nicht mehr ganz derselbe. Seine Erscheinungen bedeuten nicht, daß er sein irdisches Leben noch einige Wochen fortsetzt, sondern daß er seine Jünger und seine Kirche einweiht in eine neue Weise seiner Gegenwart. Dazu bilden die Erscheinungen einen Übergang. Er läßt sehen, wie er allezeit bei ihnen ist. Die Tatsache, daß er plötzlich mitten unter seinen Jüngern gesehen werden kann, bedeutet ja nicht, daß er „durch Türen hindurchgehen kann", sondern daß er immer anwesend ist, auch wenn sie ihn nicht sehen. Der Auferstandene ist die neue Schöpfung unter uns. Die Erscheinungen sind stille Andeutungen seiner *bleibenden Anwesenheit.*

Er offenbart sich Maria im Garten, den Jüngern im Saal, auf dem Berg, am Meer durch *sein Wort.* Besonders auffällig zeigt sich das in der Geschichte der Emmausjünger: seine Gestalt war unterwegs an ihrer Seite, aber das sagte ihnen nichts; doch „brannte nicht unser Herz in uns, als er auf dem Wege mit uns redete und uns die Schrift erschloß?" (Lk. 24, 32) Im Wort begegneten sie dem Herrn.

Eine zweite Weise des Erkennens ist eine bestimmte Gebärde des Herrn: „das Brechen des Brotes". Ob Jesus damals mit den Emmausjüngern die Eucharistie gefeiert hat oder nicht, ist ohne Belang. In beiden Fällen hatte die Gebärde den Sinn, auf die *Eucharistie* hinzuweisen, in der er sich fortan erkennen lassen will. Auch was Jesus aß, Fisch und Honig, weist darauf hin; denn früher wurden sie bisweilen im Zusammenhang mit der Eucharistiefeier genossen. Es sind Hinweise auf seine Gegenwart in der Eucharistie. Sichtbar erscheinend, hat er also seine unsichtbare Gegenwart gelehrt.

## *Einladung, Jesus in der Kirche leben zu sehen*

CARLO M. MARTINI

Wie läßt sich die bei Markus zum Ausdruck gebrachte Auferstehungswirklichkeit auf der Erfahrungsebene der Kirche noch heute nachvollziehen? Dazu möchte ich vor allem auf zwei Konsequenzen hinweisen:

Die erste ist in dem Wort zum Ausdruck gebracht, das Jesus so oft wiederholt hat: „Macht eure Augen auf!" Der Herr ist doch auferstanden, der Herr lebt; aber wo? Er lebt bei Gott und lebt mitten unter euch. So ergeht die Aufforderung an uns, einen Blick für die lebendige Gegenwart Jesu in unserer Erfahrung zu haben.

Jesus ist in unserer Erfahrung immer zugegen, wenn sie sich mit der Erfahrung deckt, die das Evangelium beschreibt. Jesus lebt in den Zwölf und in denen, die ihre Verkündigung weitergeben; er lebt in allen, die sich den Zwölf angeschlossen haben, um mit Jesus einen Leib zu bilden. Er lebt somit überall im Leben der Kirche, in all ihrer Heiligkeit und in ihren Sakramenten. Er lebt sogar in unserer Berufung, die eine Antwort auf Jesu Ruf und in den Augen der Welt ein Wunder ist, etwas, das man rein menschlich nicht erklären kann. Denn immer, wenn ein Mensch sich darauf einläßt, ein Leben aus dem Glauben zu führen, geschieht etwas Unbegreifliches und Geheimnisvolles. Jeder lebendige Christ ist eine außerordentliche, menschlich unerklärliche Offenbarung der Auferstehung des Herrn.

So sind wir eingeladen, unsere Augen aufzumachen, damit wir den Herrn in unserer Erfahrung erkennen.

Die andere Konsequenz besteht darin, Jesus nicht nur als den zu sehen, der lebt, sondern als den, der kommt. Er kommt jedesmal, wenn wir wiederholen, was er getan und gesagt hat, jedesmal, wenn wir das Brot brechen, jedesmal, wenn wir tun, was er uns aufgetragen hat, und das Leben führen, in dem er uns unterwiesen hat.

Das ist also eine Einladung, Jesus in der Kirche leben zu sehen, insofern in ihr Demut, Dunkelheit und Dinge zum Ausdruck kommen, die vielleicht nach außen hin nicht sehr deutlich und verständlich in Erscheinung treten, die aber, wenn man sie mit dem rechten Herzen von innen her sieht, die lebendige Gegenwart der Auferstehung des Herrn bekunden.

---

Niemand hat an Ostern sowenig Freude wie jene, die in der Fastenzeit nicht getrauert haben. Diesen Menschen ist die eine Zeit so gut wie die andere, und sie kümmern sich um keine. Festtag und Fasttag sind ihnen gleich. Daher erfassen sie auch die andere Welt nie lebendig.

JOHN HENRY NEWMAN

# Seit Jesus auferstanden ist, gibt es kein absolutes Scheitern mehr

KARL LEHMANN

Der Mensch hofft, weil er die Grenzen seiner eigenen Endlichkeit und die Mängel des gegenwärtigen Lebens überschreiten möchte. Er macht die Erfahrung, daß ihm seine eigene Welt zerbrochen ist. Beschädigtes Leben soll wiederhergestellt, ja weit besser werden als zuvor. Die Mängel können dabei ganz verschieden erfahren werden: die Beschwerden der Endlichkeit, wie z. B. die Grenzen der physischen Kraft und das Alter; das Mißlingen unserer Unternehmungen; das Scheitern unserer Lebensprojekte; das Erfahren des eigenen Ungenügens in Einsamkeit und Schuld; das Leiden am Menschen und das Ungenügen des anderen; eine gescheiterte Freundschaft, eine zerstörte Ehe; schließlich Unversöhnlichkeit und Haß. Außerdem erkennen wir die Heillosigkeit unseres Lebens nicht nur an uns selbst, sondern auch an der uns umgebenden Welt. Umweltschäden zu Wasser und zu Lande machen das Ausmaß der Zerstörungskraft sichtbar. Wir begreifen wieder neu, warum man sich nach einer neuen Erde sehnen kann. Der mögliche katastrophenartige Verlust des gesamten Lebens und der ganzen Schöpfung erweitert das Rätsel des individuellen Todes und zeigt die äußerste Gefährdung an. Hoffnung entstammt ursprünglich einer bestimmten Notsituation. Biblisch gehören darum auch Klage und Furcht in die Nähe des Bekenntnisses der Zuversicht. Wiederum zeigt vor allem die Todeserfahrung, daß nur Gott der Herr der menschlichen Hoffnung ist. Hoffnung ohne diesen Grund ist hinfällig oder nichtig.

Diese Hoffnung Gottes wird leibhaftig in Jesus und in seinen Zeugen. Jesus Christus ist die endgültige Zukunft Gottes für die Welt. Er verkündet nicht nur die Nähe der Herrschaft Gottes für die Armen, Gedemütigten und Trauernden. In seinen Machtzeichen nimmt er die Ankunft der neuen Welt vorweg: Kranke werden geheilt, Tote stehen auf. In der Auferweckung Jesu wird die Gewalt des Todes definitiv gebrochen und die neue Schöpfung eröffnet. Dieses Heil ragt schon in die Gegenwart hinein, wenn es auch seine Erfüllung in der letzten Zukunft der Gottesherrschaft empfängt: bei der Wiederkunft Jesu Christi zum Gericht und zur Vollendung der Welt. Es hat große Bedeutung für unser Thema, daß das Heil Jesu Christi im Kreuz erscheint. Es ist den Mächtigen zumeist verborgen, da es schwach ist; es enttäuscht gerade jene Hoffnung, die ein handgreifliches Wunder erwartet. Diese christliche Hoffnung ist nicht einfach die Verlängerung unserer Gegenwart, auch nicht irgendein Trieb zur Vollendung oder gar eine Flucht in die Zukunft kraft geschichtlicher Enttäuschung. Ihr Grund ist der Glaube an Jesus Christus. Hoffnung ist darum nicht in erster Linie ein „Prinzip", vielmehr eine anschauliche Gestalt, die einen konkreten Namen trägt.

Für die Weltperspektive der christlichen Hoffnung ergeben sich daraus noch zwei wichtige Aspekte: Zwar ist prinzipiell die neue Zeit des Heiles angebrochen, aber noch sind die Mächte des Bösen, der Sünde und des Todes am Werk. Die Anfänge der neuen Schöpfung keimen inmitten von Bedrängnis und Anfechtung. Die von der neuen Wirklichkeit erfaßte Welt lebt auf Heilsvollendung hin. „Denn an die Hoffnung ist unsere Rettung gebunden. Hoffnung aber, die man schon erfüllt sieht, ist keine Hoffnung, wie kann man auf etwas hoffen, was man sieht? Hoffen wir aber auf das, was wir nicht sehen, dann harren wir aus und warten geduldig." (Röm 8,24f.). Dies darf eine gleich wichtige Wahrheit nicht verdunkeln: Die Hoffnung Gottes in Jesus ist grundsätzlich für alle Situationen des Menschseins gekommen. Es gibt seit Jesu Christi Tod und Auferstehung keine Lage mehr, die zwangsläufig nur reines Scheitern bedeuten muß. Die Bedingungen der endlichen und gebrochenen Existenz des Menschen können nicht verhindern, daß Gottes Heil sie durchgreifend umgestalten kann. Leid und Erfahrung von Unrecht können z.B. im Zeichen des Kreuzes zu einer unvermuteten Kraft werden. Inmitten von Feindseligkeit und Haß können wirksame Zeichen der Versöhnung und des Friedens gesetzt werden. Sie sind die Vorboten des endzeitlichen Heiles in unserer Welt. Es gibt nun „Hoffnung gegen alle Hoffnung" (vgl. Röm. 4,18).

## Mit einem Mal wird aus einer Mauer ein Tor

HENRI J. M. NOUWEN

Eben dies möchte ich Dir so gern an diesem Osterfest schreiben: Etwas sehr Tiefes und Geheimnisvolles, etwas sehr Heiliges und Weihevolles findet in unserem Leben statt, gerade da, wo wir sind, und je aufmerksamer wir werden, desto deutlicher werden wir es zu sehen und zu hören beginnen. Je mehr unser geistliches Empfinden die Oberfläche unseres täglichen Lebens erfaßt, desto mehr werden wir eine neue Gegenwart in unserem Leben entdekken – aufdecken ...

Stellen wir uns vor, was an Ostern vor sich geht! Eine Gruppe Frauen geht zum Grab. Sie bemerken, daß der Stein weggewälzt ist, gehen hinein, sehen auf der rechten Seite einen jungen Mann in weißem Gewand sitzen und hören ihn sagen: „Er ist nicht hier." Petrus und Johannes laufen zum Grab und finden es leer. Maria aus Magdala begegnet Jesus, von dem sie meint, es sei der Gärtner; er nennt sie beim Namen, und da erkennt sie, daß es der Herr ist. Die Jünger, die sich aus Furcht versammelt und „die Türen verschlossen" hatten, sehen ihn plötzlich mitten unter ihnen und hören ihn sagen: „Friede sei mit euch!"

Zwei Männer kommen eilig aus Emmaus zurück und berichten ihren niedergeschlagenen Freunden, daß sie unterwegs Jesus getroffen und ihn am Brotbrechen erkannt haben.

Später sind Simon Petrus, Thomas, Natanael, Jakobus und Johannes zum Fischen auf den See hinausgefahren. Ein Mann am Ufer ruft ihnen zu: „Meine Freunde, habt ihr nicht etwas zu essen?" Sie antworten ihm: „Nein." Er aber sagt zu ihnen: „Werft das Netz auf der rechten Seite des Bootes aus, und ihr werdet etwas fangen!" Sie tun es, und als sie so viele Fische fangen, daß sie ihr Netz nicht wieder einholen können, sagt Johannes zu Petrus: „Es ist der Herr!" Und als sich dies alles zutrug, wird ein neues Wort gesprochen, zuerst leise und zögernd, dann klar und überzeugend, schließlich laut und triumphierend: „Der Herr ist auferstanden, er ist wirklich auferstanden!"

Ich frage mich, was dieser Bericht, der wichtigste Bericht der

Menschheitsgeschichte, Dir jetzt sagt, da Du weißt, was es heißt, den Menschen verloren zu haben, den man über alles geliebt hat. Fällt Dir auf, daß keiner der Freunde Jesu, nicht die Frauen und nicht die Jünger, im geringsten damit rechnete, daß er vom Tode auferstehen würde? Seine Kreuzigung hatte ihre ganzen Hoffnungen und Erwartungen zerstört, sie fühlten sich vollständig verlassen und entmutigt. Sogar als ihnen Jesus erschien, zögerten und zweifelten sie immer noch und mußten sich überzeugen, nicht nur Thomas, sondern andere ebenso. Da ist keine Spur einer Einstellung von „Das habe ich euch ja schon immer gesagt". Das Ereignis der Auferstehung Jesu überstieg ganz und gar ihre Vorstellungskraft. Es ging weit über ihr gewohntes Denken und Empfinden hinaus, durchbrach die Grenzen ihres Verstandes und ihres Herzens. Und dennoch glaubten sie – und ihr Glaube veränderte die Welt.

Ist das keine frohe Botschaft? Kehrt dies nicht alles um und bietet ein Fundament, auf dem wir in Hoffnung leben können? ... Es macht den Tod nicht weniger schmerzlich und unsere Trauer nicht weniger groß. Es macht den Verlust nicht weniger wirklich, aber es läßt uns sehen und spüren, daß der Tod Teil eines weitaus größeren und tieferen Ereignisses ist, dessen volle Tragweite wir nicht begreifen können, von dem wir jedoch wissen, daß es ein lebenspendendes Ereignis ist. Die Freunde Jesu sahen und hörten ihn nach jenem Ostermorgen nur ein paar Mal, doch ihr Leben war vollständig verändert. Was als das Ende erschien, erwies sich als Anfang; was als Grund zur Furcht erschien, wurde Anstoß zum Mut; was wie eine Niederlage aussah, wurde zum Sieg; und was als Anlaß zur Verzweiflung angesehen wurde, erwies sich als ein Grund zur Hoffnung. Mit einem Mal wird aus einer Mauer ein Tor, und wenn wir auch nicht mit aller Klarheit und Genauigkeit sagen können, was hinter dem Tor ist, ändert sich doch ganz entscheidend der Klang all dessen, was wir auf unserem Weg zum Tor tun und sagen.

Der beste Weg, Dir die Bedeutung des Todes im Lichte der Auferstehung Jesu zu erklären, ist, zu sagen, daß die Liebe, die uns so viel Leid bereitet und uns die Absurdität des Todes so spüren läßt, stärker als der Tod selbst ist. „Die Liebe ist stärker als der Tod." Dieser Satz faßt den Sinn der Auferstehung und damit auch den Sinn des Todes am besten zusammen ... Warum hat Dich Mutters Tod so schmerzlich getroffen? Weil Du sie so sehr geliebt hast. Warum wurde Dein eigener Tod zu einer so bedrängenden Frage für Dich? Weil Du das Leben liebst, Deine Kinder und Enkel, weil Du die Natur liebst, die Kunst, die Musik, die Pferde; weil Du alles Lebendige und Schöne liebst. Der Tod ist absurd und kann keinen Sinn haben für einen, der so viel liebt.

Die Auferstehung Christi ist die glorreiche Manifestation des Sieges der Liebe über den Tod. Dieselbe Liebe, die uns gegen den Tod klagen und protestieren läßt, befreit uns jetzt zu einem Leben in Hoffnung. Ist Dir aufgefallen, daß Jesus nur denen erschien, die ihn kannten, die seinen Worten gelauscht und die ihn wirklich geliebt hatten? Diese Liebe gab ihnen die Augen, sein Gesicht zu sehen, und die Ohren, seine Stimme zu hören, als er ihnen am dritten Tage nach seinem Tod erschien. Sobald sie ihn gesehen und gehört hatten und glaubten, wurde ihr weiteres Leben ein fortwährendes Erkennen, daß er mitten unter ihnen gegenwärtig ist. Das vor allem bedeutet Leben im Geiste des auferstandenen Christus. Es läßt uns sehen, daß uns der auferstandene Herr unter dem Schleier all dessen, was für unsere körperlichen Augen sichtbar ist, seine unerschöpfliche Liebe erweist und uns aufruft, in diese Liebe noch tiefer einzudringen, eine Liebe, die Mutter und uns – die wir sie so geliebt haben – umfaßt.

Mit dieser göttlichen Liebe im Herzen, einer Liebe stärker als der Tod, kann unser Leben als eine Verheißung gelebt werden. Weil uns diese große Liebe verheißt, daß das, was wir mit den Augen und Ohren des Geistes Christi schon zu sehen und zu hören begonnen haben, niemals zerstört werden kann, sondern vielmehr „der Anfang" des ewigen Lebens ist.

## Wir sind die Jünger von Emmaus

KARL-HEINZ KÖNIG

Die beiden, von denen das Evangelium des zweiten Ostertages spricht, sind am Ende. Ihre Hoffnungen sind zerstört, ihre Erwartungen von den Tatsachen höhnisch widerlegt. Ihre tiefsten Sehnsüchte und Träume zerschellten wie splitterndes Glas an der brutalen Wirklichkeit des Karfreitags. Sie haben nun keine Zukunft mehr; vor ihnen steht die große Leere, eine gähnende Langeweile, der Überdruß angesichts der faden Mittelmäßigkeit eines enttäuschten Lebens. Unsäglich müde sind sie und erschöpft von den schier übermenschlichen Anstrengungen der voraufgegangenen Tage in Jerusalem. Nichts ist mehr in ihnen von jenem begeisterten und begeisternden Schwung, der sie bis zuletzt erfüllte und der dann unter den Hammerschlägen der Henker auf Golgota schmählich in sich zusammenbrach. Und mit welcher Inbrunst hatten sie sich dem zugewandt, in dem sie den Messias zu sehen meinten, jenem also, auf dessen Kommen das jüdische Volk jahrhundertelang gewartet hatte und der die entscheidende Wende herbeiführen sollte! Und wieviel schien in der Tat darauf hinzudeuten, daß er wirklich der Ersehnte war – nie werden sie seine Worte vergessen, die er zu ihnen sprach wie einer, der Macht hat, und die Zeichen, die er vor ihren Augen wirkte – und dann nach allem das katastrophale Ende auf dem Richtplatz draußen vor der Stadt! Wundert es, daß die beiden noch „am selben Tag" Jerusalem verlassen, fluchtartig, voll panischen Entsetzens, um nicht wieder dorthin zurückzukehren?

Die beiden Flüchtigen sind getreue Abbilder unseres eigenen Daseins in der Welt. Sind denn nicht auch wir trotz aller wirklichen oder vermeintlichen Erfüllungen immer wieder Enttäuschte und darum irgendwie am Ende? Werden unsere tiefsten Wünsche, die wir insgeheim in unserem armen und törichten Herzen hegen, nicht täglich von den unwiderleglichen Fakten eines besseren belehrt? Graut nicht auch uns vor der Monotonie und schlechten Unendlichkeit unseres kleinen, ach, so belanglos erscheinenden Lebens, von dem wir uns anfangs so unendlich viel mehr versprochen haben, als es dann wirklich halten konnte? Und sollte dies alles noch nicht genügen, um uns gründlich zu ernüchtern, so wird die bittere Erfahrung des Altwerdens und des Sterbenmüssens ihre Wirkung auf die Dauer nicht verfehlen ... Weil dem so ist, sind wir, wie die Emmausjünger, tagtäglich heimlich auf der Flucht ...

*Sie gingen zu zweit*

Nur eines ist den beiden Flüchtigen geblieben: „sie gingen zu zweit" und „redeten über alles". Sie sind nicht allein, jeder für sich gesondert, auf der Flucht, sondern einer ist dem andern mitten im Zusammenbruch aller Hoffnungen nahe, sie gehen gemeinsam „als Wanderer über Land" (Mk 16,12), als „Brüder und Gefährten in der Trübsal" des Dunkels und der Verzweiflung (Offb 1,9). Dieses brüderliche Miteinander der Emmausjünger will uns, wenngleich die Exegeten wenig darüber zu sagen wissen, des Nachdenkens besonders wert erscheinen. Ist es nämlich nicht ein unendlich kostbares Geschenk für die beiden, daß sie zu zweit gehen und über alles miteinander sprechen können, was sie zutiefst bewegt? Unterscheiden sich darin die beiden nicht von uns Heutigen, die wir oft genug die Enttäuschungen und Vergeblichkeiten unseres Lebens als einzelne, als Einsame und von niemandem Begleitete schmerzlich erfahren müssen? Spricht man nicht davon, daß die Kontaktarmut die eigentliche Krankheit des modernen Menschen sei – mitten in der immer dichter werdenden Zusammenballung einer bedrohlich anwachsenden Menschheit und trotz der oft genug spektakulär gefeierten Verbrüderungen jeglicher Art?

Aber wir wollen die Freundschaft der Emmausjünger, die gemeinsam ihren mühseligen Weg gehen und sich durch das brüderliche Wort aus der Einsamkeit ihrer Not befreien, nicht mit dem verwechseln, was heute unter dem Schlagwort „Mitmenschlichkeit" durch die Köpfe geistert und mit dem der moderne Mensch die längst veraltete „Chiffre" Gott endlich durch eine zeitgemäße Vokabel ersetzen möchte! ...

Wir wollen und können einfach nicht darauf verzichten, zu glauben, daß es neben diesem gottvergessenen und darum zutiefst gottlosen Brüderlichkeitsenthusiasmus des Menschen, der von

Humanität redet und zugleich daran verzweifelt, auch das „Sakrament des Bruders" gibt, als dessen Sinnbild uns die Freundschaft der Emmausjünger aufleuchtet. Die beiden sind nicht erst auf dem Wege nach Emmaus durch ihre gemeinsame Not „Freunde" geworden, sondern dadurch, daß sie bereits vorher Freunde dessen waren, den sie als den ersehnten Messias zu erkennen meinten. Er, der hingerichtete und inzwischen vom Tode erstandene Jesus, ist der geheime Dritte im Bunde ihrer Freundschaft. Durch seine unsichtbare Anwesenheit begründet er erst das brüderliche Miteinander der Emmausjünger. Das ist das Geheimnis christlich verstandener und christlich gelebter Brüderlichkeit: in das Zueinanderstehen von Mensch zu Mensch tritt unerkannt der Herr, nicht um diesen Ring redlicher Mitmenschlichkeit zu sprengen, sondern um ihm seine unüberbietbare Festigkeit und letzte Vollendung zu schenken.

Diese, alle innerweltiche Mitmenschlichkeit übersteigende Annahme des Bruders Mensch in der christlichen Nächstenliebe liebt in diesem Bruder Mensch eben nicht nur und ausschließlich den Menschen, sondern in ihm und durch ihn hindurch den, dessen Zeichen, dessen „Bild und Gleichnis", ja dessen „Sakrament" er ist: Gott selbst, der in Jesus Christus unser Bruder geworden ist, so daß wir fortan im leidenden, verbitterten, geängstigten und entstellten Antlitz des Menschen das Antlitz Jesu selbst sehen müssen, der für uns die Not des Menschseins durchlitten hat.

Die christlich verstandene Bruderliebe muß freilich ganz echte und redliche „Mitmenschlichkeit" ohne alle Abstriche sein, niemals darf der andere, dem wir unsere Liebe zuwenden, fürchten, er sei von uns eigentlich gar nicht selbst gemeint, sondern allenfalls so etwas wie eine Durchgangsstufe zum wirklichen Gegenstand unserer Liebe! Der Samariter des Gleichnisses half dem Daliegenden redlich und ohne jeglichen theologischen „Hintergedanken"! Und selbst die, die im Gleichnis vom Endgericht vom Herrn seliggepriesen werden, weil *er* hungrig war und sie *ihm* zu essen gegeben haben, werden sich erst in diesem Augenblick bewußt, daß es der Herr selber war, der ihnen im hilfsbedürftigen Bruder Mensch begegnet ist, denn „was ihr dem geringsten meiner Brüder getan habt, das habt ihr mir getan" (Mt 25,40).

*Wer seinen Bruder nicht liebt*
Brüderliches Denken und Handeln am Mitmenschen im Geiste Jesu ist kein Leichtes für uns Christen, aber wir dürfen uns diesen Bruderdienst nicht ersparen, indem wir Gott voreilig zu lieben vorgeben und darüber den Bruder vergessen möchten, denn „wer seinen Bruder nicht liebt, den er sieht, kann Gott nicht lieben, den er nicht sieht" (1 Jo 4,20). Wir müssen den Weg über den Bruder nehmen, um Gott lieben zu lernen. Wir müssen den Bruder suchen, um Gott zu finden. Vielleicht ist die Abwesenheit und der Tod Gottes in unserer Zeit nichts anderes als die von Gott selbst verfügte dunkle Wegstrecke zwischen Jerusalem und Emmaus, die wir durchwandern sollen, um mit dem anderen, der mit uns auf demselben Weg einhergeht, brüderlich ins Gespräch zu kommen und um die Not dieses anderen mitzutragen, damit dann zu seiner Zeit der Herr selbst, unerkannt und wie ein Fremdling, hinzutreten kann, um unsere Dunkelheit durch sein Wort zu lichten und um mit uns Mahl zu halten.

## Meine Seele ist wie ein siecher Mensch

HEINRICH SEUSE

Herr, wenn ich in Verlassenheit stehe, dann ist meine Seele wie ein siecher Mensch, dem nichts wohlschmeckt, dem alle Dinge unlustig sind. Der Leib ist träge, das Gemüt ist schwer, inwendig ist Härte und auswendig Traurigkeit. Mich verdrießt dann alles, was ich sehe und höre und weiß, wie gut es auch ist; denn mir geht alles freundliche Benehmen ab. Ich bin dann zu Fehlern geneigt, schwach, kalt und lau zu allen guten Dingen. Wer zu mir kommt, der findet ein ödes Haus.

Herr, wenn du aber als der lichte Morgenstern aufbrichst inmitten meiner Seele, so zergeht alles Leid, es verschwindet alle Finsternis, und es geht auf die lichte Heiterkeit. Herr, dann lacht mein Herz, es erhebt sich mein Gemüt; es freut sich meine Seele, es ist mir so recht festlich, und alles, was in mir und an mir ist, verwandelt sich in dein Lob. Was dann schwer, mühsam und unmöglich war, das wird alles leicht und süß: Fasten, Wachen, Beten, Leiden, Meiden und alle Strenge wird gänzlich zu einem Nichts in der Gegenwart. Ich gewinne dann manch große Entschlossenheit, die mir in Verlassenheit doch abgeht. Die Seele wird mit Klarheit und Wahrheit und Süßigkeit durchgossen, daß sie aller Mühsal vergißt. Das Herz kann süß betrachten, die Zunge Hohes sprechen, der Leib alle Dinge ohne Mühe angreifen, und wer nur sucht, der findet dann weisen Rat für alles, was er begeht. Mir ist dann, als hätte ich Raum und Zeit überflogen und stände im Vorhof der ewigen Seligkeit. Ach, Herr, wenn es nur recht lange währte!

# Bekehrung des Herzens

## Sich bekehren – was soll das heißen?

ANDRÉ LIÉGÉ

Wir wissen, was in der Umgangssprache die Unterscheidung bedeutet zwischen Konvertiten und solchen, die nicht zu konvertieren brauchen, weil sie schon seit ihrer Kindheit katholisch sind. Ist aber diese Unterscheidung nicht gefährlich? Läßt sie nicht die Meinung aufkommen, daß jener, der seit seiner Kindheit katholisch ist, sich die Bekehrung, die „Konversion", ersparen könnte? …

Sich bekehren – was soll das heißen? Um auf diese Frage eine erschöpfende Antwort zu geben, müßte man aufs neue das, was das Neue Testament *„metanoia"* nennt, analysieren. Das diesem Ausdruck am besten Entsprechende wäre *„Bekehrung des Herzens"*. Wir wollen die Grundelemente dieser „Bekehrung des Herzens" kurz in die Erinnerung zurückrufen:

Das *Herz* im Sinne des Evangeliums ist der Mittelpunkt der Persönlichkeit; das Zentrum des Handelns und der Verbindung der Person mit Gott; der gemeinsame Ausgangspunkt aller Entscheidungen, die den Verstand ebenso binden wie den Willen, die Freiheit ebenso wie die Treue; das moralische Gewissen entsprechend dem Anruf und Urteil Gottes. Kurzum, der Wert des Menschen vor Gott und vor sich selbst bemißt sich nach dem Werte seines Herzens. Deswegen stellt Jesus in den Mittelpunkt seiner Religion jene Entscheidung, die der Erwachsene dem Worte Gottes gegenüber mit seinem Herzen vollzieht – eine Entscheidung zum Heil oder Unheil: „Wo dein Schatz ist, ist auch dein Herz" (Matth. 6,21).

Angesichts der Ankunft Gottes und seines Anrufes muß das Herz des Menschen seine Entscheidung treffen. Nach der Ausdrucksweise des Neuen Testamentes ist es dann offen, klar, entschieden, brennend, gehorsam, aufrichtig, schön, gut, weit, rein, erfüllt, gläubig – oder aber das Gegenteil: blind, verhärtet, unbußfertig, unverständig, verfinstert, unentschlossen, boshaft, treulos.

Eine Bekehrung, die nur die Gedanken beträfe, eine bloß intellektuelle Umstellung wäre keine Bekehrung im Sinne des Evangeliums; ebensowenig eine Bekehrung, die nur das Gemütsleben oder das religiöse Gefühl beträfe; oder eine Bekehrung, die dem Menschen nur im ethischen Bereiche eine Änderung seiner Situation brächte. Nein, mit dem Tiefsten seines Wesens, mit allem, was ihn als erwachsene Person konstituiert – *mit seinem Herzen* – muß der Gläubige Position beziehen angesichts des Wortes Gottes, das ihn anruft. Das Herz, das das Wort aufgenommen hat, wird dann zu einem Herzen, in dem Gott und der Heilige Geist wohnen. „Möge Christus durch den Glauben in euren Herzen Wohnung nehmen", wünscht Paulus den Ephesern (3,17).

Sich bekehren heißt also: alles nach den Maßstäben Jesu Christi beurteilen und werten; das Glück und die Bedürfnisse des Lebens so wie Jesus Christus auffassen; in sich – *in sein Herz* – eine neue innere Haltung aufnehmen, die die Haltung Jesu Christi ist. Sich bekehren heißt: dies alles annehmen und sich vorbehaltlos dafür einsetzen.

Denn der christliche Glaube ist etwas anderes als ein Fürwahrhalten von Behauptungen über Gott. Als Gnade Gottes und Entscheidung des Menschen bedeutet er eine Mittelpunktsverlagerung der ganzen Existenz des Glaubenden, der sich nun für sein weiteres Leben im Gehorsam dem Anruf Gottes unterstellt. Als Antwort auf die Ankündigung des Reiches Gottes ist der christliche Glaube der Eintritt in den Bund mit Gott, jenen Bund, der sich seit Jesus Christus über die ganze Menschheit ausbreitet.

Auf welcher Stufe der Verbindung mit Gott man sich auch befinden mag, die Bekehrung im Sinne des Evangeliums bedeutet immer eine Erneuerung des Herzens, von der Selbsterkenntnis des Sünders, der Buße tut, bis hin zur persönlichen totalen Hingabe an Jesus Christus, indem man ihn – durch die Zeichen hindurch – als die Gegenwart Gottes und als das Heil für jeden Menschen anerkennt, der sein Herz dem Anruf des Evangeliums öffnet. Was das Neue Testament beschreibt, ist lediglich eine Verdeutlichung des Wesens jener Bekehrung des Herzens, die schon das Alte Testament in den Mittelpunkt der Predigt der Propheten stellte.

Die Kirche Jesu Christi hat den Auftrag, bis an das Ende der Zeiten allen Menschen das zu verkünden, was Jesus zu Beginn seiner Lehrtätigkeit sagte: „Das Reich Gottes ist da. Bekehret euch und glaubet an die Frohbotschaft!" (Mark. 1,15)

## Ich werde deine Grenzen weit machen

JOHANNES BOURS

Da begegnete ich auf der Straße einem jungen Wissenschaftler, den ich von früher kannte. Ich sagte die übliche Frage: „Wie geht es Ihnen?" Und er antwortete: „Schlecht!" Und nun kam es aus ihm heraus. Er hatte eine Erfahrung gemacht, die jeder Mensch, wenn auch in sehr verschiedener Weise, einmal macht und machen muß: Er war an seine Grenzen gestoßen. Er hatte erkennen müssen, daß die Art seiner Begabung nicht ausreichte, die Aufgaben zu lösen, die seine Wissenschaft jetzt von ihm verlangte;

er hatte sehr schmerzlich die Erfahrung seiner Grenze machen müssen.

Die Erfahrung der Grenze, der Begrenztheit! Gebundenheit, die ich nicht lösen kann; Zwänge, von denen ich mich nicht befreien kann; die Angst; die Last der Depression; die Schuld, die aus der Enge des Ich-sagens kam. Die Grenze, an die unser letztes Fragen stößt: Woher kommen wir, wohin gehen wir? Was soll das namenlose Leid in der Welt? Überall Grenzen, an die wir stoßen, an denen wir zurückgeworfen werden.

Und da ist dieses Wort, das Gott im Buch Exodus seinem Volk zusagt: „Ich werde deine Grenzen weit machen."

Weites Land will Gott seinem Volk geben!

Dieses Wort gewinnt vom Evangelium her einen unerhört neuen Sinn. Eine neue grenzenlose Dimension tut sich auf: die österliche Welt, die Welt des Auferstehens! „Ich werde deine Grenzen weit machen." Der enge Horizont aller irdischen Gefangenheiten und Befangenheiten wird aufgerissen zu unerhörter Aussicht: „Siehe, ich sehe den Himmel offen!" (Apg 7,56), so rief Stephanus aus, der erste Blutzeuge für das Evangelium.

Gottes Barmherzigkeit überflutet alle Grenzen, die Zäune fallen – nichts mehr soll ausgeschlossen sein vom Fest der Erlösung, der Befreiung: „Ich werde deine Grenzen weit machen."

Ich will diese Verheißung Gottes hören auf mein Leben hin. Ich will aus dieser Zusage leben und den Vorschein ihrer Erfahrung zulassen. Indem ich selber mit aller Kraft der Zuversicht auf die Entgrenzung zuwandere, die dieses Wort gewährt, werde ich in wachsendem Glauben beten können: „Du hast meinen Fuß auf weiten Raum gestellt" (Ps 31,9).

---

Alle Lebensformen können heilig sein, und die ideale Form für jeden ist die, zu der unser Herr ihn durch die natürliche Entwicklung seiner Neigungen und unter dem Druck der Umstände geführt hat.

TEILHARD DE CHARDIN

## Verantwortung für das Schicksal von Gottes Samen

KARL RAHNER

Wir sind immer in Gefahr, Ärgernis zu nehmen am Schicksal Gottes, am Schicksal seiner Gnade, seiner Kirche in uns, in der Geschichte, in unserer Umgebung, in dem allem, was wir erleben. Sind wir nicht immer wieder versucht, zu glauben, es könne nicht der Same Gottes, es könne nicht sein Wort, seine Gnade, seine Kraft, seine Einrichtung, seine Stiftung, seine Kirche, sein Sakrament sein, wenn es nur diesen kleinen, diesen kümmerlichen, diesen immer bedrohten, diesen immer wieder von der Welt verleugneten und vernichteten Erfolg allein hat? Haben wir nicht den Eindruck, daß Gottes Wort mächtiger sein müsse, daß Gottes Macht allmächtiger sein müsse in dieser Geschichte, daß Gottes Licht heller strahlen müßte in unseren Herzen und in der Welt, daß Gottes Trost und Kraft mehr unsere armen, dürren, kalten, müden und matten Herzen erfüllen müsse? Gewiß, Jesus sagt uns in der Parabel: Nicht der Same Gottes, sondern der Boden, die steinernen Herzen, sind selber schuld, daß Gottes Leben keine Frucht bringt in dürren und harten Herzen, in blindem Geist.

Aber – so könnte man ja versucht sein zu antworten – ist denn das nicht noch einmal alles auch Gottes Fügung? Die steinernen Herzen und der harte Boden und die Dornen und Disteln dieser Welt und der Teufel und die hartgetretenen Straßen dieser Geschichte? Ist nicht all das auch noch einmal umfaßt, gewollt oder, wenn zugelassen, eben doch von Gott herkommend?

Aber Jesus sagt uns dann: Nein – Mensch – nimm die Verantwortung für das Schicksal des Samens Gottes in deinem Herzen auf dich und bekenne, daß du ein Sünder bist, daß du immer wieder ein hartes Herz hast und einen Geist, der doch das Licht Gottes nicht so sucht, wie es gesucht werden müßte. Erst dann, wenn du so zugibst, daß du am Schicksal Gottes und seiner Gnade selber eine unabwälzbare, unzurückführbare, unvertretbare, unentschuldigbare Verantwortung trägst, erst dann bist du der Mensch, der so vor Gott steht, wie er stehen muß.

Wir müssen immer wieder das Erdreich unseres armen Herzens

aufgraben, wir dürfen nicht einfach eine hartgetretene Straße in unserem Herzen haben, über die nur der unendliche Troß dieser Welt und ihrer Geschäft hindurchzieht, unaufhörlich und langweilig. Wir müssen in unserem Herzen Gottes Samen ein Erdreich erkämpfen, und wenn wir es tun und wenn wir sonst nach nichts fragen, dann bringt dieser Samen Gottes in unserem Herzen wirklich Frucht dreißig-, sechzig- und hundertfach.

## Hinnehmen, daß Gott uns ändert!

JOHANNES XXIII.

Gott allein kann uns ändern: Gott allein kann uns die Wünsche, Neigungen, Grundsätze, Anschauungen und Gefühle geben, ohne die es keine Änderung gibt ... Was ist es also, das uns, die wir religiös sind, fehlt? Ich wiederhole, es ist folgendes: eine Bereitschaft, uns ändern zu lassen, eine Bereitschaft, es hinzunehmen, daß Gott uns ändert. Wir geben das alte Ich nicht gern auf; denn ganz oder teilweise kleben wir an unserem alten Ich, obwohl uns alles frei angeboten ist ... Wir möchten nicht neu-geschaffen werden; wir schrecken davor zurück; es wirft uns aus allen unseren natürlichen Bahnen, aus allem, was uns vertraut ist. Wir spüren, daß wir nicht mehr wir selbst bleiben, wenn wir nicht einen Teil dessen bewahren, was wir bisher gewesen sind; und wie sehr wir auch in allgemeinen Worten vorgeben, daß wir geändert werden möchten, wenn es darauf ankommt, wenn die Einzelheiten der Änderung uns vor Augen gestellt werden, schrecken wir vor ihnen zurück und sind es zufrieden, zu bleiben wie bisher. Dieses Prinzip der Selbstsucht, um mich so auszudrücken, dieser Einfluß des Ich auf uns ist es, der uns zugrunde richtet ... Wenn aber einer zu Gott kommt, um gerettet zu werden, so ist nach meiner Ansicht das Wesen wahrer Bekehrung eine Übergabe seiner selbst, eine vorbehaltlose, bedingungslose Übergabe; und das ist eine Sprechweise, die sehr viele, die zu Gott kommen, nicht annehmen können. Sie möchten gerettet werden, aber auf ihre eigene Weise;

sie möchten (sozusagen) bedingt kapitulieren, ihre Güter behalten; wogegen der wahre Glaubensgeist den Menschen dazu führt, von sich weg auf Gott zu blicken, nicht an seine eigenen Wünsche, an seine gegenwärtigen Gewohnheiten, an seine Bedeutung oder Würde, an seine Rechte und seine Ansichten zu denken, sondern zu sagen: „Ich lege mich in deine Hände, Herr, mach du mit mir, was du willst: ich vergesse mich: ich trenne mich von mir; ich bin mir gestorben; ich will dir folgen."

## Wer wird unsere Garben binden?

PETER LIPPERT

Was schaffen wir eigentlich? Was bringen wir zuwege? Wir arbeiten Tag für Tag, wir gönnen uns keine müßige Stunde, wir sind sogar gehetzt und überlastet. Aber – es wird nichts. Alles rinnt uns zwischen den Fingern durch, wie Sand, den wir in der geschlossenen Hand irgendwohin tragen wollen. Wir tun so viel, den ganzen Tag, zahllose Verrichtungen, Vorkehrungen, Dienstleistungen, Geschäftigkeiten; aber es ist auch vielerlei, es ist dies und jenes, es hängt nicht zusammen. Doch ja, bei einigen ist es schon ein Ganzes, das sie schaffen. Einige gehören zu den Glücklichen, die ein Lebenswerk vollbringen dürfen; auch dieses Schaffen ist freilich wieder umrahmt und durchsetzt mit zahllosen anderen Dingen, Sachen, Verrichtungen. Aber *das* Werk, *die* Aufgabe ragt doch immer heraus als das Eigentliche, als Mitte, als Beruf, Auftrag, Sendung. Und doch klagen auch sie immer wieder, daß dieses Ganze immer nur ein Bruchstück bleibe, daß es den Lebenswillen nur mangelhaft offenbare, daß die Sendung nur ein Gestammel bleibe, der Beruf nur ein Versuch ...

Doch den meisten von uns ist nicht gegeben, so etwas Ganzes hervorzubringen. Unser Tun gleicht immerfort einem Hin- und Herlaufen, und man sieht nicht, was damit bezweckt wird. Gewiß, jeder Schritt ist irgendwie notwendig, aber das ist es eben, daß so viel Kleinkram, so viele Einzelheiten, so viele Teilverrichtungen notwendig sind, die den Tag ganz ausfüllen und den Raum wegnehmen für etwas Wichtiges, etwas Bedeutendes, etwas, das seine Notwendigkeit in sich trüge, in seinem überragenden Wert. Was aber dieses Bedeutende und Notwendige sein soll, können wir nicht einmal angeben. Was wir uns auch ausdenken mögen, in der Wirklichkeit würde es doch wieder in zahllose Kleinigkeiten zerfallen, in allerhand, in allerlei, in dies und das ...

Wer bringt Ordnung in unser Tun? Wer hilft uns, die Halme schön nebeneinander zu legen und sie schließlich aneinander zu binden, daß sie ein Strauß werden oder eine Garbe? Wer wird unsere Garben binden, so daß sie eine schöne, stattliche und gewichtige Fülle werden, die man wirklich auf Erntewagen legen und heimfahren kann? So daß wir sagen können: So viele Garben habe ich geerntet, eine runde, eine faßbare, eine angebbare Zahl! Ich habe einen Ernteertrag meines Lebens und man kann ihn bezeichnen. Er ist da, gefaßt und gebündelt und zum Aufheben hergerichtet ...

Die Liebe könnte doch wohl unsere Garben binden! Sie ist das Band der Vollkommenheit, hat ein heiliger Apostel gesagt. Hatte er vielleicht, als er das schrieb, im Geiste auch die Vision von den vielen wirr durcheinander liegenden Halmen, die der Mensch im Arm daherträgt? Und wenn er sie liebend trägt, dann, so meint es vielleicht der Apostel, dann wird der wirre Haufen doch schön. Wie eine kostbare Garbe, gebunden von der Liebe. Die Liebe ist eine Macht, die alles ordnet, alles an seinen Platz stellt, allem einen Sinn gibt und eine Bedeutung und Wichtigkeit. Selbst einem ganz kindlichen Tun, einem liebkosenden Spiel, einem tanzenden Reigen gibt sie eine Bedeutung. Wir sehen das immer wieder an Liebenden ...

Ja, die Liebe könnte wohl unsere Garben binden, wenn sie nur in allen Dingen wäre, die wir tun, in jedem Schritt, den wir gehen. Aber das ist es eben. Sie kann nicht überall darin sein. Wir müssen immer wieder so viel tun, was gar keinen Bezug hat zur großen Liebe unseres Herzens. Selbst die Heiligen und gerade sie klagen immerfort, daß sie von so vielen Sachen abgelenkt werden, hierhin und dorthin gezogen, wo sie ihre Liebe nicht hinführt, was ihnen nur als Umweg und als nutzloser Ballast erscheint. Unsere Liebeskraft ist wie ein dünner Strahl, er kann nicht überallhin sich ausbreiten durch den ganzen Raum und alles durchdringen mit seiner Helligkeit. Er wird notwendig zersplittert und geschwächt, ja zum Erlöschen gebracht, wenn er auf so viele Dinge sich richten soll, wie sie um uns herum stehen. Wir haben nicht so viel Seele, daß wir alles in gleicher Weise beseelen können, nicht so viel Liebe, daß wir alles, auch das Kleinste uns nahegehen lassen dürfen. Wir müssen vieles sogar von uns wegrücken, dürfen keine Seele hineinlegen und kein Wachsein und keine Liebe dafür haben – wir müssen es so fremd und teilnahmslos hinstellen, wie eine Maschine ihre Erzeugnisse aus sich herausstellt. Wenn wir eine Treppe besteigen, wenn wir über eine Straße gehen, wenn wir mit Menschen reden, wenn wir auf einer Geige spielen, ein Großteil dieser Handlungen muß ein Drill sein, den wir unseren Gliedern beigebracht haben. Wir würden gewiß steckenbleiben und zerflattern, wenn wir es ganz wach und wissend und liebend tun wollten. Nein, wir können nicht alle Dinge durchdringen mit unserer Seele, geschweige denn mit unserer Liebe.

Die Kraft, die unsere tausend Werke oder vielmehr unser tausendfältiges Tun und Getue zusammenfaßt und zu einer Garbe bindet, die muß von außen her auf uns zukommen, die muß unserem Tun entgegenlaufen und es auffangen und bergen in allumfassenden Armen. Sie müßte wie ein Magnet dastehen und alle unsere zahllosen Splitterchen an sich ziehen. Das müßte ein ganz großer Liebender sein, der groß genug wäre, um alles aufzufangen, was von uns ausgesprengt wird, und der so weise wäre, daß er mit allem etwas anfangen könnte; nur ein unendlich Weiser aber kann auch mit Torheiten etwas anfangen: – Gott! Denn schließlich ist nur er der Liebende, der groß und weise genug ist, auch aus unseren Torheiten etwas bauen zu können. Er kann auch das leere Stroh und die wirren Halme und den rinnenden Sand gebrauchen, den wir herbeischleppen mit emsigem Bemühen, unser Leben lang. Ja, er baut doch mit allen Menschen zusammen das große Werk der Menschheitsgeschichte und der menschlichen Gesellschaft auf, in jedem Augenblick und in jedem Jahrtausend und in allen

Jahrhunderttausenden, so viele ihrer sein mögen. Und alles, was wir da leisten in unserem Eifer, mit unserem Wissen, unserem Forschen, unserem Ordnen und Pflegen, unseren Fortschritten und Erfindungen, unserem Zusammenleben und Zusammenhelfen, ist das nicht alles ein Beitrag zu dem großen Werk, das Gott tut mit seinen Menschen allzusammen? Das Werk der Weltgeschichte!

# ... damit die Welt hält

## Daß wir aufeinander angewiesen sind, darf nicht folgenlos bleiben

GEORG MOSER

Nicht in der Isolation verwirklichen wir uns selbst, vielmehr in der Hingabe, im aufbauenden Dienen. Vor einiger Zeit habe ich mit einem Maurer gesprochen. Er schichtete Stein auf Stein und sagte mir: „Wissen Sie, für irgendeinen, der hier zusieht, hat das keine Bedeutung. Da bin ich eben ein schlichter und vielleicht gar ein fauler Maurer. Das bin ich aber nicht. Ich weiß bei jedem Stein, wie er sitzen muß, ich weiß, wie er halten kann. Und ich weiß, daß ich selber mit meinem Leben so ein Stein bin. Ich habe, auch wenn diese Wand verputzt ist, wenn niemand mehr daran denkt, daß hier Menschen gearbeitet haben – ich habe sozusagen an einer Stelle mit dazu beigetragen, daß die Welt hält."

Daß die Welt hält. Überlegen wir uns doch immer wieder, wer alles dazu beiträgt, daß nur unsere eigene kleine private Welt hält! Wie selbstverständlich holen wir jeden Morgen die Zeitung aus dem Briefkasten. Nur selten nehmen wir bewußt wahr, daß mittags das Essen pünktlich auf dem Tisch steht. Wir entrüsten uns schon, wenn der Bus fünf Minuten Verspätung hat. Und erst wenn die Müllabfuhr ausbleibt, merken wir, wie unersetzlich auch die Müllmänner sind. Tagtäglich sind wir auf tausend Menschen angewiesen, ohne die unser Leben in Unordnung geraten würde, und doch verschwenden wir kaum einen Gedanken darauf. Ja, womöglich sehen wir noch auf Leute herunter, ohne deren Dienste wir hilflos dastünden.

Korinth war eine der frühesten Christengemeinden. Der Apostel Paulus hat sie gegründet und war mehrere Male dort. Es war eine unruhige und schwierige Gemeinde. Menschen recht unterschiedlicher Stände und Berufe gehörten zu ihr: Händler, Seeleute, Sklaven. Mißstände schlichen sich ein. Die einen kamen sich besser vor als andere; Cliquen bildeten sich; Überheblichkeit und Streit breiteten sich aus und vergifteten die Atmosphäre. In diese Situation hinein schrieb Paulus: „Es gibt verschiedene Gnadengaben, aber nur den einen Geist. Es gibt verschiedene Dienste, aber nur den einen Herrn. Es gibt verschiedene Kräfte, die wirken, aber nur den einen Gott: Er bewirkt alles in allen... Dem einen wird vom Geist die Gabe geschenkt, Weisheit mitzuteilen, dem anderen durch den gleichen Geist die Gabe, Erkenntnis zu vermitteln, dem dritten im gleichen Geist Glaubenskraft, einem andern – immer in dem einen Geist – die Gabe, Krankheiten zu heilen. Jedem aber wird die Offenbarung des Geistes geschenkt, damit sie anderen nützt" (1 Kor 12,4–9); man könnte sagen: damit die Welt hält!

Auch die Kirche ist keine Ansammlung von Heilsindividualisten. Wir gehören untrennbar zusammen, haben einen gemeinsamen Herrn, in dessen Nachfolge wir stehen. „Keiner von uns lebt sich selber, und keiner stirbt sich selber: leben wir, so leben wir dem Herrn, sterben wir, so sterben wir dem Herrn. Ob wir leben oder sterben, wir gehören dem Herrn" (Röm 14,7–8). Uns alle verbindet die Liebe, an der man erkennen soll, daß wir Jünger Christi sind.

Die Welt hält, wenn uns die Einsicht leitet: Wir alle sind in jeweils eigener Art beschenkt, und jeder hat seine ihm zukommende Aufgabe – und wir alle sind aufeinander angewiesen. Die Welt hält, wenn wir nicht mit Strategie, List und Taktik nur eigene Interessen durchzusetzen versuchen. Gott hat uns nicht als Konkurrenten gedacht und als Rivalen geschaffen; er hat uns geschaffen als Brüder und Schwestern.

Der Umstand, daß wir aufeinander angewiesen sind, darf nicht folgenlos bleiben. Überlegen wir uns doch genau, für wen wir unsere alltägliche Arbeit verrichten, worin unser Beitrag liegt, damit unsere Welt hält. Und sagen wir zu einem der Vielen, die dazu beitragen, daß unsere persönliche Welt hält, einmal ‹Danke›. Lassen wir uns von Paulus die Mahnung mitgeben, die er seinen zerstrittenen Korinthern erteilt: „Alles geschehe so, daß es aufbaut!" (1 Kor 14,26).

## Wege, auf denen Gott die Welt ihrer Vollendung entgegenführt.

JOHANNES PINSK

Christus ist in Wahrheit der Herrscher. Seine Aufgabe ist Dienst an der Menschheit, dazu wird Er vom Vater in die Welt gesandt, und der Inhalt dieses Dienstes besteht darin, der Menschheit Leben und Herrlichkeit – nicht, wie es die Menschen tun, in einem vorläufigen Sinne, sondern im absoluten Sinne – zu vermitteln, das „Leben in Fülle" und „die Herrlichkeit Gottes". Dieser Dienst Christi an der Menschheit ist noch nicht vollendet; er wird es sein, wenn Christus in offenbarer Herrlichkeit am Jüngsten Tag erscheint. Dann, wenn die Menschheit zur Herrlichkeit des Auferstehungsleibes Christi aufersteht, und wenn der Kosmos als „neuer Himmel und neue Erde" ersteht, deren Leuchte nicht mehr das vergängliche Licht von Sonne und Mond ist, sondern das Strahlen des verklärten Christusleibes – „denn die Herrlichkeit Gottes erhellt sie, und ihre Leuchte ist das Lamm" (Apokal 21, 23) –, dann erst wird deutlich sein, was der Dienst Christi der Kreatur vermittelt hat: die Herrlichkeit Gottes.

Diese Vermittlung der Herrlichkeit Gottes an die Kreatur geschieht auf dem Wege des echten Herrschens: das heißt, die Herrlichkeit, die Christus der Welt vermittelt, ist nicht ein unverbindliches Angebot; vielmehr ist der einzelne und die Menschheit verpflichtet, die Wege zu gehen, auf denen Gott die Welt ihrer herrlichen Vollendung entgegenführen will. Auch Christus gegenüber hat der Satz: „Jeder kann nach seiner Fasson (herrlich beziehungsweise) selig werden“ keine Gültigkeit. Das liegt begründet in der Tatsache, daß Er tatsächlich Herr der Welt ist. Dieses Herrsein gründet nicht nur auf der positiven Anordnung durch den Vater, sondern auch in der inneren Wesenheit des menschgewordenen Gottessohnes selbst, weil in Ihm das Menschentum seine letzte Erfüllung erhalten hat. Weil die menschliche Natur nicht vollendeter werden kann, als sie in Christus ist, deswegen muß Er auch der Herr sein, der Oberste von allem, „aus Dessen Fülle wir alle empfangen haben“ (Joh 1,16).

## Leben heißt, sich der Gefahr aussetzen

ANTHONY DE MELLO

Ich denke nach, wann ich zum Leben erwache...
und wann ich tot bin...

Ich überlege, wie ich aussehe,
wenn ich voller Leben bin...
und in Zeiten, in denen ich tot bin...

Leben verabscheut Sicherheit:
denn Leben heißt,
sich der Gefahr aussetzen,
sogar dem Tod.
Jesus sagt: Wer sein Leben in Sicherheit bringen will,
wird es verlieren;
und wer bereit ist, sein Leben zu verlieren,
wird es bewahren.

Ich denke an Zeiten,
in denen ich vor Gefahren zurückgewichen bin,
bequem und in Sicherheit war...
Das waren Zeiten des Stillstands.

Ich denke an andere Zeiten,
wo ich wagte, ein Risiko einzugehen...
Fehler zu machen...
ein Versager zu sein... und ein Narr...
von den Leuten kritisiert zu werden...
Verwundungen auf mich zu nehmen...
und anderen weh zu tun...
Ich war lebendig!

Leben ist für den, der wagt.
Der Feigling stirbt.

Leben steht im Widerspruch
zu meiner Auffassung von Gut und Böse:
dies ist gut und erstrebenswert,
jenes ist schlecht und verwerflich.
Vom Baum der Erkenntnis von Gut und Böse essen heißt Vertreibung aus dem Paradies.
Ich muß lernen anzunehmen, was immer das Leben bringen mag,
Lust und Leid, Schmerz und Freude.
Denn wenn ich mich dem Leiden verschließe,
stirbt meine Fähigkeit zur Freude
– ich verhärte mich
und verdränge, was ich für unangenehm und unerwünscht halte,
und in dieser Härte und Verdrängung
liegen Starre und Tod.

Deshalb beschließe ich, in allem die Fülle zu verkosten,
den gegenwärtigen Augenblick auszuschöpfen
und kein Erlebnis gut oder schlecht zu nennen.
Solche Erlebnisse, vor denen ich schaudere
– ich denke an ganz bestimmte...
will ich so viel wie möglich auf mich zukommen lassen
und mich nicht mehr gegen sie auflehnen...

Leben geht Hand in Hand mit Verwandlung.
Was sich nicht wandelt, ist tot.
Ich denke an Menschen, die wie Fossilien sind.

Ich denke an Zeiten, wo ich versteinert war...
keine Veränderung, keine Neuheit...
dieselben alten, überholten Ansichten
und Verhaltensmuster, dieselbe Mentalität,
dieselben Neurosen, Gewohnheiten, Vorurteile...

Tote haben eine eingefleischte Furcht
vor Veränderung.
Was hat sich in den letzten sechs Monaten
in mir verändert?
Was wird sich heute verändern?

Ich beschließe diese Übung,
indem ich die Natur um mich herum betrachte:
so beweglich, so fließend, so gebrechlich,
so ungesichert,
dem Tod ausgeliefert – und so lebendig...

Ich betrachte sie eine ganze Weile...

## Vertrauen auch dort, wo man sich verlassen glaubt

PAUL RINGSEISEN

Was ist das Geheimnis einer Kirche, die in ihrem ungeteilten Ganzeinsatz für diese Welt gelassen bleiben kann? Für eine Welt, deren immer bedrohender werdenden Unheilsmächten sie ja selber ausgesetzt ist? Schauen wir auf die Frauen und Männer der Kirche, die gleichsam ein Modell abgeben für diese erlösende Grundhaltung, so zeigt sich ihre „engagierte Gelassenheit" in ganz verschiedenen Gesichtern. Von der sieghaften Zuversicht des Apostel Paulus, der in Ketten liegt, über Franz von Assisis gewaltlose Noblesse bis zu Chestertons zwerchfellerschütterndem Lachen; von Philipp Neris ausgelassenen Späßen zu der Unnachgiebigkeit der großen Teresa bis zum leuchtenden Glaubens-Charme einer

Mary Ward; von den furchtlosen Antworten römischer Martyrer vor ihren heidnischen Richtern über den selbst am Schafott nicht umzubringenden Humor des Thomas More bis hinauf zu Edith Stein, James Graf von Moltke, Bonhoeffer, Pater Delp u. a., die ihre Henker verblüfften durch die strahlende Überzeugung für ihre gute Sache, mit der sie sich gelassen zum Galgen oder in die Gaskammern abführen ließen.

So verschieden die je persönliche Art, so einig ist die hinter allen steckende Grundhaltung solcher Gelassenheit. Sie bringen es fertig, sich im Glauben zu überlassen, weil sie sich gehalten wissen von einem Gott, der es in seiner Liebe dahin brachte, daß sie „sich selber los geworden" sind; „und das nicht nur in einem vorübergehenden Vergessen, an einem geselligen Abend, bei einem Glas Wein im Freundeskreis, im Rausch eines Festes" (Corona Bamberg), sondern radikal, das heißt bis in die egoistische Wurzel hinab. Weil ihnen die Sorge und Angst um sich selber und ihre Zukunft von Gott abgenommen ist, können sie sich angst- und sorglos zur Verfügung stellen. Sie glauben nicht länger, sich alles selber be-sorgen zu können, sondern haben gelernt, was es heißt, im Glauben von Gott in Christus mit allem (mit „ewigem Leben") „versorgt" zu sein. Denn in Christus hat Gott sein grund- und grenzenloses Ja und Amen zu ihnen gesagt, so wie sie sind und geworden sind. Und „dieses Ja und Amen ist der feste Boden, auf dem wir stehen", schreibt Bonhoeffer in der Haft, als längst der Boden unter seinen Füßen schwankt und er nicht weiß, ob er ihm heute oder morgen ganz weggezogen wird. Sie leben von Gottes unbegreiflicher „Vor-Liebe": überzeugt, daß sie nicht wert sind, was sie leisten, sondern im voraus zu allem, was sie an Leistung oder Fehlleistung erbringen, über alles geliebte Kinder sind, denen der Abba-Vater-Geist Jesu ins Herz gelegt ist, Gottes Ja-Geist, der stärker ist als alles Nein und Aber. So können sie es sich leisten – in Sieg und Niederlage, in Erfolg und Mißerfolg, lachend und weinend –, gelassen zu bleiben. Erlöst von ihren trügerischen Sicherheiten verlassen sie sich zuletzt nur noch auf Gottes unbedingte Treue in Christus; erlöst von ihren selbst-gemachten Sorgen überlassen sie sich getrost (mit all ihren Sorgen) ihm. So werden sie immer neu, noch unter Tränen und Geschrei (Hebr 5,7), Zeugen ihres Herrn: Zeugen eines Gottes, der ja verheißen hat, er selbst werde dafür sorgen, daß ihnen das Weinen für immer vergeben werde, denn „er wird abwischen jegliche Träne von ihrem Angesicht" (Jes 25,8; Offb 7,17; 21,4).

Niemand wird sagen, Jesus habe sich nicht bis zum Letzten eingesetzt. In seinem leidenschaftlichen Engagement brennt er selbst von dem Feuer, das auf die Erde zu werfen er gekommen ist, „und wie sehr wünschte ich, daß es schon brennte!" Entschlossen nimmt er – ohne Anflug von Menschenfurcht – den Kampf mit den verhärteten Autoritäten in Israel auf, widersteht ihnen ins Angesicht und läßt sie, wenn es sein muß, ohne Antwort stehen. Er tut, was in ihren Augen Gotteslästerung ist, und widmet sich vor allem den am Gesetz Gescheiterten, den bis ins Herz hinein Armen und Einflußlosen, den Kindern und den öffentlichen Sündern. Er weiß sich gesandt, ganz Israel zur Umkehr in die rettende Herrschaft Gottes zu rufen, die in der Art seines Umgangs mit den Menschen schon handgreiflich anbricht. Aber obwohl er von Stadt zu Stadt zieht und von Dorf zu Dorf, ist darin nichts von Hetze und Hast. Kein ungutes Drängen, mit dem Riesenwerk der Erwekkung Israels in der gegebenen kurzen Zeit „fertig zu werden". Jesus ruft nicht heute hier und morgen dort die Massen zusammen, nach einem ausgeklügelten Plan, um möglichst viele persönlich zu erreichen. Auch als sich nach dem begeisterten „galiläischen Frühling" die Geister zu scheiden beginnen und „viele nicht mehr mit ihm gingen", bleibt Jesus ruhig und klar. Je entschlossener er sein Antlitz nach Jerusalem richtet, wo sich alles vollenden muß; je mehr sich die Schlinge um seinen Hals zusammenzieht, desto klarer zeigen uns die Evangelien, wie sich Jesus auf diesem Wege hinauf in die Arena (wo es um die Erlösung eines Volkes, ja über das ganze Volk Israel, um alle Völker geht!) einzelnen Leuten am Wege zuwendet, sei es Zachäus oder Bartimäus, dem blinden Bettler. Jesus hat Zeit und gewährt Zeit. Auch seinen Schülern widmet er sich, ohne sie systematisch zu schulen; sie ziehen gemeinsam durch das Land. Im gemeinsamen Wandern ergibt sich dieses und jenes, und daraus erwächst wie von selbst lebendiges Leben, Lehre und Tat. Keinerlei verzweifelte Anstrengung, den Zwölferkreis als die Vertreter für das kommende Neue Israel gegen alle möglichen Eventualitäten abzusichern. Und schließlich rührt er keinen Finger, rechtzeitig einen Mann wie Judas aus dem engsten Freundeskreis zu entfernen. Auch Judas sitzt beim Abschiedsmahl unter den Jüngern, denen er sein Vermächtnis anvertraut angesichts seines sicheren Todes; auch das geschieht in großer Freiheit und klarer Ruhe, in dem festen Vertrauen auf die Richtigkeit der Dinge.

Jesus ist engagiert-gelassen: entschieden und kraftvoll den Menschen und Situationen gegenübertretend, aber ohne Hast, ohne Verengung des Blicks, ohne alle Übersteigerung und Hysterie; mit aller Leidenschaft und Energie, mit Glut, Liebe und Schmerz, die ihn über sein Volk weinen lassen; weder aktivistisch noch resignierend, sondern in jedem Augenblick sich überlassen könnend; Ganzeinsatz in völliger Überlassenheit. So hat sein Wirken etwas von der Art, wie die wilden Anemonen wachsen und wie die Vögel des Himmels sich ernähren.

Wie ist das zu erklären? Wir können nicht mehr schlafen, aus Sorge, wie es weitergehen soll – und er schläft noch mitten im Sturm?! Die Evangelien weisen zur Antwort alle in die gleiche Richtung. Sie lenken unseren Blick auf Jesu Verhältnis zu dem, den er in unbegreiflicher Freiheit seinen „Abba" (Papa) nennt. Und sie zeichnen das Bild des Sohnes, der sich allzeit und überall wie ein argloses Kind im Willen und an der Hand seines Vaters aufgehoben weiß. Über den Willen des Vaters jubelt er in Stunden höchster Erfüllung, in ihm bleibt er geborgen, auch wenn ihn alle anderen verlassen. Selbst arm vor Gott bis ins Herz hinein, nimmt er sich nichts und greift Gott nicht vor; er läßt sich alles geben: die Menschen, die der Vater im Glauben zu ihm zieht, die Worte, die der Vater durch ihn tut; Weg, Zeit und Stunde seiner Sendung und zuletzt auch den Tod durch den Gerichtsspruch des Pilatus, der keine Macht über Jesus hätte, wenn sie ihm nicht „von oben" gegeben wäre. So ist Jesus in der Mitte seines Wesens ganz offener Durchlaß für das Wollen und Wirken des Vaters in die Welt hinein. Glaubend überläßt er sich ganz seiner Führung, so daß er noch mitten im irdischen Scheitern sagen kann: „Es ist vollbracht."

Weil Jesus ganz auf die Verheißung seines Vaters hin lebt, kann er warten. Weil er davon durchdrungen ist, daß es ganz auf den Vater in ihm ankommt, kann er dessen Herrschaft, die verborgen und leise ist, wachsen lassen, ohne ungeduldig zu werden, und sich ganz ihrem geheimen Lebensrhythmus anvertrauen. Das Entscheidende seines Lebens erwartet er nicht von seiner Leistung, sondern von dem, dem er noch sterbend alles (diese Scherben) in die Hände legt. So kann er wirken, ohne aufzugehen in Betrieb und ohne unterzugehen in lähmender Resignation. Ganz dem Vater gehorsam, ist er ganz frei; ganz von ihm abhängig, ist er ganz unabhängig; ganz ihm ergeben, ist er ganz gelassen. Er kommt zu den Menschen aus der Stille des (oft nächtlichen) Einvernehmens mit dem Vater; von ihm her geht er zu den Menschen, die spüren, daß „eine Kraft von ihm ausgeht, die alle heilt", zum Vater hin öffnet er den Menschen Augen und Herz. Ohne Maß, mit einem grenzenlosen Vertrauen überläßt er sich diesem Vater, auch dort noch, wo er seine Hand nicht mehr spürt und sich von ihm verlassen glaubt...

## Die Einheit von Gottes- und Nächstenliebe ist keine Theorie

RUDOLF PESCH

An ihren Früchten werdet ihr sie erkennen können. Kann man denn etwa vom Dornbusch Trauben oder von Disteln Feigen ernten? Also! jeder gute Baum trägt gute Früchte, doch jeder morsche Baum trägt schlechte Früchte. Unmöglich kann ein guter Baum schlechte Früchte und ein morscher Baum gute Früchte tragen.

Also denn: An ihren Früchten werdet ihr sie erkennen können! Nicht jeder, der zu mir ruft: Herr, Herr! wird in das Himmelreich hineinkommen, sondern nur, wer den Willen meines Vaters im Himmel tut. Viele werden an jenem Tage zu mir sagen: ‚Herr, Herr! Haben wir nicht kraft deines Namens als Propheten geredet, kraft deines Namens Teufel ausgetrieben, kraft deines Namens viele Machttaten vollbracht?' Darauf werde ich ihnen ins Gesicht sagen: ,Ich habe noch nie eure Bekanntschaft gemacht, geht mir aus den Augen, die ihr tut, was Gottes Gebot zuwider ist' (Mt 7,16–18; 20–23).

Das offenbarende Wort bildet nicht die Grundlage einer Theorie, sondern ist Einweisung in die Praxis der Liebe. Das offenbarende Wort weist in erleuchtete Praxis ein, macht sie aber keineswegs zu berechnender (von einer Theorie her berechneter) Praxis. Jesus trägt in der Offenbarungsrede, wie er häufig mißverstanden wird, auch nicht die Theorie eines „anonymen Christentums" vor, eine Spielart der von Jesus gerade kritisierten Theorie des Primats der Praxis. In der Rede wird ja gerade vorausgesetzt, daß gerechte und verfluchte Menschen den Richter kennen. Nur, die einen haben liebend gehandelt, als ob es Gott nicht gebe. Die anderen hätten – so meinen sie – liebend gehandelt, wären sie Gott begegnet! Sie haben nicht gehandelt, haben keine Frucht getragen und sich als morsche Bäume erwiesen. Der Primat der Praxis als Primat der Liebe steht nicht einer Theorie gegenüber, sondern unterlassener Praxis, unerleuchteter Praxis, fauler Praxis.

Freilich gründet die faule Praxis in einer Theorie (auch darin unterscheidet sie sich von der erleuchteten); die Verfluchten der Weltgerichtsrede hatten ihre Theorie über Tun und Vergeltung, über die Gerechtigkeit des Weltenrichters und dessen Maßstäbe; gerade ihre Theorie hatte sie aber der Wirklichkeit der Welt entfremdet, der gebotenen Praxis gegenüber blind gemacht. Sie haben dem Gebot der Stunde nicht entsprochen, Gott am falschen Ort gesucht: auf dem Richterstuhl; dort begegnet er ihnen nur noch als Richter.

Schließlich wird einsichtig, warum Jesus in seiner ethischen Verkündigung keine formalen, sondern zumeist höchst konkrete Weisungen vorträgt und warum er das Doppelgebot der Gottes- und Nächstenliebe der Formalisierung entzieht. Jesus gibt keinen Begriff des Nächsten; er entzieht den Nächsten der Definition, weil der Nächste unverwechselbar konkret, lebendig, undefinierbar ist. Nicht zufällig antwortet Jesus auf die Frage des Gesetzeslehrers *„Und wer ist mein Nächster?"* mit einem Gleichnis, der

Geschichte vom barmherzigen Samariter. Jesus gibt keine Definition, er zeigt ein Modell. Der Hörer soll und kann sich auf die Sache nicht theoretisch, mit Abstand, sondern muß sich existentiell, hautnah, praktisch darauf einstellen (Lk 10,30–36).

Die Verschiebung der Fragestellung von „Und wer ist mein Nächster" zu „Wer von diesen dreien ist dem zum Nächsten geworden" regiert die ganze Erzählung. Sie ist nicht vom Standpunkt der ersten Frage her konzipiert; der Hörer kann nicht mehr überlegen: In welcher Position ist der Überfallene mein Nächster? Die Erzählung ist nicht vom Standpunkt der Vorübergehenden, auch nicht durchweg des Samariters, inszeniert; sie setzt vielmehr bei dem Geschlagenen ein und bittet den Hörer, sich an seinen Platz zu versetzen. An diesem Platz erfährt er, daß der, von dem ich nichts zu erwarten habe – der Samariter ist Feind des Juden; der Jude darf nicht einmal Hilfe von ihm annehmen nach seiner Theorie der Praxis! –, nicht mein Nächster ist; er kann mir aber *zum Nächsten werden*, wenn er mir in meiner Not nahekommt, zu Hilfe eilt. Und umgekehrt: Demjenigen, mit dem mich nichts verbindet, bin ich nicht Nächster; aber ich *werde ihm Nächster*, wenn ich mich seiner annehme. Der Nächste ist nicht definierbar; er liegt am Wege und kommt vorüber; er wird aus der unerwarteten, unerwartbaren, aus der ungeschuldeten, freien Liebe geboren. Im Sinne Jesu darf man sogar sagen: Er wird aus Gott geboren: „Liebet eure Feinde und betet für eure Verfolger, so werdet ihr zu Söhnen eures Vaters im Himmel" (Mt 5,44f.). Der Nächste wird im Ereignis der Liebe, in der barmherzigen Tat geboren.

*Identität der Liebe*

Die Auslegung der zweiten Hälfte des Gottesgebotes, die Jesus gibt, legt auch die erste Hälfte neu aus: Gott den Herrn lieben heißt: ihn als den barmherzigen Vater lieben, indem ich mit ihm, im Zeichen seiner Herrschaft, die er über Not und Tod aufrichtet, mich des liebesbedürftigen Menschen, seiner Not und seines Todes annehme. Sowenig Jesus den anonymen Christen predigt, so wenig identifiziert er einfach und voreilig Gottes- und Nächstenliebe; er erhebt die Identität nicht zur Theorie, er läßt weder die Gottes- in der

Nächstenliebe aufgehen, noch macht er die Nächstenliebe zum Vehikel der Gottesliebe. Er verkündigt vielmehr Gott als den, der dem Sünder zum Nächsten geworden ist, so daß er die Liebe zu ihm nur dort findet, wo er sich hinbewegt hat: Beim Sünder, bei seinem Feind, in der Not, in der Liebebedürftigkeit des Menschen.

Dies bedeutet ferner: Weder Gottesliebe noch Nächstenliebe sind in der Auslegung Jesu religiöse Akte der Art, die sich von der gelebten Existenz als ganzer ablösen ließen. Der Samariter hilft dem Elenden und schielt nicht auf Gott; auch er handelt, als ob es Gott nicht gebe. Er liebt aber gerade darin Gott, daß er den Nächsten unbedingt liebt, mit jener Unbedingtheit, mit der Gott ihn selbst liebt. Die unauflösliche Einheit von Gottes- und Nächstenliebe, wie Jesus sie offenbart und wie sie für ihn den Primat der Praxis begründet, gründet also keineswegs in einer Identität derer, denen die Liebe gilt; Jesus hebt nicht die Grenze zwischen Mensch und Gott auf (das wäre blasphemische Theorie!). Die unauflösliche Einheit von Gottes- und Nächstenliebe gründet vielmehr in der Identität der Liebe (die ja nach der Schulsprache der Theologie nicht umsonst eine göttliche Tugend genannt wird), im Ereignis der Liebe, sowohl der Liebe Gottes als auch der Menschen.

Zuletzt: Sie gründet im Ereignis der Offenbarung der Liebe Gottes, in Jesus als dem Ort dieser Offenbarung.

Die Einheit von Gottes- und Nächstenliebe ist keine Theorie, keine Idee, kein pädagogisches Programm usw. Sie ist das Ereignis der Offenbarung selbst und wird nur von der Liebe selbst im Glauben verstanden und in der Hoffnung bezeugt, in erleuchteter Praxis.

Erleuchtete Praxis bleibt an Offenbarung, an Jesus gebunden. Sie ist von ihm inspiriert, von seinem *Geist.* Davon wissen nach Jesu Tod im Blick auf seine Auferstehung Paulus und Johannes mehr zu sagen. Die Auslegung des Primats der Praxis durch Jesus wird ausgelegt in der Auslegung des Primats der „Praxis im Geist Jesu". Sie ist erleuchtete Praxis.

# Vergeben heißt: neues Leben und neue Freude wecken

## Wer Fehler sieht, hat Gelegenheit, großmütig zu sein

THOMAS MERTON

Ein reifer Christ wird normalerweise und notwendigerweise irgendwann einmal auf die unvermeidlichen Schwächen und Unzulänglichkeiten bei Christen stoßen, bei anderen genauso wie bei sich selbst. Für einen Christen ist es weder ehrlich noch gläubig, sich einzubilden, der einzige Weg, seinen Glauben in der Kirche zu bewahren, sei die Überzeugung, daß alles in ihrem Leben und Wirken immer und in jeder Hinsicht und zu jeder Zeit vollkommen sei. Die Geschichte beweist das Gegenteil. Es ist leider wahr, daß sich Christen aus dem einen oder anderen Grund im Namen Gottes selbst und seiner Wahrheit an verfeinerten Formen des Vorurteils, der Trägheit und geistiger Lähmung festklammern. Ja es kann sogar ernste sittliche Mißstände und Ungerechtigkeiten geben, wo Heiligkeit überwiegen sollte. Sicher lehrt die Kirche selbst niemals Irrtum und fördert niemals Ungerechtigkeit. Aber ihre Gläubigen können von Lehre und Zucht der Kirche auf verschiedene Weise Gebrauch machen, um sich in einer Stellung zu verschanzen, die ihnen selbst günstig erscheint, die aber in Wirklichkeit viel Falsches, Unredliches und Ungerechtes enthält. Oder sie üben sich einfach darin, die ganze Tragweite der Lehre der Kirche zu ignorieren, und versagen dann in ihrer Pflicht, Gerechtigkeit und Wahrheit zu stützen, sei es im geistlichen Bereich oder in der Gesellschaft selbst.

Der Christ muß lernen, wie er an diese Probleme mit einem ehrlichen und demütigen Interesse an der Wahrheit und Ehre der Kirche Gottes herangeht. Er muß lernen, solche Irrtümer korrigieren zu helfen, ohne dabei einem unbesonnenen oder rebellischen Eifer zu verfallen. Arroganz ist niemals ein Zeichen von Gnade. So wie Petrus Damiani zu den Mönchen von Vallombrosa sagte, die wutentbrannt gegen sehr reale Mißstände in der Kirche des 11. Jahrhunderts vorgingen: „Wer wünscht, heilig zu sein, der soll zuallererst in sich selbst heilig sein vor Gott und nicht hochmütig sein gegenüber seinem schwächeren Bruder" (Opusculum, 30). Derselbe Heilige widersetzte sich der willkürlichen und allgemeinen Verhängung schwerer Strafen über ganze Gruppen von Christen, und er glaubte nicht, man könne religiöse Reformen erfolgreich mit Waffengewalt durchführen.

In allem ist christlicher Geist der Liebe, der Demut und des Dienens, nicht ein Geist der Gewalt zur Verteidigung absoluter Herrschaft und Macht. Obwohl in jeder Institution, auch in der Kirche, immer tatsächliche Mißstände da sind, muß man ihnen dennoch mit Anstand, Demut und Liebe begegnen. Sie dürfen nicht übergangen oder ignoriert werden. Nicht jeder kann sich mit Problemen befassen, die zu gewaltig und weitläufig sind, als daß ein einzelner sie verstehen könnte. Aber alle können sie für ihr eigenes inneres Leben gut auswerten, wenn sie darin Gelegenheiten erblicken, ihren Glauben, ihren Geist des Gehorsams und ihre übernatürliche Liebe zur Kirche zu läutern.

Manche Christen sind nicht einmal fähig, diese Aufgabe unmittelbar ins Auge zu fassen: sie geben sie sich selbst niemals ganz zu. Aber der Angst, die ihr Herz bedrückt, können sie nicht entfliehen. Vielleicht kennen sie den Grund der Angst nicht, aber sie ist da. Andere sind fähig, sich einzugestehen, daß sie sehen, was sie sehen: aber für sie wird es zu einem ernsten Ärgernis. Sie lehnen sich gegen die Situation auf, sie verdammen die Kirche, und sie suchen sogar nach Mitteln, sich von ihr loszureißen. Ihnen wird nicht bewußt, daß sie jetzt der wirklichen Bedeutung ihrer christlichen Berufung nahekommen müssen und daß sie jetzt im Stande sind, das Opfer zu bringen, das von erwachsenen Christen, Männern und Frauen, verlangt wird: die realistische Anerkennung von Unvollkommenheiten und Mängeln bei sich selbst, bei anderen und in Einrichtungen, die sie am meisten schätzen.

## Ich lasse den Herrn machen, der die Herzen erforscht

JOHANNES XXIII.

Meine Natur, die zur Nachgiebigkeit neigt und eher gleich die gute Seite der Menschen und Dinge herausfindet, statt Kritik zu üben und voreilige Urteile zu fällen, dazu der beträchtliche Altersunterschied und damit das Gewicht einer längeren Erfahrung und einer tieferen Kenntnis des menschlichen Herzens bringen mich nicht selten in einen schmerzlichen inneren Gegensatz zu meiner Umgebung. Jede Form von Mißtrauen oder Unhöflichkeit, gegen wen auch immer, vor allem aber gegen die Kleinen, die Armen, die Geringen – jedes absprechende und unüberlegte Urteil bereitet mir Schmerz und tut mir im innersten Herzen weh. Ich schweige, aber das Herz blutet mir. Meine Mitarbeiter sind tüchtige Geistliche: ich verkenne nicht ihre guten Eigenschaften, ich habe sie sehr gern, und sie verdienen das alle auch. Aber ich leide an der mangelnden Übereinstimmung meines Geistes mit dem ihren. An gewissen Tagen und unter bestimmten Umständen bin ich versucht, mit Strenge vorzugehen. Doch dann ziehe ich das Schweigen vor, in der Zuversicht, daß dies für ihre Erziehung beredter und nützlicher ist. Ist das eine Schwäche von mir? Ich muß und ich will auch weiterhin dieses leichte Kreuz in Frieden tragen, das zu dem schmerzlich drückenden Gefühl meiner Unzulänglichkeit hinzukommt, und lasse den Herrn machen, der die Herzen erforscht und zur Innigkeit seiner Liebe an sich zieht.

---

Die Klarheit des Herzens kann nur gelebt werden in dem spontanen und fröhlichen Lossagen von sich selbst, um *sein Leben hinzugeben für die, die man liebt.* Und diese Selbsthingabe setzt voraus, daß man es hinnimmt, in seinem Empfinden oft verletzt zu werden. Es gibt keine Freundschaft ohne reinigendes Leiden. Es gibt keine Nächstenliebe ohne das Kreuz.

FRÈRE ROGER VON TAIZÉ

## Vergeben heißt: neues Leben und neue Freude wecken

PHIL BOSMANS

Nichts kann dich so belasten,
wie die Unfähigkeit zu vergeben.
Nichts quält dich mehr,
als Tag und Nacht zu leben
mit dem spitzen Stein des Hasses
in deinem Herzen.

Ich kann das verstehen.
Da hat dir einer, und es waren vielleicht viele,
Unrecht getan, etwas Böses,
und in deinem Innern bist du
allmählich kälter, härter geworden.
Du bist nicht mehr derselbe.
Du wunderst dich selbst.
Du bist nicht mehr so freundlich,
so gütig, so gelassen und so gut.
Deine Zuneigung ist umgeschlagen
in Hartherzigkeit.
Deine Sympathie in Antipathie.
Wo eine Verbindung war, ist jetzt ein Bruch.
Freundschaft wurde zu Feindschaft.
Deine Liebe wandelte sich zu Haß.
Und du leidest darunter.
Du fühlst dich gefangen.
Die Rolläden sind herunter.
Die Sonne bleibt draußen.
Das Leben wird schwer wie Blei.
Im Tiefsten deines Herzens.
sehnst du dich nach Befreiung.

Da gibt es aber – glaub mir –
nur einen Weg: Vergebung.
Vergib! Das kostet viel, ich weiß,
aber es ist seinen Preis wert.

Vergeben ist eine Form von Kreativität.

Vergeben heißt:
neues Leben und neue Freude wecken.

Vergeben schafft neue Möglichkeiten
in dir selbst und in den anderen.
Sehr oft sollst du vergeben:
„siebzigmal siebenmal", bis ins Unendliche,
denn selber hast du auch
so viel Vergebung nötig.

## Sich entschuldigen, ist eine schwere Kunst

HANS KANITZ

Es ist eine schwere Kunst, die niemand in den Schoß fällt, diese Entschuldigung. Bevor wir sie über das Herz und die Zunge bringen, suchen wir hastig nach Gründen, die uns freisprechen und die Schuld an dem Versäumnis bösen Zufällen oder anderen Menschen zuweisen. Beide stellen sich fast immer zur Genüge ein, und wir schütteln wie ein nasser Hund die Schuldtropfen von uns ab.

Dabei wurden wir als Kinder zu nichts so sehr angehalten, wie uns zu entschuldigen. Oft für Vergehen, die unsere Eltern oder Lehrer, Verwandte oder Freunde tagtäglich begehen und kaum dabei spüren, Schuldhaftes begangen zu haben. Das merkten wir uns, und als wir selbst erwachsen wurden, taten wir es ihnen gleich. Meist kamen wir recht gut damit durch. Da wir erfolgreich Schuldgefühle zu verdrängen oder zu verleugnen lernten, verlernten wir die Entschuldigung.

Erst, wenn wir älter werden, entdecken wir Schuld und Entschuldigung wieder. Andere Künste, die wir lernten, verlieren an Bedeutung; getane und empfangene wie unterlassene und verweigerte Entschuldigung aber bekommen plötzlich ein Gewicht, das die Waagschale unseres Lebens in befreiende Höhe hebt oder in drückende Tiefe senkt. Es ist nichts so menschlich wie die Entschuldigung.

Sage niemand, sie sei unter Christen leicht und selbstverständlich! Schuld kommt ja zu ihnen als riesenhafte Vokabel, beladen mit Jahrtausenden gelebter Frömmigkeit, täglich neu im Wort der Vergebung vergegenwärtigt.

Man kann nicht Christ sein, ohne von Schuld und Vergebung zu wissen. Der letzte Versuch, Schuld und Sünde als unangemessene Selbsterniedrigung dem „Herrenmenschen" nordischer Art auszureden, scheiterte kläglich, als das ganze Volk in die Knie gezwungen wurde. Was bleibt, waren Schuldbekenntnisse aus beiden Kirchen nach dem Krieg, war ein Neuanfang in Demut und Dienstbereitschaft.

Nein, wir meinen nicht diese große, riesenhafte Vokabel, wenn hier von Schuld und Entschuldigung geredet wird. Es geht um die kleine tägliche Verfehlung – und um die Unbequemlichkeit, sich ihr zu stellen und sie aus dem Weg zu räumen. Dadurch werden wir nicht schuldlos vor Gott, aber schuldloser vor dem Nächsten. Der Komparativ meint hier keine Steigerung. So, wie der jüngere Mann, von dem wir reden, nicht jünger als der junge und die ältere Dame nicht älter, als die alte ist. In beiden Fällen steigern wir und meinen doch nicht ganz, was wir sagen. Schuldloser vor dem Nächsten: Da wir in Gottes und des Nächsten Schuld bleiben, wird mit der „Entschuldigung" nichts weiter als ein gangbarer Weg aufgezeigt, ein Kompromiß mit uns selbst und mit dem anderen.

Wem das zu wenig ist, der verlangt so viel, daß ihm, bildlich gesprochen, das Portemonnaie mit der kleinen Münze entbehrlich scheint, weil er sich im Besitz einer Brieftasche mit großen Scheinen weiß. Auf ihnen, nochmals, stehen die großen Vokabeln, die unser Leben als Christen definieren – die Münzen stammen aus der gleichen Werkstatt und wiegen doch mehr, obgleich ihr Wert niedriger liegt. So steht es um uns, wenn wir uns entschuldigen – und doch ist uns der kleine Griff in die Hand- oder Hosentasche zu beschwerlich.

Kleinigkeiten bestimmen unser alltägliches Leben. Im Verkehr etwa. Was ist das für eine Wohltat, wenn in meiner Heimat unter sehr temperamentvollen Autofahrern einer die Vorfahrt abschneidet, dann aber schuldbewußt seine Unbeherrschtheit erkennt und sich durch freundliches Handzeichen aus dem Wagen beim anderen entschuldigt! Oder: Wenn da im Supermarkt ein Kind immer wieder von den Erwachsenen aus der Reihe gedrückt wird und jemand stellt es vor sich – diesmal nicht die eigene, sondern die Lieblosigkeit der anderen entschuldigend! Oder auch dies noch: Du weißt seit Jahren um die Behinderung eines Hausgenossen, hast vielleicht sogar mit Deinen Angehörigen darüber öfter gesprochen – und bliebst ihm doch schuldig, worauf er Anspruch hat. Etwa die langsame, deutliche Rede bei einem Hörbehinderten. Oder das Verständnis für die seelischen Störungen bei einer Frau, die den frühen Unfalltod ihres Mannes nicht verwinden kann. Hingehen, entschuldigen, liebevoller werden – warum ist diese Kunst so schwer zu erlernen?

Weil wir uns selbst zu wichtig nehmen. Weil wir die Freiheit der Kinder Gottes besingen, in Wirklichkeit aber Gefangene bleiben. Wenn irgendwo, dann wird von uns Christen im täglichen Umgang der Tatbeweis dafür erwartet, daß wir die großen Worte nicht umsonst gehört haben.

Eine schwere Kunst, die Entschuldigung! Wer sie erlernt hat, sagt: Ohne sie war mein ganzes Leben eine einzige Stümperei.

## Der einzelne Mensch muß umkehren!

REINHOLD LEHMANN

Am 7. Juni 1968 hat der Physiker und Nobelpreisträger Max Born (1882–1970) in der Hamburger Wochenzeitung „Die Zeit" geschrieben:

„Es scheint mir, daß der Versuch der Natur, auf dieser Erde ein denkendes Wesen hervorzubringen, gescheitert ist."

Dieser Satz würde all denen recht geben, die angesichts sterbender Wälder, gefährdeter Böden und verschmutzter Luft die Grenzen der Belastbarkeit der natürlichen Umwelt von Pflanzen, Tier und Mensch bereits diagnostizieren.

In Krisenzeiten treten viele Propheten auf. Das Fernsehen macht es möglich, daß sie nicht mehr von Stadt zu Stadt wandern müssen. Die eigentliche Frage, wer schuld ist an dem ganzen Dilemma, wird dabei meist ausgeklammert. Das bedeutet nicht, daß ein Sündenbock nicht rasch gefunden ist: die Industrie, die Landwirtschaft, letztlich die Gesellschaft, nie aber der einzelne Mensch.

Man spricht von Überlieferungsschwierigkeiten. Es spielt keine Rolle mehr, was gut und böse ist, was Sünde ist, was Schuld bedeutet, daß Schuld Sühne und schließlich Umkehr erfordert. Das sind Fremdwörter. Ähnliche Fremdwörter sind: Geheimnis, Liebe, Staunen, Tabu, Geduld, Toleranz. Schließlich Askese und Verzicht.

Mut zum Anfangen, Zivilcourage, Opfer bringen, anders sein, einen eigenen persönlichen Lebensstil finden... Umkehr und Heilung sind erst durch eine Wiederentdeckung dieser großen christlichen ehtischen Werte möglich, die auch außerhalb der christlichen Kirchen, kulturell-gesellschaftlich noch teilweise vorhanden sind, von alternativen Gruppen wiederentdeckt werden.

Professor Gerhard Huber (Zürich) spricht im Zusammenhang mit der ökologischen Krise von einer Ausnahmesituation. Wenn dies der Fall ist, und ernst zu nehmende Symptome deuten darauf hin, muß die Politik versuchen, Schaden abzuwehren.

Es gibt Wissenschaftler, die im Dienst großer Konzerne stehen, die Umweltverschmutzung und ihre Auswirkungen auf die zukünftigen Generationen verharmlosen. Ähnlich verhalten sich viele Politiker. Die meisten beschäftigen sich jedoch nur mit ihrem Fach. Sie schweigen und halten Umweltschutz für eine Sache der Politik.

Wer sagt es deutlich all jenen, die es schon wissen, aber noch nicht persönlich realisieren wollen, daß die Grenzen des Wachstums erreicht sind, daß die Natur ein Regelkreis ist, aus dem niemand ausbrechen kann? Daß ein Verzicht auf materiellen Wohlstand mehr Gerechtigkeit und mehr Frieden in eine aggressiv-unfriedliche Welt bringen kann.

Die Industrieländer verbrauchen sieben Achtel aller Reichtümer und Grundstoffe der Erde.

Letztlich kann die Freiheit nur geschützt werden, wenn wir uns frei machen von den Zwängen, die wir selbst geschaffen haben. Wenn die christlichen Kirchen für das Leben und damit gegen die Abtreibung eintreten, dann sollten sie in Offenheit auch jene nennen, die das Leben durch giftige Stoffe um des Profits willen gefährden.

Das Leben ist unteilbar. In den Chefetagen der Konzerne (und vieler kleiner Betriebe) sitzen noch Menschen, die ihre Profite auf Kosten der Allgemeinheit erwirtschaften. Auf gut Deutsch: Sie verschmutzen Wasser und Luft und töten Leben. Dabei gibt es technische Möglichkeiten, mit weniger Schadstoffen zu arbeiten. Es ist teurer. Aber rechtfertigt der Profit alle Mittel? Ist die Konkurrenzfähigkeit der einzige Wert? Ganz konkret: Ist es moralisch vertretbar, daß der Allgemeinheit Gift verabreicht wird, damit die Profite stimmen – und der Lebensstandard für diejenigen, die noch Arbeit haben, nicht gesenkt wird?

Das ist eine provozierende Rechnung. Aber sie stimmt. Ich kann verstehen, warum junge Menschen aus Wut auf die Schornsteine klettern und damit ihren Willen zum Widerstand zeigen.

Ich kann nicht verstehen, warum die christlichen Kirchen in dieser entscheidenden Frage wenig geleistet haben. Hinweise auf das Zweite Vatikanische Konzil, auf Enzykliken der Päpste, auf kluge Worte der Bischofskonferenz – dies alles kann nicht darüber hinwegtäuschen, daß die Pfarreien die Möglichkeiten der Einwirkung in ihrem eigenen Bereich noch nicht genügend sehen.

Man muß nicht gleich bei der Kirche einen Komposthaufen anlegen – und den Garten zur atomwaffenfreie Zone erklären. Die Gewissen zu schärfen, das wäre schon viel...

Es darf auch Widerstand geleistet werden: gegen die, die sich auf Kosten unserer Gesundheit und auf Kosten der Existenz der nachfolgenden Generation „selbstverwirklichen".

## Wenn dein Bruder dir etwas Böses tut

HANS ALBERT HÖNTGES

Ja – Herr, was dann? Das weckt mehr als nur mein allgemeines Interesse. Das ist mir nämlich passiert: letzte Woche. Nein, nein – diese boshaften Bemerkungen waren nicht gedankenlos. Der weiß, wo ich verwundbar bin.

Und dann vor allen anderen! Wenn ich an die kaum verhohlene Schadenfreude in den Gesichtern denke! Das sollte mich treffen, und das hat mich auch getroffen.

„Wenn dein Bruder dir etwas Böses tut" – ja, Herr, was dann?

„Dann geh zu ihm..." Wer? Ich? Wieso denn ich? Ich bin doch wohl der letzte, der sich hier in Bewegung setzen muß – dann doch wohl der zu mir! Und ich finde, es ist dann schon genug von mir verlangt, wenn ich ihm dann vergebe – wieder einmal vergebe!

Aber ich soll zu ihm gehen? Der Beleidigte macht sich auf den Weg! Glaube mir, Herr, der versteht die Welt nicht mehr, wenn er mich ankommen sieht.

Du weißt doch, was wir einen berechtigten Stolz nennen und ein gesundes Selbstbewußtsein! Ich berufe mich auf dieses Gesunde und Berechtigte! Ja, muß ich das denn nicht auch, wenn der andere mich nicht für einen ausgemachten Trottel halten soll? Und die anderen auch. Das tut doch auch keiner. Das hat nie einer getan.

Die Heiligen vielleicht. Aber normalerweise...! Und uns „Normale" meinst du doch hier – oder nicht! Es gibt Sachen, Herr, die gehen einfach nicht!

Dann gehe zu ihm – und was soll ich da? „Besprich es mit ihm unter vier Augen." Es wird immer schöner, Herr! Der hat mir wirklich was angetan – und ich bespreche das mit ihm vertraulich. Was glaubst du denn, was der dafür gibt? Der lacht sich ja tot.

Weißt du, wie man so etwas wirksam regelt? Wie du mir – so ich dir! Trittst du mir auf den Fuß, trete ich dir gegen das Schienbein. Kommst du mit dem Ellenbogen, komm' ich mit dem Knie. Und immer sofort und immer genau passend.

Schön ist das nicht, das weiß ich auch, und das sage ich ja auch gar nicht. Aber es hilft! Und es spricht sich rund: man wird in Ruhe gelassen. Bei dem kannst du so was nicht machen, heißt es dann, der läßt sich nämlich nichts gefallen. Und was will ich denn mehr, als in Ruhe gelassen zu werden!

„Besprich es mit ihm" – Herr, das gilt hier ausgesprochen als Schwäche. Und dann unter vier Augen! Was der sich geleistet hat, das war unter „allen Augen" – und ich mache das jetzt unter vier Augen. Wie stehe ich denn da! Das erfährt überhaupt keiner! Das könnte dem so passen. Herr, weißt du eigentlich, was du da von mir verlangst?

„Geh zu ihm, besprich es mit ihm unter vier Augen, bis..." – Bis was, Herr?

„Bis er es einsieht." Herr, ich begreife dich wirklich nicht. Allmählich komme ich mir vor, als hätte ich etwas gutzumachen! Bis er es einsieht! Das ist doch deren ewiges Alibi, daß sie nie etwas einsehen. Wieso verlangst du die ganze Arbeit von mir? Was habe ich überhaupt davon? „Dann hast du deinen Bruder gewonnen!" Gewiß, davon hat man schon gehört, daß so ein Hartgesottener sich hat beschämen lassen, weil der Verletzte sich ihm ganz ungeschützt genähert hat. Aber das ist die Ausnahme. Man würde gar nicht davon reden, wenn das nicht so eine Ausnahme wäre. Das Risiko ist enorm. Wenn man den anderen nicht gewonnen hat, dann hat man auch noch das bißchen Selbstachtung verloren.

Ich häufe Argumente vor dir auf, Herr, aber – als ob das alles nicht zählt – fährst du fort: „Wenn du das alles getan hast, ohne Erfolg, dann nimm einen oder zwei Freunde zu Hilfe und geh wieder zu ihm. Und wenn du das getan hast, ohne Erfolg, dann mobilisiere die ganze Gemeinschaft, und wenn das alles nichts fruchtet, dann betrachte ihn als Fremden, mit dem du nichts zu tun hast." Herr, ganz sicher hast du dir deine Worte gut überlegt. Verzeih mir, aber dann weißt du auch sicher, was wir damit machen – mit solchen Worten.

Nein, nein, wir leugnen sie nicht. Das können wir ja nicht gut. Wir malen sie auf Pergament mit goldenen Anfangsbuchstaben. Wir hören sie an: ehrfurchtvoll. Wir lassen Weihrauch vor ihnen aufsteigen – aber dann...

Doch – so sehr ich mich auch wehre, ich komme nicht los von deinem Wort. Es genügt mir nicht, daß mein Verstand einleuchtende Argumente ausdenkt, über die mein Herz sich schämt, weil es weiß, daß man so nicht fertig wird mit dir.

Ich liefere Scheingefechte und verteidige Stellungen, in denen keiner mehr ist. Ich stehe auf der Schwelle, fertig zum Gehen, und doch zögere ich und bleibe stehen. Ich habe nämlich Angst!

Mir fehlt eben diese wunderbare Freiheit, die ich an dir so bewundere und die allein genügt, mich für dich einzunehmen. Diese Leichtigkeit und Unbefangenheit, mit der du immer den ersten Schritt tust. Unbekümmert gehst du auf den anderen zu und denkst gar nicht daran, die Klischeeurteile zu übernehmen. Du hast für Wert und Unwert ganz andere Maße: daß es eine größere Macht gibt als die Gewalt, nämlich die Güte; daß der Demütige ans Ziel kommt, der Stolze aber auf der Strecke bleibt; und denen, die unentwegt das alte, sinnlose Spiel spielen: wieviel habe ich – wieviel hast du – wieviel habe ich mehr als du, denen zeigst du deine neue Art, zu rechnen: daß einer genausoviel besitzt – wieviel er verschenkt; daß einer sich selber findet – nicht dadurch, daß er sich sucht, sondern daß er sich vergißt; daß der, der ganz sicher gehen will und nichts verlieren möchte, alles verliert!

Das hat dir ein einfaches Herz immer geglaubt, aber die ängstliche Vernunft hat es auch immer geleugnet: aus lauter Vorsicht, nicht überleben zu können in der Hick- und Hackordnung, die unser Zusammenleben unmenschlich macht.

Du weißt selber, wie „unvernünftig" deine Liebe ist, wie ungeschützt und mißverständlich und daß man sie ausnutzen kann wie ein Kind und daß so einer Liebe keine Enttäuschung erspart bleibt. Aber wenn du dann enttäuscht wirst – und das ist das Wunderbare –, dann ziehst du dich nicht beleidigt zurück, sondern dann denkst du dir nur neue Möglichkeiten aus, den anderen zu erreichen.

Du hast einfach keine Angst. Wie kann ich dir darin folgen? Wie kann ich diese Freiheit lernen? Es gibt Dinge, die kann man nur lernen, indem man sie tut.

## Laß den alten Groll fahren!

ANTHONY DE MELLO

Es kommt mir zu Bewußtsein,
daß ich in diesem Raum bin...
ich spüre die Empfindungen in meinem Körper...
und die Berührung der Kleider, die ich trage...
und des Stuhls, auf dem ich sitze...
Ich gewahre alle Töne um mich her...
und von meinem Atem...

Und ich nehme zur Kenntnis, daß ich lebe...

Ich stelle mir eine Pflanze oder ein Tier in voller Lebenskraft vor...
Ich denke an einen Menschen in der Vollkraft seines Lebens...
Welche Eigenschaften entdecke ich in diesem Menschen?...
Was bedeutet es für mich, in voller Lebenskraft zu stehen?...

Eines ist sicher:
Ganz lebendig sein umfaßt den Verzicht
auf die eigene Vergangenheit
und die eigene Zukunft.

Die Vergangenheit. Gestern.
Ich kann nicht lebendig sein,
wenn ich am Gestern hänge,
denn gestern ist eine Erinnerung,
ein Gedankengebilde.
Es ist keine Wirklichkeit.
Also heißt im Gestern leben: tot sein.

Darum lasse ich meine Vergangenheit fahren,
meine Verliebtheit in das Leben von gestern.
Eine Art von Leben in der Vergangenheit
ist das Festhalten an unangenehmen Dingen.
Als einen ersten Schritt,
um voll in der Gegenwart zu stehen,
mache ich mir ein Verzeichnis von Leuten,

denen ich etwas nachtrage...
Ich biete ihnen allen Straferlaß und Verzeihung an
und lasse sie ihres Weges gehen...

Es wird aber keine Verzeihung geben,
wenn ich der Meinung bin,
daß nur die anderen Schuld haben
und ich mir nichts vorzuwerfen brauche.
Ich muß mich als mitverantwortlich
mit dem Beleidiger betrachten
sowie mit jeder Kränkung, die mir zugefügt wurde.

Es ist schwer, einem Menschen zu verzeihen,
dessen Kränkung ich für durch und durch böswillig halte.
In Wirklichkeit hat seine Beleidigung mir gut getan.
Er war ein Werkzeug, das Gott benutzt hat,
um mir Gnade zu schenken,
so wie Judas ein Werkzeug war in Gottes Hand,
um der Menschheit Gnade zu schenken
und Jesus Christus.

Wenn ich aufhören will,
in der Vergangenheit zu leben,
dann muß ich ebenso entschieden
alles Bedauern aufgeben wie allen Groll.
Was ich immer wieder als Verlust ansehen möchte:
mein Versagen, meine Fehler,
mein Unvermögen,
die versäumten Gelegenheiten in meinem Leben,
meine sogenannten schlechten Erfahrungen...
all das muß ich als Segen zu erkennen lernen.
Denn im Reigen des Lebens
gereichen uns alle Dinge zum Guten.

Habe ich meinen Groll
und mein Bedauern aufgegeben,
so lasse ich auch
meine guten Erfahrungen hinter mir.

Man kann Erfahrungen wie irdische Güter anhäufen,
und wenn ich mich an sie klammere,
lebe ich sofort wieder in der Vergangenheit.
So sage ich Lebewohl zu Menschen...
Orten...
Beschäftigungen...
Dingen, die ich mir von früher aufbewahrt habe.
Wir werden uns nie wieder begegnen,
denn wenn ich zurückkomme,
werden sie sich verändert haben.
Ich werde mich verändert haben,
alles wird anders sein.
Also, lebt wohl... ich danke euch, und lebt wohl...

Ich habe meine Gestern zurückgelassen.
Nun muß ich mich noch
von meinen Morgen befreien,
denn die Zukunft
ist ebenso tot wie die Vergangenheit
– ein Gedankengebilde –,
und darin zu leben heißt: hier und jetzt tot sein.
Deshalb entsage ich meiner Gier
und all meinem Ehrgeiz,
zu erwerben, zu vollenden,
es einmal zu etwas zu bringen...
Leben ist nicht morgen; Leben ist jetzt.
So wie Liebe... und Gott... und Glück...

Ich denke an Dinge, die ich haben möchte und begehre (für morgen),
und stelle mir vor, daß ich sie alle wegstoße...
Selige Erleichterung –
denn wenn ich meine Gier abschüttele,
dann schüttele ich die Sklaverei meiner Angst ab
und bin frei für das Leben.

Ich lasse mir etwas Zeit, um diese Erleichterung
und Freiheit zu verspüren...

Wenn ich mich von der Vergangenheit und der Zukunft gelöst habe,
komme ich in die Gegenwart
und erfahre das Leben so, wie es jetzt ist,
denn das ewige Leben ist jetzt,
das ewige Leben ist hier:
Ich lausche auf die Töne um mich herum...
ich gewahre, wie ich ein- und ausatme...
ich spüre meinen Körper...
um so vollkommen wie möglich gegenwärtig zu sein.

## Umkehren heißt unser Leben umkehren

KLAUS HEMMERLE

Umkehren heißt unser Leben umkehren, unsere Zeit umkehren, als Antwort auf Gott, der sich uns zukehrt und uns die Zeit neu, anders schenkt. Um das zu verstehen, müssen wir zunächst einmal unsere Zeit verstehen, die Weise verstehen, wie sie normalerweise läuft.

Zeit läuft eben, indem sie vergeht. Sie ist immer nur da in einem einzigen Augenblick, und wir leben je nur jetzt. Doch das, was war, verarbeiten wir im jeweils jetzigen Augenblick auf das hin, was kommt. Wir bereiten andauernd unsere Zukunft vor. Wir tun es, weil wir es wollen, aber wir wollen es nicht beliebig, sondern dieses Wollen ist der unsausweichliche Rhythmus unseres Lebens. Schon Stoffwechsel, Atem, Herzschlag gehen so – und erst recht die Regungen und Bewegungen unseres seelischen und geistigen Lebens.

Hier können wir uns zwar anscheinend anders verhalten, können ein Nein sagen zur Zukunft, können uns festklammern an dem, was war, können uns darauf beschränken, nur den Augenblick nutzen zu wollen, ohne Rücksicht auf das, was nachher kommt. Aber wir wollen uns eben in dem festklammern und somit das festmachen, was war oder jetzt ist, wir wollen soviel wie möglich im Vergehen davon hinüberziehen in den nächsten Augenblick, also in die Zukunft. Auch noch die Formen der Selbstzerstörung bilden keine Ausnahme. Sie sind ein Verhältnis zur Zukunft, die ich zu erwarten habe! Und wenn ich einfach das Morgen verdränge und nicht daran denken mag, wie es weitergeht, dann geschieht dies in der Angst davor, der nächste Augenblick könne nicht oder nicht so kommen, wie ich ihn will, und so probiere ich, den jetzigen Augenblick in den nächsten hineinzuziehen und somit vom übernächsten zu entlasten. Oder ich habe jene – vielleicht unreflektierte – Zuversicht: Wenn es bis jetzt gut ging, wird es auch weiter so gut gehen! Und so *lasse* ich die Zukunft kommen – also wiederum ein Verhältnis zur Zukunft.

Das Verhältnis zur Zukunft, zu unserer Zukunft und der unserer Nächsten, ist *der* Ernst des Lebens. Und dieses Verhältnis zur Zukunft namens Zeit ist zugleich ein Spiel. Denn wir setzen etwas, ja alles ein, ohne den Ausgang zu wissen. Selbst wenn wir uns noch so gut absichern und eindecken und vorrichten für morgen, eines wissen wir dabei nie: ob das Morgen, ob die Zukunft stattfindet. Wir können es gar nicht wissen, denn wir leben eben jetzt. Die Zeit muß kommen, wir können sie nicht in den Kühlschrank legen, einfrieren und bei Bedarf auftauen. Sie muß kommen, ganz frisch, ganz neu, jeden Augenblick. Und wenn der Augenblick nicht da ist, noch nicht da, dann ist er eben entzogen, und es steht nicht in unserer Macht, ja es steht in niemandes Macht, ihn herbeizuholen, ihn zu gewährleisten. Die Zukunft findet zwar im Jetzt statt, prägt zwar das Jetzt – aber ob sie nachher stattfinden wird, ob sie Gegenwart sein wird? Unser ganzes Leben geht von der Hypothese aus, daß Zukunft stattfindet.

Spiel mit ganzem Einsatz und absolut unsicherem Ausgang. Die unzähligen Versuche des Menschen, sich des Sinnes seines Daseins, sich des Sinnes der Geschichte zu versichern, wurzeln in dieser elementaren Not, die der Mensch nicht zu beseitigen vermag. Auch die Religion hat hier wenigstens eine ihrer Wurzeln.

## Vergebung schafft Frieden

FRANZ KAMPHAUS

„Ich tue nicht den ersten Schritt, ich bin doch nicht dumm." Wie oft denken und sagen wir das, wenn es Streit gibt. Keiner will sich einen Zacken aus der Krone brechen lassen. „Jetzt ist *er* an der Reihe, immer soll ich anfangen." Solche Redensarten zeigen, wie schwer uns der erste Schritt fällt. Selbst dann, wenn allein wir schuld sind. Gerade dann können Angst und Stolz zur völligen Verhärtung führen. Wir verweigern uns, und alles wird noch schlimmer. Versöhnung und Frieden rücken in weite Ferne.

Die Worte Jesu nehmen uns eindeutig in Pflicht: „Wenn... dir einfällt, daß dein Bruder etwas gegen dich hat ...", dann zögere nicht. Ergreife die Initiative und gehe auf ihn zu. Schaffe Versöhnung. Du vergibst dir nichts, wenn du vergibst und dir vergeben läßt. Schließlich lebst du selbst aus der Vergebung Gottes. Was wärst du ohne sein ständiges Entgegenkommen? Also komm auch du entgegen. Friede kann nur gelingen, wenn du deinen Bruder ganz ernst nimmst – auch in dem, was dir nicht paßt. Friede lebt aus dem Mut zur Versöhnung. Vergebung schafft Frieden. „Schließe ohne Zögern Frieden mit deinem Gegner..." (Mt 5,25).

Der Bruder, mit dem es sich wieder zu versöhnen gilt, ist der Mensch neben mir. Aber er gehört zusammen mit dem Bruder in mir. Jakob und Esau, beide sind in mir. Wie soll ich mich mit dem anderen versöhnen, wenn einer in mir gegen mich ist? Meinen Schatten annehmen und über meinen Schatten springen – beides gehört untrennbar zusammen. Im Vaterunser nach Matthäus heißt es ausdrücklich: „Und erlaß uns unsere Schulden, wie auch wir sie unseren Schuldnern erlassen haben" (Mt 6,12). Das Vertrauen in Gottes väterliche Vergebungsbereitschaft wird konkret in der gegenseitigen Vergebung. Schärfer noch: weil wir einander vergeben haben und wieder aufeinander zugegangen sind, kommt er auf uns zu und erfüllt unsere Bitte um Vergebung. Deshalb wird der unbarmherzige Gläubiger so hart kritisiert und bestraft: Der Herr hatte ihm all seine Schulden erlassen, und trotzdem wollte er seinen Gläubigern den erbetenen Nachlaß nicht gewähren (Mt

18,23–35). Im Sinne des Evangeliums ist das unmöglich. Die Friedensinitiative Gottes will konkret fortgesetzt sein unter denen, die sich auf seine Vergebung berufen. Nichts ist dem Frieden Gottes abträglicher als die Verweigerung derer, die von ihm reden, ohne ihn zu tun.

Gottes Vergebung aber ist maßlos. Seine Liebe rechnet nicht, sie tut stets den ersten Schritt. „Wie oft muß ich meinem Bruder vergeben?" (Mt 18,21). Hinter solchen Fragen stecken Rechnerei und Angst. Jesus sprengt diese Grenzen. Der Jünger zählt nicht die Schritte und Versuche zur Versöhnung. Er ist vielmehr unermüdlich zur Vergebung bereit, wie Gott selbst, auch um den Preis, in den Augen der Welt dumm dazustehen. Aber: man muß doch schließlich sein Gesicht wahren. In der Tat: Gott hat sein Gesicht gewahrt – im zerschundenen Gesicht seines Sohnes.

# In der Kraft Heiligen Geistes

## Der Geist nimmt sich unserer Schwachheit an

JOHANNES PAUL II.

In der paulinischen Gegenüberstellung von „Geist" und „Fleisch" ist auch der Gegensatz zwischen „Leben" und „Tod" enthalten. Ein schwerwiegendes Problem, zu dem sofort zu sagen ist, daß der Materialismus als Gedankensystem in allen seinen Formen die Annahme des Todes als endgültigen Endes der menschlichen Existenz bedeutet. Alles, was materiell ist, ist vergänglich, und deswegen ist der menschliche Körper (sofern „animalisch") sterblich. Wenn der Mensch in seinem Wesen nur „Fleisch" ist, bleibt der Tod für ihn unüberwindliche Grenze und endgültiges Ende. So kann man verstehen, wie man sagen kann, daß das menschliche Leben ausschließlich ein „Sein zum Sterben" ist.

Man muß hinzufügen, daß am Horizont der heutigen Zivilisation – besonders in der … am höchsten entwickelten – die Zeichen und Hinweise auf den Tod besonders häufig anzutreffen sind. Es genügt an den Rüstungswettlauf und an die darin enthaltene Gefahr einer nuklearen Selbstzerstörung zu denken. Andererseits ist die schwierige Lage in weiten Gebieten auf unserem Planeten, die von Not und Hungerstod gekennzeichnet sind, allen immer bewußter geworden. Es geht dabei nicht nur um wirtschaftliche, sondern auch und vor allem um ethische Probleme. Aber am Horizont unserer Zeit verdichten sich noch finsterere „Zeichen des Todes": Es hat sich die Sitte verbreitet – die an einigen Orten fast eine Institution zu werden droht –, den menschlichen Wesen, noch bevor sie geboren werden oder bevor sie zur natürlichen Grenze des Todes gelangt sind, das Leben zu nehmen. Ferner sind trotz vieler ehrlicher Anstrengungen für den Frieden neue Kriege ausgebrochen und im Gange, die Hunderttausenden von Menschen das Leben oder die Gesundheit rauben. Und wie könnte man die Attentate auf das menschliche Leben von seiten des Terrorismus vergessen, der auch auf internationaler Ebene organisiert ist?

Dies ist leider nur ein partieller und unvollständiger Überblick über das Bild des Todes, das sich in unserer Epoche darbietet ... Steigt nicht aus den dunklen Schatten der materialistischen Zivilisation ... vielleicht ein neuer, mehr oder weniger bewußter Ruf nach dem Geist auf, der lebendig macht? In jedem Fall bleibt auch unabhängig vom Ausmaß der menschlichen Hoffnung oder Verzweiflung sowie der Illusionen oder der Täuschungen ... die christliche Gewißheit, daß „der Geist weht, wo er will", und daß wir die „Erstlingsgabe des Geistes" besitzen. Auch wir können den Leiden der vergänglichen Zeit unterworfen werden, aber „wir seufzen in unserem Herzen und warten ... auf die Erlösung unseres Leibes" (vgl. Röm 8, 23), das heißt unseres ganzen menschlichen Seins, körperlich und geistig. Wir seufzen, gewiß, aber in einer Erwartung voll unvergänglicher Hoffnung, weil sich gerade diesem menschlichen Wesen Gott genähert hat, der Geist ist. ... Auf dem Höhepunkt des Ostergeheimnisses ist der Sohn Gottes, der für die Sünden der Welt Mensch geworden und gekreuzigt worden ist, nach seiner Auferstehung in der Mitte seiner Apostel erschienen, hat sie angehaucht und ihnen gesagt: „Empfanget den Heiligen Geist". Dieses „Hauchen" setzt sich für immer fort. Und siehe, „der Geist nimmt sich unserer Schwachheit an" (Röm 8, 26).

Das Geheimnis der Auferstehung und des Pfingstgeschehens wird von der Kirche verkündet und gelebt, die das Zeugnis der Apostel über die Auferstehung Jesu Christi als Erbe empfangen hat und fortsetzt. Sie ist die fortwährende Zeugin dieses Sieges über den Tod, der die Macht des Heiligen Geistes offenbart und sein neues Kommen, seine neue Gegenwart in den Menschen und in der Welt bestimmt hat. Denn in der Auferstehung Christi hat der Heilige Geist, der Beistand, sich vor allem als derjenige offenbart, der lebendig macht: „Der Christus Jesus von den Toten auferweckt hat, wird auch euren sterblichen Leib lebendig machen, durch den Geist, der in euch wohnt" (Röm 8, 11).

## Das neue Leben

HEINRICH SCHLIER

„Wir sind auf seinen Tod getauft" (Röm 6, 3).
Nicht nur im Wort des Evangeliums wirkt der Heilige Geist, sondern auch in der Taufe. Sie ist ja nicht nur ein Zeichen, das auf das in Jesus Christus widerfahrene Heil hinweist, sondern sie ist eine durch den Geist mächtige Handlung, die uns jenes Heil verschafft. Wäre uns das immer bewußt, so würde der Täufer sie niemals gleichgültig vollziehen, und wir, die Getauften, würden sie nicht so leicht vergessen, wie wir das tun.

Was geschieht in der Taufe, sei es an Erwachsenen, sei es an Kindern? Unser Satz aus dem sechsten Kapitel des Römerbriefes hebt nur einen Gesichtspunkt hervor, der freilich umfassend und grundlegend ist. In der Taufe werden wir „auf Christi Tod getauft". Das meint, wenn wir getauft werden, so geschieht nichts Geringeres, als daß wir seinem Tod überantwortet und zugeeignet werden, in seinen Tod einbezogen werden in dem Sinn, daß sein Tod für uns an uns wirksam wird. In der Taufe wird unser Leben in den Augenblick hineingerissen, in dem sich das „Für uns" Jesu Christi erfüllte. Dieses „Für uns" seines Sterbens öffnet sich über uns, überschüttet uns und hüllt uns von da ab ein durch die Taufe.

Das heißt aber vor allem zweierlei: Alle unsere Sünden und alle Sünde, die wir als unsere Bestimmung mitbringen, werden durch dieses „Für uns" Jesu Christi, das sich nun aufgetan hat, aufgehoben und abgetan, und aus allem über dem Menschen liegenden Zorn Gottes über die Sünde und aus allem drohenden Gericht sind wir, da dieses „Für uns" ergreift, gerettet. Damit aber ist vom neuen Ursprung unseres Lebens her dieses Leben nun mit Gott versöhnt, gerechtfertigt und geheiligt. So stehen wir, wie der Apostel sagt, in der „Neuheit des (wahren) Lebens" und so ist nun auch für uns „das Alte vergangen, siehe es ist Neues geworden" (2 Kor

5, 17). Auch sind wir, die Getauften „neue Schöpfung" geworden. In der Taufe werden wir durch die Kraft des in ihr wirkenden Geistes aus allem Verfall des Lebens herausgeholt und in den Reichtum des Erbarmens Gottes versiegelt.

Aber die Taufe auf den Tod Jesu Christi hat noch eine andere Bedeutung. Daß uns durch die Taufe in der Kraft des Heiligen Geistes ein neuer Anfang geschenkt wird und daß dieser neue Anfang in der Hingabe Jesu Christi für uns gegeben ist, die uns in sich aufnimmt, besagt, daß wir nun von dorther aufgefordert sind, als in ihm Geborgene dies neue Leben auch zu leben. Das Sterben Jesu Christi für uns, das durch die Taufe für uns wirksam wurde, ist der Entwurf unseres neuen Lebens, den wir nun nachzeichnen sollen unser Leben lang in der Hingabe des geschenkten Lebens an Gott und den Nächsten in Glaube, Hoffnung, Liebe, in Demut und Geduld, in Gerechtigkeit und Wahrheit und Reinheit und Friede. Was in der Taufe uns geschah, das neue Leben in Jesus Christus, muß realisiert werden in einem Leben für Gott und für die anderen Menschen. So ist die Taufe an den Getauften ein ständiger Appell vor jedem anderen, ein Appell der Gnade.

Schon von diesen Andeutungen her sehen wir, daß die Taufe nichts Harmloses ist, sondern es bei ihr in vieler Hinsicht um Tod und Leben geht. Sie ist, ob wir es wissen oder nicht, ob wir es wollen oder nicht, eine lebenslange heimliche Gabe und Frage an uns.

## Auch heute weht der Geist

KARL RAHNER

Wir sollten bei allen Sakramenten nicht von der Vorstellung ausgehen, sie seien rituelle Vorkommnisse, die etwas bewirken und geben, was es sonst nicht gibt. Wenn wir von diesem Vorstellungsmodell als erstem ausgehen, entsteht ja zwangsläufig die Frage, wie und wo man denn ernsthaft und glaubwürdig erfahren könne, was da in den Sakramenten „passiert" sei. Und dann werden nicht wenige sagen, sie hätten nichts an Wirkung erfahren, und die Behauptung, es wäre Gnade gegeben worden, sei eine leere, oder zumindest für einen selbst belanglose Ideologie.

Wir müssen vielmehr bei den Sakramenten umgekehrt vorgehen und fragen: Wo erfahren wir in unserem täglichen Leben immer wieder und überall „Gnade", jene unser Leben tragende und befreiende Wirklichkeit, die wir Heiligen Geist nennen, so daß die Sakramente von daher dann verstanden werden als die im Raum der Kirche geschehende Erscheinung und Zusage eben dieser Gnade, die unser ganzes Leben durchwaltet, auch noch, wenn es von den Sakramenten nicht ausdrücklich erreicht wird. Wir müssen die Sakramente als geschichtliche und kirchliche Leibhaftigkeit *der* Gnade verstehen, die wir im *Leben* erfahren, ob wir den Inhalt dieser Erfahrung ausdrücklich Geist und Gnade nennen oder nicht.

In einer solchen Perspektive werden die Sakramente weder überflüssig noch unbedeutend, sie erscheinen aber als Greifbarkeit und kirchliche Verdeutlichung einer Gnade, die nicht ein partikuläres Sonder-Ereignis innerhalb einer sonst bloß irdischen, profanen und säkularisierten Welt ist, sondern deren innerste Lebendigkeit, die Kraft gibt und ewige Zukunft verheißt.

Damit ist die Gnaden*wirksamkeit* der Sakramente nicht geleugnet. Es wird nur deutlich, daß die Gnade ebenso Ursache wie Wirkung der Sakramente ist, weil sie sich dem Menschen mitteilt, *indem* sie auch ihrem Wesen gemäß sich in den Sakramenten noch einmal ausdrücklich verleiblicht.

Von daher ist es angebracht, zunächst einmal zu fragen: Wo wirkt in unserem Leben konkret, wenn vielleicht auch sehr diskret und namenlos, jener Geist der Gnade Gottes, dessen gewissermaßen kultische und gesellschaftlich amtliche Zusage wir in der Firmung erkennen? Wo ist im Leben der Geist, der durch dieses Leben das Geistsakrament legitimiert?

Wir brauchen nicht nach einer Geisttaufe zu suchen, die als punktförmig im Leben gegebenes, einmaliges Wiedergeburtserlebnis verstanden wird, auch wenn nicht geleugnet werden soll, daß so etwas im Leben mancher Christen sich ereignen kann. Wir suchen hier nach diskreteren, aber wirklichen Bezeugungen des Geistes Gottes, von denen aus wir sogar eigentlich erst wissen, was mit Gott, seinem Geist und seiner Gnade gemeint ist.

Wo eine ganze und eine Hoffnung über alle Einzelhoffnungen hinaus gegeben ist, die alle Aufschwünge, aber auch alle Abstürze ins Bodenlose noch einmal sanft in schweigender Verheißung umfängt,

wo eine Verantwortung in Freiheit auch dort noch angenommen und durchgetragen wird, wo sie keinen angebbaren Ausweis an Erfolg und Nutzen mehr hat,

wo ein Mensch seine letzte Freiheit erfährt und annimmt, die ihm keine irdischen Zwänge nehmen können,

wo der Sturz in die Finsternis des Todes nochmals angenommen wird als Aufgang unbegreiflicher Verheißung,

wo die Summe aller Lebensrechnungen, die man nicht selber noch einmal berechnen kann, als positives Resultat verstanden wird, obwohl man es nicht nochmals „beweisen" kann,

wo die bruchstückhafte Erfahrung von Liebe, Schönheit, Freude als Verheißung von Liebe, Schönheit, Freude schlechthin erlebt und angenommen wird,

wo der bittere, enttäuschende und zerrinnende Alltag gelassen und geduldig durchgestanden wird bis zum gelassen angenommenen Ende aus einer Kraft, deren letzte Quelle von uns nicht noch einmal gefaßt und so uns untertan gemacht werden kann,

wo man in eine schweigende Finsternis hinein zu beten wagt und sich erhört weiß, obwohl von dort her keine Antwort zu kommen scheint, über die man noch einmal raisonnieren und disputieren kann,

wo man sich losläßt ohne Bedingung und diese Kapitulation als den wahren Sieg erfährt, wo Fallen das wahre Stehen wird, wo die Verzweiflung angenommen und geheimnisvoll nochmals als getröstet ohne billigen Trost erfahren wird,

wo der Mensch alle seine Erkenntnisse und alle seine Fragen dem schweigenden und alles bergenden Geheimnis anvertraut, das mehr geliebt wird als alle unsere uns zu kleinen Herren machenden Einzelerkenntnisse,

wo ... (man könnte noch lange fortfahren und jeder muß seine eigenen Erfahrungen dieser Art unter dem Schutt des Alltagsbetriebs ausgraben),

da ist Gott und seine befreiende Gnade, da erfahren wir, was wir Christen den Heiligen Geist Gottes nennen, da ist eine Erfahrung gemacht, die im Leben, auch wenn sie verdrängt wird, unausweichlich ist, unserer Freiheit angeboten wird mit der Frage, ob wir es annehmen wollen oder ob wir in einer Hölle der Freiheit, zu der wir dann verdammt sind, uns gegen sie verbarrikadieren wollen.

Diese Erfahrung macht, obzwar in unendlich verschiedenen Gestalten je nach der eigenen geschichtlichen und individuellen Situation, jeder Mensch. Der Christ weiß freilich dazu, daß dieser Geist Gottes, der ihm zum Heil oder Gericht immer drängend angeboten ist, sich der Menschheit in Jesus dem Gekreuzigten und Auferstandenen zum endgültigen Sieg in der Menschheit zugesagt hat und mit dieser Menschheitsgeschichte einen ewigen, nicht mehr aufhebbaren Bund eingegangen ist. Und darum weiß der Christ, daß dieser über alle Welt und alles Fleisch ausgegossene und überall wirkende, durch das verzweifelte Nein des einzelnen Menschen nicht aus der Welt zu verdrängende Geist der Geist des Vaters Jesu, der Geist Jesu ist, ein Geist, auf dessen Wirksamkeit und Sieg wir vertrauen, indem wir auf Jesus und seinen Sieg im Tode blicken und in diesem Blick das Walten des Geistes auch in unserem eigenen Leben nicht mehr zu übersehen wagen.

---

Die Probleme unserer Zeit beruhen zu einem guten Teil darauf, daß wir die Welt nur noch als Materie und die Materie nur noch als Material für unsere Produktionen angesehen haben. Daß eine Welt unwohnlich wird, die nur noch Material ist, braucht uns nicht zu wundern. Dabei haben uns doch die Naturwissenschaften ... gelehrt, wie sehr die Materie Geist ist – eine subtile Mathematik, vor deren Großartigkeit unser eigener Geist nur staunend stehen kann. So hat uns gerade die Wissenschaft die wundervolle Logik des Schöpfergeistes fast greifbar werden lassen.

JOSEPH RATZINGER

## Wer im Geist lebt, ist nicht länger er allein

THOMAS MERTON

Die Heiligkeit des christlichen Lebens beruht nicht auf der Liebe zu einem abstrakten Gesetz, sondern auf der Liebe zu dem lebendigen Gott, einer göttlichen Person, Jesus Christus, dem fleischgewordenen Wort Gottes, der uns erlöst und aus der Finsternis der Sünde befreit hat. Und sie beruht auch auf der Liebe zu unseren Brüdern in Christus. Daher besteht unser sittliches Leben nicht in bloßer Gesetzeserfüllung, bloßer Pflichttreue. Es ist vor allem eine Sache persönlicher Dankbarkeit und Liebe und Lobpreisung. Es ist eine „eucharistische" Sittlichkeit, ein Kodex der Liebe, der auf gemeinsamer Danksagung und Wertschätzung unseres neuen Lebens in Christus gründet. Dieses Wertschätzen schließt ein tiefes Verstehen der göttlichen Barmherzigkeit in sich, die uns am Tode und an der Auferstehung Christi gemeinsam teilhaben ließ. Es bedeutet ein inneres Erfassen der Tatsache, daß unser christliches Leben tatsächlich das Leben des auferstandenen Christus ist, jederzeit wirkend und fruchtbringend in uns allen. Im Mittelpunkt unseres sittlichen Verhaltens steht dann Liebe und *Lobpreis,* das Verlangen, den auferstandenen Herrn und Erlöser in unserem Leben und in unserer Gemeinschaft ganz verherrlicht zu sehen.

Wir müssen uns bewußt sein, daß wir Tugend und gute Werke nicht einfach deswegen tun, um der kalten Verpflichtung eines unpersönlichen Gesetzes nachzukommen. Sie sind eine persönliche Antwort der Liebe auf den Wunsch eines menschlichen Herzens, das von göttlicher Liebe zu uns erfüllt ist. Das heilige Herz des auferstandenen Erlösers vermittelt unserem eigenen innersten Sein jeden, selbst den geringsten Impuls der Gnade und Liebe, durch die er sein göttliches Leben mit uns teilt. Unsere Antwort ist dann ein Beantworten der warmherzigen, feinfühligen Anrufe der persönlichen Liebe des Herrn zu uns. Solch ein Bewußtsein lenkt nicht nur unsere Aufmerksamkeit von uns auf ihn, sondern läßt auch eine tiefere und lebendigere Hoffnung entstehen und erweckt in unserem Herzen einen Glauben, der mehr Frucht bringt und stärkere

Tatkraft entfaltet. Sie erfüllt unser christliches Leben mit einer unsagbar innigen Dankbarkeit und einer übernatürlichen Erkenntnis dessen, was es bedeutet, Kinder Gottes zu sein; denn der eingeborene Sohn des Vaters hat uns so sehr geliebt, daß er für uns am Kreuze starb, damit wir vereint sein mögen in seiner Liebe.

Wir sind nicht nur dankbar für unsere Befreiung von der Sünde durch Christus, sondern Paulus macht uns klar, daß unsere „eucharistische" Sittlichkeit dankbarer Liebe genährt wird durch einen Sinn für die Befreiung aus einem scheinbar unentrinnbaren Konflikt. Solange wir unter dem Gesetz standen, sagt der Apostel (Röm. 7,13–25), wurden wir uns nur unserer Unfähigkeit bewußt, heilig zu sein und die strengen Gesetzesvorschriften zu erfüllen. Jetzt aber wurden wir durch die Gnade des liebenden Erlösers befähigt, das Gesetz zu halten und noch weiter als dessen Vorschriften zu gehen bis zur Vollkommenheit der Liebe, denn Christus selbst ist gekommen, hat Sünde aus unserem Herzen getilgt und Liebe in uns gebracht.

Das einzige, was der Apostel von uns fordert, ist, nicht nach dem Fleische zu „wandeln" (d. h. zu leben), sondern nach dem Geiste. Das hat mehrfache Bedeutung. Fleisch ist der Allgemeinbegriff nicht für leibliches Leben (der Leib ist ja zusammen mit der Seele durch den Heiligen Geist geheiligt), sondern für *weltliches* Leben. Das „Fleisch" schließt nicht nur Sinnlichkeit und Unzucht in sich, sondern auch Gleichförmigkeit mit der Welt und ein Tun, dem nur Menschenrücksichten und soziale Voreingenommenheit zugrunde liegen.

Wir gehorchen dem „Fleisch", wenn wir den Maßstäben des Vorurteils, der Selbstzufriedenheit, Frömmelei, des Standesdünkels, Aberglaubens, Ehrgeizes oder der Habgier folgen. Daher ist sogar scheinbare Heiligkeit, die nicht der Aufrichtigkeit des Herzens, sondern heuchlerischer Verstellung entstammt, eine solche „des Fleisches". Was auch immer die „Neigung des Fleisches" sein mag, selbst wenn sie heroische, staunenerregende und von den Menschen bewunderte Taten zu zeigen scheint, in Gottes Augen führt sie stets zum Tod. Sie ist nicht auf ihn gerichtet, sondern auf die Menschen rings um uns. Sie sucht nicht seine Herrlichkeit, sondern unsere eigene Befriedigung. Demgegenüber ist es der Geist, der uns den Weg des Lebens und Friedens führt.

Die Gesetze des Geistes sind Gesetze der Demut und Liebe. Der Geist spricht zu uns aus einem tief innerlichen Heiligtum der Seele, das dem Fleisch unerreichbar ist. Denn das „Fleisch" ist unser äußeres Ich, unser falsches Ich. Der „Geist" ist unser wahres Ich, unser mit Gott in Christus innigst vereintes Sein. In diesem verborgenen Heiligtum unseres Seins ist die Stimme unseres Gewissens gleichzeitig unsere eigene innere Stimme und die Stimme des Heiligen Geistes. Denn wenn einer „Geist" in Christus wird, ist er nicht länger er allein. Er ist nur er, der lebt, sondern Christus lebt in ihm, und der Heilige Geist lenkt und leitet sein Leben. Christliche Tugend wurzelt in dieser inneren Einheit, in der unser eigenes Ich eins ist mit Christus im Geiste und in der unsere Gedanken seine Gedanken und unsere Wünsche seine Wünsche zu sein vermögen.

Unser ganzes christliches Leben ist dann ein Leben der Vereinigung mit dem Heiligen Geist und der Treue zum göttlichen Willen in den Tiefen unseres Seins. Deshalb ist es ein Leben der Wahrheit, äußerster innerer Geradheit und schließt heroische Demut in sich. Denn Wahrheit muß wie die Liebe bei uns selbst anfangen. Wir müssen nicht nur uns selbst so sehen, wie wir sind, in all unserer Nichtigkeit und Bedeutungslosigkeit; wir müssen nicht nur lernen, unsere eigene Leere zu lieben und zu schätzen, sondern wir müssen auch die Realität unseres Lebens, so wie es ist, annehmen, denn eben diese Realität ist es, die Christus zu sich nehmen will, die er nach seinem eigenen Bild und Gleichnis verwandelt und heiligt.

Wenn wir die Anwesenheit des Bösen in uns zu begreifen vermögen, werden wir ruhig und objektiv genug sein, uns damit in Geduld auseinanderzusetzen, im Vertrauen auf die Gnade Christi. Dies bedeutet „dem Heiligen Geist folgen": dem Fleisch widerstehen, in unserem guten Verlangen verharren, die Ansprüche unseres falschen, äußeren Ich ablehnen und so unser ganzes Herz dem umwandelnden Wirken Christi hingeben.

## Ich trage dich eingezeichnet in mein Herz

FRANZ VON SALES

Wahrlich, großes Vertrauen auf seine väterliche Fürsorge und göttliche Vorsehung verlangt Gott von uns. Aber warum sollten wir es ihm nicht schenken, da noch nie jemand von ihm enttäuscht worden ist? Niemand vertraut Gott, der nicht die Früchte seines Vertrauens erntet. Ich sage das unter uns, denn das Vertrauen der Weltleute ist sehr oft von Besorgnis begleitet, deshalb hat es keinen Wert vor Gott. Bedenke, was unser Herr und Meister seinen Aposteln sagte, um in ihnen dieses heilige und liebevolle Vertrauen zu festigen: „Ich habe euch in die Welt hinausgesandt ohne Beutel, ohne Geld und ohne Nahrungsmittel und Kleider: hat euch irgend etwas gemangelt?"

Und sie antworteten: „Nein." Da sagte er zu ihnen: „Gehet also und machet euch keine Gedanken darüber, wovon ihr essen oder wovon ihr trinken oder womit ihr euch kleiden sollt, auch nicht was ihr vor den großen Herren und Magistratspersonen der Provinzen, wo ihr durchreiset, sagen sollt; denn euer himmlischer Vater wird euch in jeder Lage mit allem versorgen, was ihr nötig habt. Überlegt auch nicht im voraus, was ihr reden sollt, denn er wird in euch reden und wird euch die Worte in den Mund legen, die ihr sagen sollt."

Vertrauet also auf Gott, denn er hat gesprochen: „Sollte auch ein Weib so weit kommen, ihres Kindes zu vergessen: ich werde dich niemals vergessen; denn ich trage dich eingezeichnet in mein Herz und in meine Hände." (Is. 49, 15 f.)

---

Wir bitten dich, schaffender Gottesgeist, lenke uns zum Guten: zu Treue und Geduld, Erbarmen und Sanftmut, entzünde in uns die Freundschaft für alles Lebendige und die Freude am Guten und Menschlichen. HUUB OSTERHUIS

## Das Herz einsetzen

ALFRED DELP

Ein Mensch ist so viel Mensch, als er Herz einzusetzen hat und einsetzt. Das heißt, als er liebt.

Herz steht hier für die Lebensmitte des Menschen, in der seine Wünsche, seine Nöte, seine Sehnsüchte sich in eine Entscheidung, einen Impuls, eine Liebe, eine Hingabe sammeln. Und hier, in dieser Herzmitte des Daseins, soll Zelt und Tempel des heiligen Geistes sein. Das ist ja seine Art und seine Ordnung, den kreatürlichen Lebensweisen sich innerlich einzufügen, ihre Lebensfunktionen und Lebensäußerungen mitzuvollziehen und sie so auf seine Höhe und Dichtigkeit und Sicherheit heraufzuholen. Lumen cordium: wir sollen oft darum beten. Daß unser Herz im richtigen Rhythmus bleibt und das richtige Gespür hat. Um das Gespür handelt es sich hier, nicht um den Satz und die klare Aussage, sondern um das Gespür und den richtigen Instinkt. Wenn unser Herz richtig schlägt, ist alles in Ordnung. Der Geist Gottes erbarme sich dieses armen, törichten, hungernden und frierenden, einsamen und verlassenen Herzens und erfülle es mit der wärmenden Sicherheit seiner Gegenwart.

# Vertrauen blüht in der Stille

## Zum Vertrauen braucht man Mut

GEORG MOSER

Viele meinen, man müsse sich vor raschem Vertrauen hüten, es sei zu gewagt; grundsätzlich sei ein ‚gesundes Mißtrauen' immer noch besser. Aber: wohin kämen wir denn, wenn wir nur denjenigen Vertrauen gewährten, die ihre Vertrauenswürdigkeit schon bewiesen haben? Nehmen wir an, wir träten eine neue Stelle an. Was wäre mir lieber: wenn mein neuer Chef und meine neuen Mitarbeiter mir mit Vertrauen entgegenkämen oder wenn sie mich zunächst einmal alle mit Vorbehalt beobachteten oder gar mißtrauisch belauerten? Als Neulinge wären wir dann isoliert, ja sogleich bedrückt und entmutigt.

Zum Vertrauen braucht man Mut. Vertrauen muß man *schenken,* wie die deutsche Sprache sagt. Vertrauen muß man als *Vorleistung* erbringen. Ohne die Vorleistung gegenseitigen Vertrauens können mitmenschliche Begegnungen nicht gelingen. Hätten wir mehr Vertrauen zueinander: die Eltern zu ihren Kindern, die Jungen zu den Alten, die Vorgesetzten zu den Untergebenen, die Kollegen und Mitarbeiter zueinander, es würde vieles ganz anders aussehen bei uns. Es gäbe weniger Angst und Traurigkeit, weniger Elend und Verzweiflung.

Wer Vertrauen in diese Welt hineinträgt, der hilft mit, daß die Menschen wieder in der Liebe zu Hause sein, in ihr wohnen dürfen.

Jedes gute Vertrauen, das wir anderen schenken, ist ein Abbild des großen Vertrauens, das Gott uns entgegenbringt. Es ist ein Teil jener Liebe, die – nach dem Wort des Apostels Paulus – „alles mit Milde umhüllt, alles glaubt und hofft und duldet".

# Um den liebenden Menschen gedeiht das Lebendige

ROMANO GUARDINI

Jeder Mensch lebt in dem großen Zusammenhang, den wir „die Welt" nennen. Diese umfaßt Alle und ist für Alle gleich. Die einzelnen Menschen sind aber nicht in die Welt hineingeschüttet, wie Figuren in eine Schachtel, sondern sind lebendig und schaffen sich ihren besonderen Lebensbereich. Aus den Dingen, Kräften und Vorgängen des Weltalls sondert der Einzelne sich Bestimmtes heraus.

Dafür hat er einen „Apparat", der die Fülle des Wirklichen sichtet und ordnet. Er besteht vor allem aus der Organisation der Sinne. Die faßt nur bestimmte Erscheinungen auf; was sie nicht auffaßt, gibt es für den Menschen nicht: Töne, deren Schwingungszahlen über oder unter bestimmten Grenzen liegen, werden nicht vernommen; Wärme und Kälte sind nur innerhalb bestimmter Grenzen ertragbar. Der Apparat besteht weiter aus der besonderen Veranlagung des Volkes: der Norweger faßt andere Gegebenheiten der Natur auf als der Spanier ... aus der Beschaffenheit des Landes: das Leben auf der See bedingt eine andere Art der Empfänglichkeit als das im Hochgebirge ... aus dem Charakter der Zeit: ein Mensch der Völkerwanderung war auf anderes ausgerichtet als einer der Aufklärung ... Hinzu kommen die verschiedenen Richtungen, welche Aufmerksamkeit und Eindrucksbereitschaft beim männlichen bzw. weiblichen Menschen nehmen ... Innerhalb der Geschlechter wieder bei den einzelnen Altersstufen: der Kindheit, der Reife, der vollen Mündigkeit, dem Alter ... Ferner die Unterschiede der Auffassung, welche durch die verschiedenen Anlagen und Temperamente, durch soziale und berufliche Situation bedingt sind, und so fort. Durch alles das nimmt der schauende und erlebende Einzelne aus der Unzahl des Seienden eine charakteristische Auswahl vor. Er hebt Dinge, Geschehnisse, Menschen, Eigenschaften, Beziehungen heraus, die seiner Persönlichkeit zugeordnet sind, und es entsteht seine „Umwelt".

Jeder Mensch hat seine besondere Umwelt – geht es in diesen Umwelten in gleicher Weise zu?

Nehmen wir an, hier sei ein Mensch, der kräftig und furchtlos, großmütig und voll ruhigen Zutrauens seinen Weg geht; dort einer, der selbstsüchtig und ängstlich zugleich ist und sich mit allerlei Schlauheiten durchlaviert – gleichen die Welten dieser beiden Menschen einander? Gehen die Dinge in jener so wie in dieser? Offenbar nicht. Sie haben verschiedenen sittlichen Charakter und verschiedene seelische Art; ja in jener sind Vorgänge möglich, die in dieser nie eintreten können. Es ist, als ob die Dinge sich verschieden benähmen. Dort ist alles frei, die Dinge fügen sich leicht, und noch das Mißgeschick hat etwas von Klarheit und Größe; hier ist alles undurchsichtig und widerspenstig. Oder: Um den Menschen, der Liebe hat und es mit allem gut meint, gedeiht das Lebendige. Die Blumen wachsen, die Tiere sind zutraulich, die Kinder fühlen sich wohl. Um den selbstsüchtigen und harten hingegen verschließt sich alles, panzert sich, flieht; kann es aber nicht fliehen, dann verkümmert und verdirbt es. Oder: Bei dem Menschen, der „eine glückliche Hand hat", geht alles leicht, freundlich, fruchtbar. So ist er Optimist und versteht nicht, wie ein Anderer der Welt so viel Schlimmes zutrauen kann. Er weiß nicht, daß dieser mit seiner Veranlagung gleichsam die Widerstände gegen sich aufruft und die Schwierigkeiten weckt.

Das alles bedeutet, daß die Schicksale eines Menschen nur zu einem Teil von außen her bestimmt werden, zum anderen aber – und vielleicht wichtigeren – von innen, aus der Wesensart und Gesinnung eben des Menschen, um den es sich handelt. Immer hat die Weisheit gewußt, daß jeder „seines Glückes Schmied ist"; daß ihm nicht Beliebiges, sondern Bestimmtes geschieht, und die Bestimmung von seinem Innersten her erfolgt. So verändert sich denn auch das Schicksal eines Menschen, wenn er selbst ein anderer wird. Man braucht nur einmal mitzuerleben, was vor sich geht, wenn etwa ein selbstsüchtiger Mensch zu lieben anfängt.

Und nun sagt Jesus: Die eigentliche Veränderung, auf die alles ankommt, besteht darin, daß der Mensch die frohe Botschaft annimmt, Gottes Willen bejaht und für wichtig ansieht, was Ihm wichtig ist – das heißt aber, daß er „zuerst trachtet nach dem Reiche Gottes und dessen Gerechtigkeit". Tut er so, dann entsteht zwischen Gott und dem Menschen ein lebendiger Zusammenhang, und die Dinge benehmen sich anders, als sie es bis dahin getan haben.

Das geschieht schon als Folge der inneren Umgestaltung im Denken und Fühlen. Der Mensch entschließt sich zum Guten. Er wird liebend und selbstlos. Die Furcht fällt von ihm ab, und er schlägt Wurzel im Vertrauen zu Gott. Er fühlt sich nicht mehr in einer fremden Welt, sondern im Eigentum seines Vaters. Um einen solchen verändert sich das Dasein. Es wird klarer und offener. Die Kräfte bekommen freieres Spiel. Der Gang des Geschehens wird natürlicher, und so fort.

Doch haben wir damit erst die psychologische Seite des Ganzen erfaßt. In alledem wirkt aber etwas Anderes, ein Geheimnis von Gott her. Er, der Schöpfer und Herr, will ja doch die Welt aus der Erlösungstat seines Sohnes heraus neu schaffen: einen „neuen Menschen" auf einer „neuen Erde" und unter einem „neuen Himmel". Das kann Er aber nicht so tun, wie Er es einst bei der ersten Schöpfung getan hat, nämlich durch die bloße Macht seines Befehls. Dieses Schaffen muß durch die Freiheit des Menschen gehen. Der Mensch muß bereit sein, sich öffnen und mitwirken. Darauf wartet Gott. Tut der Angerufene nach Gottes Willen, dann wird Gottes Gnadenmacht frei und schafft in ihm und um ihn her „das Neue", das „Reich".

Das braucht gar nichts Auffälliges zu sein. Nichts Ungewöhnliches braucht zu geschehen. Das Leben geht weiter wie jedes Menschenleben sonst, besteht aus den gleichen Dingen und Vorgängen, aus Leid und Freude, Plage und Glück – und dennoch ist alles anders. Ein anderer Sinn ist darin, ein anderer Zusammenhang, eine neue Sicherheit und eine neue Verheißung. Das Leben dieses Menschen wird zur Einlaßstelle für Gottes Schaffen. Gott – nicht sofern Er alles im Sein hält und zum Ausdruck seines Schöpferwillens macht, sondern sofern Er das Neue, das Reich heraufführen will – steht gleichsam vor der Tür der Welt und verlangt Einlaß. Jedes Menschenherz – jedes einzig, unentbehrlich und unersetzlich – ist Tür der Welt. Tritt es in das Einvernehmen des Glaubens und Vertrauens, beginnt es zu „trachten nach dem Reich und seiner Gerechtigkeit", dann geht die Tür auf, und Gott beginnt die neue Schöpfung.

Die Bedeutung der Heiligen aber – eine prophetische Bedeutung, sobald wir das Wort in seinem ursprünglichen Sinne nehmen – liegt darin, daß in ihrem Dasein der Vorgang der Neuwerdung, bei uns überall verhüllt und gestört, mit einer besonderen Deutlichkeit, Energie und Verheißungskraft durchdringt.

## Im Stillsein und im Vertrauen liegt euere Kraft

JOSEPH SAUER

In unserer Zeit, da das naturwissenschaftlich-technische Denken zur vorherrschenden Orientierung des Menschen geworden ist, haben sich seine herkömmlichen Grundeinstellungen fast unauffällig, aber doch folgenschwer geändert. Mehr als uns bewußt wird oder als wir zugeben wollen, sind wir auf das Planen und Berechnen, auf das Bewältigen und Beherrschen ausgerichtet. Es geht uns darum, etwas aus unserem Leben zu machen, es zu profilieren und mit Erfolg und Sinn zu erfüllen. Diese eigene Dynamik bestimmt uns tief, oft bis in die subtilsten religiösen Vorstellungen hinein.

Deswegen ist vieles, was uns in den Gesichtskreis kommt, perspektivisch verschoben. Wir sehen es unter dem Blickwinkel des Verfügbaren, des Nützlichen, als ob dies die einzige „Ansicht" wäre. Diese Tatsachen sind gewiß von schwerwiegender Konsequenz, nicht nur für unsere innerweltlichen Beziehungen, sondern auch für unser religiöses Verhalten: „Wer die Welt als das zu Benützende kennt, kennt auch Gott nicht anders", mahnt Martin Buber. Selbst wenn man allen Ernstes wollte, wird man im tiefsten Grunde auch im Beten nicht anders denken und sein als im Umgang mit den Mitmenschen, mit der Welt.

Auf eine solche Grundeinstellung kann man verschiedentlich reagieren und Gegenmaßnahmen versuchen. Eine Chance bestünde sicher darin, daß wir wieder ganz neu lernen, im guten Sinne passiv zu sein. Das würde bedeuten: loslassen, ganzheitlich, also leiblich und seelisch zugleich, sich lösen von allem aktiven Engagement, und sei es noch so gut und ideal gemeint – in diesem Abblenden still und leer werden, so sehr, daß kein verfügbarer Zweck damit mehr verbunden sein kann. Wo wir in einem solchen Zustand aushalten, ist es möglich, daß wir ganz allmählich wieder frei werden von tiefeingefahrenen falschen Einstellungen und uns ehrlicher erkennen, so wie wir in Wirklichkeit sind.

Schon Isaias hat das Volk auf diesen Weg hin angesprochen und gemahnt: „Durch Gelassenheit und Ruhe findet ihr Rettung. Im Stillsein und im Vertrauen (Hoffen) liegt eure Kraft. Doch ihr habt nicht gewollt" (30,15). Aus diesem Vers wird deutlich, daß es in der Gegenmaßnahme zum einseitigen Leistungsdruck letztlich nicht um eine verborgene, nicht eingestandene Resignation geht, sondern um ein Sich-Verlassen auf die Kraft Gottes in und durch uns. Dies aber fordert mehr als ein äußeres Abschalten und Ruhigsein. Im Grunde geht es um eine Stille, in der ein Vertrauen und Hoffen über alles menschlich natürliche Vertrauen und Hoffen hinaus aufbricht. Und dies ist im letzten nicht weniger als eine radikale Umkehr: nämlich die Abkehr von der oft unbewußten Grundeinsicht, wir selbst müßten das bewerkstelligen, um was es eigentlich geht und die Bejahung der Tatsache, daß wir eben auch Empfangende sind von Gott, in vielen Angeboten und Situationen.

Das Verfängliche an unserer Situation jedoch kommt besonders dadurch zum Vorschein, daß wir meinen, wir könnten dies, wenn wir nur wollten; nichts wäre leichter. Doch gerade dieses scheinbar Einfachste ist für uns unsäglich schwer geworden.

---

Nichts soll dich ängsten,
Nichts dich erschrecken.
Alles vergeht.
Gott bleibt sich treu.
Geduld erreicht alles.
Wer sich an Gott hält,
Dem fehlt nichts.
Nur Gott genügt.

TERESA VON AVILA

# Lob der Stille

ALBERT KRAUTHEIMER

Wenn irgendwo auf der Erde was los ist, dann schmettern Fanfaren, und Jupiterlampen im Verein mit Vacu-Blitzen schießen grell in die Situation hinein. Es gibt viele Leute, denen solches sehr widerwärtig ist, weil sie nichts lieber haben als die Stille und das milde Licht von Sonne, Mond und Sternen. Ich zähle mich auch zu ihnen und freue mich darum jedes Jahr auf den Introitus vom Sonntag in der Weihnachtswoche: Dum medium silentium tenerent omnia – Als das All im tiefsten Schweigen lag und die Nacht in ihrem Lauf des Weges Mitte erreichte, da kam dein allmächtiges Wort, o Herr, vom Himmel, vom königlichen Throne herab.

Wenn das nichts ist, dann weiß ich nimmer, was noch Eindruck machen wird: Gottes allmächtiges Wort erscheint in Menschengestalt. Was hätten fixe Reporter daraus für einen Knüller gemacht! Der Herr aber kommt in die innigste Stille und die mittlerste Nacht hinein. Ohne Fanfaren und Flutlicht.

O ja – ich weiß das schon, was im Weihnachtsevangelium steht vom „Lichtglanz Gottes" und vom Lobgesang der „großen himmlischen Heerschar". Aber ich kann das nicht gleichsetzen mit disharmonisch gellender Blechmusik und pyrotechnisch aufzischender Grelligkeit. Hier war Himmelsmusik und Ewigkeitsglanz, und außerdem geschah die Engelsverkündigung *außerhalb* Bethlehems, denn die Hirten mußten „hinübergehen" und das Kind erst „finden". Es bleibt also dabei, daß die ewige Weisheit sich für ihre Erdenkunft Stille und Dunkel gewählt hat.

Die Zivilisationsmenschen hingegen sind lärmverliebt und halten es ohne Krach und Getöse kaum mehr aus. Dauerberiesler Radio. Sie müssen sich mit Flimmer umgeben: Kino, Fernsehscheibe, können aber bald einen Stern nicht mehr von einer Kartoffel unterscheiden. O diese Knopfdreher und Tastendrücker! Ihr Ohr ist – je länger desto mehr – am Vertauben, ihre Augen am Erblinden, ihre Hirne am Verdummen. Das ist die berechtigte Sorge vieler Beobachter unserer Tage: daß ein Zeitalter granitener Dummheit im Heraufdämmern ist.

Je schneller die Entwicklung dahindrängt, desto froher bin ich, daß es noch das herzwarme Funkeln des stillen Ewigen Lichtes gibt und den honiggoldenen Schein der Kerzen und die wärmelige Lampe auf dem Studiertisch. Und natürlich die gottentfachte Sonne, die „wie ein Held" – aber ohne Fanfaren – ihre Bahn zieht, und den milden Widerschein des Mondes und das vertraute Glitzern der Sterne. Und das Morgenrot und das Verglimmen des Tages. Und das Lumen Christi, das nicht kalt und grell, sondern warm und hell aus der Osternacht aufglüht.

## Mit dem Herzen sehen

ALFRED ROSENBERG

Jesus hat die geistige Wirklichkeit und den Kern seiner Botschaft in die archetypischen Bilder seiner Gleichnisse gebannt. Es sind dies urtümliche und doch zugleich alltägliche Bilder und Vorgänge, die der archetypischen Bilderwelt des Seelengrundes entsprechen, an sie appellieren und sie wachrufen. In seinen Gleichnissen spannt Jesus einen Bogen von der Außenwelt zur Innenwelt – er verwandelt dadurch Äußeres in Innerliches – durch seine Gleichnisse wird die Sinnenwelt und die soziale Welt des Menschen transparent auf das Gottesreich hin.

Diese Gleichnisse sind aber nicht nur Berichte von geistigen Zuständen und Gesetzen im Gewand des Sinnlichen – wie solches sonst orientalische Erzähler hervorbringen. Sie sind weit darüber hinaus Mittel zur Meditation. Denn diese „Erzählungen" sind nur scheinbar unmittelbar verständlich. Man kann sich freilich mit einer erbaulichen oberflächlichen Kenntnisnahme begnügen. Aber jeder, der diesen Gleichnissen ernsthaft begegnet oder vielleicht sogar durch ihre kraftvolle Prägnanz und ihren fordernden Anspruch einen Schock erlitten hat, weiß, daß sich in ihnen vielerlei Schichten überlagern und daß sich diese nur allmählich und immer wieder meditierend erschließen. Und hiermit ist nun das Wort gefallen, dessen Ort in den Evangelien zu finden wir uns bemühen: Meditation. Die Gleichnisse Jesu sind der Quellort und die Modelle der christlichen Meditation. Jesus hat sie dem Geschlecht, das ihm zuhörte, aber auch jedem Geschlecht seitdem nicht nur zu Gehör gebracht, er lehrte sie auch „sehen". Denn diese Gleichnisse sind prall voll von Sichtbarem. Hören und Sehen sind die edelsten Sinneskräfte des Menschen – sie stehen mehr als alle anderen im Dienst der Erschließung des Gottesreiches. Zum Hören und Sehen mit den äußeren Sinnen, dann mit den entsprechenden inneren, d. h., zur Meditation seiner Gleichnisse lädt Jesus ein.

Das Wort, mit dem er das Gleichnis von den Lilien auf dem Felde einleitet (Lk 12, 27), legt uns diese Intention Jesu noch besonders nahe. Das Gleichnis von den Lilien, die weder spinnen noch weben und doch herrlicher gekleidet sind als Salomo in all seiner Pracht, wird eingeleitet mit dem Wort: „betrachtet" die Lilien ... Betrachten verweist in diesem Zusammenhang allerdings nicht auf die methodische „Betrachtung", wie sie im Mittelalter (und auch heute noch teilweise) von Mönchen als Beginn des geistlichen Weges, meist am frühen Morgen geübt wurde oder noch wird. Betrachten bedeutet darum hier ganz einfach: meditieren. Jesus fordert den Hörer des Gleichnisses auf, Gestalt und Schönheit der Lilie zu meditieren, ihr Bild auf den Seelengrund zu projizieren, um durch innere Anschauung zur Gewißheit zu gelangen, daß der Mensch sich unbesorgt Gott anvertrauen dürfe. Wie alle Gleichnisse Jesu verweist auch dies Liliengleichnis auf das Gottesreich. Gott wird für das Notwendige der Seinen sorgen, diesen aber ist gewiesen: suchet zuerst das Reich, alles andere wird euch hinzugegeben. Darum ist das erwähnte Gleichnis, wie viele andere, als ein Reich-Gottes-Gleichnis zu verstehen.

Doch die Erweckung des Vertrauens, Voraussetzung eines Lebens aus der Hingabe und der Gelassenheit, geschieht nicht durch rationale Denkakte, sondern durch „Anschauung", durch die Eröffnung des Geistesauges, durch das innere Sehen. Hat doch Paulus in Römer 1, 19 f nachdrücklich darauf hingewiesen, daß man selbst Gott an den geschaffenen Dingen „sehen" könne. Und wieviel mehr dann, so muß man notgedrungen folgern, geistige Kräfte und Mächte geringeren Ranges. Romano Guardini hat das innere, zur Erkenntnis führende Sehen am äußerlich Sichtbaren in subtiler und grundlegender Weise dargelegt in seiner kleinen Schrift „Die Sinne und die religiöse Erkenntnis". Dort zeigt er auf, daß nur Rationalismus und enge Gläubigkeit das „Sehen Gottes" an den geschaffenen Dingen verleugnen, weil sie das Religiöse in den „bloßen Glauben" abdrängen wollen und weil sie fürchten, Gott in die Welt hineinzuziehen. Aber „die Welt ist mehr als nur ‚Welt', jedes Ding mehr als nur ‚Ding'; und das Menschenauge mehr als ein bloßes physio-psychologisches Organ". Gewiß, so bekennt auch Guardini: Gott an sich „kann keiner sehen" (Joh 1,8); „aber man sieht etwas von ihm, seine ewige Macht und Herrlichkeit, die unirdische Wirklichkeit seiner Machttat; und zwar sieht man sie ‚an seinen Werken' ". Und warum ist dies so? Weil – so R. Guardini – die Wurzeln des Auges im Herzen liegen, „in der innersten, durch die personale Mitte des Menschen vollzogenen Stellungnahme zu andern Personen wie zum Dasein als Ganzes. Letztlich sieht das Auge vom Herzen her."

Aus diesem Grunde vermag der Mensch äußerlich Erfahrenes durch ungetrübte Sinneskräfte zu verinnerlichen; und weil er mit dem Herzen zu sehen vermag, kann er an geschaffenen Gestalten ihr Wesentliches, das sie wie eine Haut umhüllt, erschauen. Freilich ist dies nur möglich, wenn er der Versuchung widersteht, durch punktuelles Sehen und Denken die Erscheinungen analytisch zu zerteilen. Gewiß gewinnt er dadurch Erkenntnis der Teilstücke – allerdings „fehlt nur noch das einigende Band".

# Wer etwas hören will, muß stillsein können

HANS URS VON BALTHASAR

Wer etwas hören will, muß sich durch Stillsein zum Vernehmenkönnen bereiten. Redet er selbst, oder reden seine eigenen Gedanken, Wünsche und Sorgen in ihm, so wird das Geräusch, das sie machen, sein Hörenkönnen verunmöglichen. So beginnt jede Anweisung zur Meditation mit der Forderung, innere Stille und Leere herzustellen, damit für das zu Empfangende Raum sei. Man redet von „Abschalten", von „Konzentration" des diffus ausgegossenen Bewußtseins, vom Beschreiten des „geheimnisvollen Weges nach innen" usf. Man kann aber mit Fug bezweifeln, daß ein solches Bemühen, in seiner bloßen Negativität, schon zu jener positiven Hörensbereitschaft führt, die christliche Meditation von andern Betrachtungsformen unterscheidet, in denen, weil kein Wort von Gott her ertönt, eine solche Bereitschaft sich erübrigt.

Christlich ist die erforderte Stille im Grunde nicht erst durch den Menschen zu schaffen, vielmehr muß der Glaubende realisieren, daß er das stille, verborgene „Kämmerlein", in das er einkehren soll (Mt 6,6) und in dem er beim Vater ist, immer schon in sich und zugleich in Gott hat, ähnlich vielleicht wie die ahnungslosen „Kleinen" die ihnen zugehörenden „Engel im Himmel" haben, „die immerfort das Angesicht meines himmlischen Vaters schauen" (Mt 18,10). Unsere irdischen Sorgen und Präokkupationen sind immer schon auf der emporschnellenden Waagschale, während die andere, sich senkende, aber ebenfalls unsrige, unser Sein in Gott, ein „unvorstellbares Übergewicht" (2 Kor 4,17) hat. Wir brauchen uns einen Zugang zu Gott nicht erst eigenmächtig zu bahnen; „unser Leben ist" ja immer schon „mit Christus in Gott verborgen" (Kol 3,3). So bedarf es zur Bereitung auf die Meditation nicht erst langer psychologischer Umstellungen, sondern nur der kurzen Realisierung im Glauben, wo unser wahres Zentrum und Schwergewicht immer schon ist. Wir scheinen Gott fern zu sein, aber er ist uns nah, wir brauchen uns nicht an ihn heranzuarbeiten, vielmehr ist es so, wie die Parabel es uns schildert: „Schon von weitem sah der Vater ihn kommen, von Erbarmen gerührt; er lief ihm entgegen, fiel ihm um den Hals und küßte ihn" (Lk 15, 20). Und die auswendig gelernte Rede des Sohnes: „Vater, ich bin nicht wert, dein Sohn zu heißen, halte mich nur wie einen deiner Taglöhner", ist durch diese Gebärde des Vaters bereits überholt, der ins Haus zurückruft: „Schnell, bringt das beste Kleid und zieht es ihm an, gebt ihm einen Ring an die Hand und Schuhe an die Füße." Ähnlich in dem Gleichnis vom königlichen Hochzeitsmahl: „Alles steht bereit", wird den Geladenen ausgerichtet (Mt 22, 4), nur diese wollen nicht kommen. Die Fülle Gottes ist ohne Antichambrieren zugänglich, es braucht keine weite Reise „zum Himmel empor", keine Versenkung „in den Abgrund hinab" (Röm 10, 6 f), Gottes an mich gerichtetes Wort ist nicht „über Vermögen und unerreichbar", sondern „ganz nah, in deinem Mund und in deinem Herzen" (Dt 30, 11.14). Die „Vorbereitung" des Kindes ist ein Sprung in die Arme des Vaters, wobei die Liebe des Vaters, das heißt der Wille und das Anliegen Gottes von selbst das Übergewicht über alles Eigene erhält, das immer schon, ob wir wollen oder nicht, bei Gott erkannt und bedacht und in seine Pläne eingeordnet ist.

Wenn somit das Vorbereitungsgebet „von Gott unserem Herrn die Gnade erbittet, daß alle meine Absichten, Handlungen und Beschäftigungen" in dieser Meditation „rein auf den Dienst und die Verherrlichung seiner göttlichen Majestät hingeordnet seien" (Ignatius, 46), so ist diese Bitte nicht aus einer fremden Distanz her gesprochen, sondern soll der Sprung des Kindes an des Vaters Herz sein, das immer Recht hat und die selbstverständliche Norm alles Tuns und Lassens des Kindes ist. Damit ist auch ausgedrückt, daß die Zubereitung unseres Herzens keine berechnende sein darf, durch die Meditation auf *unsere Rechnung und zu unserem* Vorteil zu gelangen, sondern gerade im Fahrenlassen jedes Eigenwillens in den Grund der göttlichen selbstlosen Liebe hinein besteht.

## Stille ist wie leerer Ackerboden.

WALTRAUD HERBSTRITH

Oft hört man die Frage: „Warum muß in der Meditation alles so still sein? Gott hat uns als sprechende Wesen erschaffen. Ist es nicht besser, allein oder gemeinsam zu singen, ein Buch zu lesen oder ein Bild anzuschauen? Was soll das: Augenschließen, ganz ruhig dasitzen? Ist das nicht etwas Fernöstliches, im Christentum Unbekanntes?" Wir brauchen nicht nach dem Osten zu blikken, wenn wir den Wert der Stille für unser Beten, für unser Menschsein neu entdecken wollen. Die großen christlichen Mystiker und Heiligen des Abendlandes lehren übereinstimmend: „Der Herr wird für euch streiten, seid ihr nur stille" (Ex 14, 14).

Erinnern wir uns an die Propheten, die in der Einsamkeit der Wüste beteten, ehe sie den Menschen predigten. Denken wir an die großen Führer des jüdischen Volkes, an Abraham, Jakob, Mose, die im Schweigen mit Gott rangen und auf ihn lauschten. Auch Jesus ging nicht nur predigend und Wohltaten spendend durch Israel. Seine Jünger beobachteten, daß er sich oft in die Einsamkeit, in das Schweigen zurückzog, um besser beten zu können. Dieses Verhalten Jesu war um so auffälliger, da er, von einem kürzeren Aufenthalt abgesehen, nicht in der Wüste lebte wie Johannes der Täufer oder die Gemeinde von Qumran. Jesus war kein Mönch, er wohnte mitten unter den Menschen. Trotzdem suchte er immer wieder die Stille, das Alleinsein mit Gott auf.

Warum ist Stille so wichtig? Weil sie wie leerer Ackerboden ist, bereit, die Saat aufzunehmen. Wie sollten Samenkörner gedeihen, fänden sie keinen Grund, keinen Boden, in dem sie wachsen und leben können. Die Fähigkeit, innerlich zu schweigen, die vielen Gedanken und Bilder beiseite zu lassen, gibt uns die richtige Distanz zu Dingen und Menschen. Wir lernen, daß wir über niemand und nichts verfügen können, daß jedes Ding, jeder Mensch sein Eigensein, sein Daseinsrecht hat, dem wir mit Ehrfurcht begegnen müssen. Im inneren Schweigen und Leersein erfahren wir, daß Beten anders ist, als wir gewöhnlich meinen. Beten ist nicht so sehr das Aufsagen eines vorgelegten Textes, es ist vielmehr der

Mut mit Gott, mit Jesus Christus ganz persönlich in ein Gespräch zu treten. Wie ein Kind sprechen lernen muß, muß auch der Betende sprechen lernen, indem er Worte der Schrift oder Gebete der Heiligen in sich aufnimmt.

Aber selbst Worte der Schrift oder Gebete anderer können für den Betenden eine Barriere bilden, wenn er nicht wenigstens zeitweise den Mut findet zu radikaler Stille, zu radikalem Schweigen. Wir bringen es fertig, uns auch hinter heiligsten Worten zu verstecken, wie Adam, der von Gott nicht gesehen werden wollte. Oft haben wir Angst vor Gott, ohne es einzugestehen. Wir bilden uns ein, Gott würde uns tadeln, uns unsere Fehler vorhalten. Genau das Gegenteil trifft zu. Je stiller und schweigsamer wir vor Gott werden, je ehrlicher wir vor ihm sind, um so friedvoller – sagen wir es ruhig: um so glücklicher – werden wir. Es gibt Christen, die meinen, man dürfe als Glaubender nicht glücklich sein. Die persönliche Verantwortung, das Leid der Welt, das Kreuz Christi sprächen dagegen.

Die meisten heiligen und gotterfüllten Menschen verbreiteten jedoch Freude in ihrer Umgebung. Die christliche Botschaft ist nicht eine Botschaft vom Leidcharakter der irdischen Welt, sondern von der alles Leid überwindenden Freude in Gott, von der Auferstehung allen Fleisches in Jesus Christus. Auch wenn im einzelnen Menschen- und Christenleben viel Leid getragen werden muß, das Kriterium echten Christseins ist Freude, die Freude darüber, daß wir ins Dasein gerufen sind, daß wir atmen und leben dürfen, daß wir zur Entwicklung der Welt beitragen können, daß wir von der Sünde erlöst sind. Leid, Ungerechtigkeit, Elend sollen uns nicht bitter machen, nicht pessimistisch; vielmehr haben wir die Aufgabe, körperliches und seelisches Leid unserer Mitmenschen verwandeln zu helfen in Hoffnung auf ewiges, ungetrübtes Leben. Das ist keine Jenseitsvertröstung, sondern die Wahrheit über Jesus Christus und seine Botschaft von Gott. Diese Fülle der Freude wird uns zuteil, wenn wir öfters schweigend, in äußerer und innerer Stille, der Liebe Gottes gedenken, wenn wir zu ihm sagen: „Ich bin glücklich, dein Geschöpf zu sein, ich danke dir dafür, daß ich lebe."

Stille hat etwas zu tun mit Warten-Können, mit Hoffen, mit Sichsehnen und Bereitsein für andere. Der leere Ackerboden bereitet sich vor, um Ähren und Früchte zu tragen. Doch nicht das ganze Jahr hindurch. Leersein ist für ihn genauso wichtig wie Fruchttragen und Kraft hergeben. Würden wir nie still, nie leer vor Gott, wie der geduldig wartende Acker, dann würden wir auch keine Früchte tragen – oder nur solche, die nicht viel bedeuten, die krank sind. Meditation ist dieses leere, schweigende Zuwarten vor Gott, damit er alles in allem sein kann auf dem Acker unseres Lebens.

## Die Kirche braucht das marianische Geheimnis

JOSEPH RATZINGER

Der Zusammenhang von Christus- und Mariengeheimnis ist sehr wichtig in unserer Zeit des Aktivismus, in der sich die westliche Mentalität bis zum äußersten entfaltet hat. Denn in der heutigen Welt des Geistes gilt nur noch das männliche Prinzip: das Machen, das Leisten, die Aktivität, die selbst die Welt planen und hervorbringen kann, die nicht auf etwas warten will, von dem sie dann abhängig wird, sondern die allein auf das eigene Können setzt. Es ist, so glaube ich, kein Zufall, daß wir in unserer westlichen, maskulinen Mentalität immer mehr Christus von der Mutter losgetrennt haben, ohne zu begreifen, daß Maria als Mutter theologisch und gläubig etwas bedeuten könnte. Die ganze Art unseres Umgehens mit der Kirche ist von hierher geprägt. Wir behandeln sie fast wie ein technisches Produkt, das wir mit ungeheurem Scharfsinn und Aufwand von Energien durchplanen und machen wollen; wir wundern uns, wenn dann eintritt, was der heilige Ludwig-Maria de Grignon von Montfort nach einem Wort des Propheten Haggai bemerkt hat: Ihr schafft viel, aber es kommt dabei nichts heraus (1,6)! Wenn das Machen sich verselbständigt, können die Dinge, die nicht zu machen, sondern lebendig sind und reifen wollen, nicht mehr bestehen.

So tut es uns not, aus dieser Einseitigkeit westlicher, aktivistischer Perspektiven herauszutreten, um nicht auch die Kirche zu einem Werkstück unseres Schaffens und Planens herabzuwürdigen. Kirche ist nicht gemachtes Produkt, sondern lebendiger Same Gottes, der wachsen und reifen will. Darum braucht die Kirche das marianische Geheimnis, darum ist sie selbst Mariengeheimnis. Fruchtbarkeit kann in ihr nur geschehen, wenn sie sich unter dieses Zeichen stellt, wenn sie heilige Erde wird für das Wort. Wir müssen das Sinnbild des fruchtbaren Erdreiches aufnehmen, wir müssen wieder wartende, nach innen gesammelte Menschen werden, die in der Tiefe des Betens, Sehnens und Glaubens dem Wachsen Raum geben. ...

## Das Gute macht keinen Lärm.

JOHANNES PAUL I.

Man spricht so viel von Umweltverschmutzung. Es gibt auch eine Verschmutzung durch Lärm, durch hektische, verkrampfte Geschäftigkeit. Ein Stückchen Glück gewinnt der, der es versteht, sich trotzdem Raum der Stille zu verschaffen, der auf das gewohnte Fernsehen, das gewohnte Radio, auf überflüssiges Gerede, auf endlose Empfänge verzichten kann.

Auf dem Mailänder Hauptbahnhof sah ich einmal einen Gepäckträger. Er lag mit dem Kopf auf einem Sack Kohlen an einem Pfeiler und schlief selig. Züge fuhren mit schrillen Pfiffen los, andere rollten mit quietschenden Bremsen ein; durch die Lautsprecher kamen dauernd Durchsagen; die Leute kamen und gingen mit Lärm und Krach. Er aber schlief weiter, als ob er sagen wollte: „Macht, was ihr wollt, ich brauche Ruhe." Dieser Mann war für mich eine Mahnung: Mitten im Lärm und in der Hetze dieser Welt bleibe, der du bist. Laß dich nicht zum bloßen Werkzeug machen, werde nicht zum Sklaven von Meinungen und Moden. Verschaff dir ein bißchen Stille, zum Wohl deiner Seele. Lärm bringt nicht das Gute, das Gute macht keinen Lärm.

# Glaube, der vom Tod ins Leben führt

## Sehen, was Gott täglich für uns leistet

HEINRICH SCHLIER

„In Christus Jesus gilt ... Glaube, der sich durch die Liebe wirksam erweist" (Gal 5,6).

Wir müssen uns mehr und mehr bewußt werden, daß das, was nach unserer und der Zeit Meinung etwas bedeutet, nicht auch „in Christus Jesus", also dort, wo er herrscht und das Leben bestimmt, Geltung hat. Unsere Zeiten und vielleicht auch wir selbst schätzen, wie die Leute, die Paulus im Auge hat, nichts so sehr wie die Leistung und das Ansehen oder auch den Vorteil, den sie einbringen. Der Apostel hat die religiöse und moralische Leistung vor Augen. Wir haben meist gesellschaftliche oder technische Leistungen im Sinn. Alle aber haben das gemeinsam, daß wir in ihnen aus eigener Kraft unser Leben zu erfüllen meinen und unser Heil, wie es auch aussehen mag, davon erwarten.

„In Christus Jesus" aber, wenn er für den Menschen maßgebend wird, wenn wir zu der Gemeinschaft gehören, die auf ihn hört, ihm gehorcht, ihm in Not oder Glück sich anvertraut, seine Zusagen und Weisungen abnimmt, wissend, daß wir seinem Erbarmen und seiner Treue das Leben verdanken, in diesem Christus Jesus gilt etwas anderes, in seinem Bereich gilt der Glaube. Der Glaube ist dies, daß der Mensch das weiß und sich Jesus Christus anheimgibt und von ihm mit dem Leben beschenken läßt. Der Glaube sieht, daß der Mensch zuletzt und daher zuerst nicht von sich und also nicht von dem her lebt, was er leistet, sondern von dem her, was, wenn wir so sagen dürfen, Gott für ihn in dem erbarmenden Jesus geleistet hat und täglich für uns leistet: Seine ganze erbarmende Herzensmacht. Mögen wir uns in unseren Leistungen sonnen, von ihnen leben wir nicht, und sie können unser Leben nicht befriedigen. Sie machen uns ja nicht frei, sie lösen uns nicht von uns ab, im Gegenteil, sie richten ständig unseren Blick auf uns, lassen uns ständig mit uns beschäftigt und um uns besorgt sein, binden uns an uns selber so fest wie nichts anderes. Nur wenn wir glauben und im Glauben von Gottes Lebens-Gabe und Jesu Christi Lebens-Hilfe leben, kommen wir von uns los und zur getrosten Freiheit.

Dann wird es auch ein echter Glaube sein, ein Glaube, der sich in der Liebe wirksam erweist. Frei von mir im Glauben an Gottes Treue, die mich festhält und an Jesu Erbarmen, das mir vergibt und ein neues Leben schenkt, frei von meinen Ängsten um mich und meinen Eitelkeiten gebe ich mich frei für den anderen Menschen. Er, nicht ich, ist dann meine Fürsorge und meine Liebe. Im Wegschauen von sich und Abgehen von seinen Eigenleistungen, in der Gabe der Geborgenheit in Gott durch Jesus Christus, angesehen und anerkannt von ihm geht der Mensch im Glauben ans rechte Werk, wird sein Glaube mächtig und heilsam in der Liebe.

## Wirklichkeit, der man sich anvertrauen kann

ROMANO GUARDINI

„Und als Er die Scharen entlassen hatte, stieg Er auf den Berg, um für sich allein zu beten. Und als es Abend wurde, war Er [noch] dort allein; das Schiff aber war schon mitten auf dem See, von den Wogen bedrängt, denn der Wind stand ihnen entgegen. Um die vierte Nachtwache kam Er zu ihnen, auf dem See dahingehend. Als sie Ihn aber über den See gehen sahen, erschraken sie und sagten: ‚Es ist ein Gespenst!' – und schrien vor Furcht. Da redete Er ihnen sogleich zu und sprach: ‚Habt Mut, Ich bin es, fürchtet euch nicht!' Da antwortete Ihm Petrus und sprach: ‚Herr, wenn Du es bist, befiehl, daß ich auf den Wassern zu Dir komme.' Da sagte Er: ‚Komm!' Da stieg Petrus aus dem Schiff, schritt über die Wasser und ging auf Jesus zu. Doch als er den Wind sah, fürchtete er sich, und als er zu sinken begann, schrie er auf: ‚Herr, rette mich!' Sogleich streckte Jesus seine Hand aus, ergriff ihn und sagte ihm: ‚Kleingläubiger, warum hast du gezweifelt?'" (Mt 14,23–31)

Diese Stelle gehört zu den entscheidenden Offenbarungen vom

Wesen des Glaubens. Man hat ihn mit dem Denken des Verstandes in Zusammenhang bringen wollen, indem man das Gläubigwerden nach der Weise auffaßte, wie der Verstand weiterkommt. Etwa so: An einer bestimmten Stelle kann der Verstand nicht mehr voran; da wird er sich über die Sachlage klar, zieht seine Schlüsse und gewinnt die Einsicht, es sei vernünftig, der Offenbarung zu vertrauen ... Andere haben den Glauben aus der Linie des Willens abzuleiten versucht. Der Wille, welcher Sinn und Wert sucht, kommt an die Grenze alles irdischen Wertes. Er sagt sich, daß es darüber den himmlischen geben müsse, und nimmt die Botschaft von ihm aus dem Worte Gottes entgegen ... Daran ist vieles richtig; das Entscheidende liegt aber anderswo. Was dem Glaubenden eigentlich zu Bewußtsein kommt, ist nicht eine „Wahrheit", oder ein „Wert", sondern eine Wirklichkeit. Nein, diese Wirklichkeit, des heiligen Gottes im lebendigen Christus. Dadurch erst tritt – mitten im Bereich dessen, was vom Menschen her erfahren und gedacht werden kann; mitten im Inbegriff dessen, was „Welt" heißt – ein Punkt hervor, der nicht zur Welt gehört: ein Ort, auf den man treten; ein Raum, in den man gehen; eine Kraft, auf die man sich stützen; eine Liebe, der man sich anvertrauen kann. Das alles ist Wirklichkeit; anders als die Welt; wirklicher als die Welt. Glauben heißt, dieser Wirklichkeit innewerden; sich mit ihr verbinden; sich auf sie stellen. Im Glauben leben aber bedeutet, mit dieser Wirklichkeit ernstmachen.

Sagen wir es ganz scharf: Das Leben des Glaubens bedeutet den Umbau des Wirklichkeitsbewußtseins. Für unser weltverfangenes Empfinden – aber wir müssen noch mehr zugeben: für unser sogar hinsichtlich der Welt selbst verworrenes Empfinden ist der Körper wirklicher als die Seele; die Elektrizität wirklicher als ein Gedanke; die Macht wirklicher als die Liebe; der Nutzen wirklicher als die Wahrheit – alles zusammen aber, „die Welt", ohne allen Vergleich wirklicher als Gott. Wie schwer ist es, auch nur im Gebet Gott als wirklich zu empfinden! Wie schwer und wie selten geschenkt, in der Betrachtung Christus als wirklich zu erfassen; gar als wirklicher und mächtiger als die Dinge des Daseins! Dann aber aufzustehen, unter die Menschen zu treten, den Geschäften des Tages nachzugehen, die Mächte der Umgebung und des öffentlichen Lebens zu fühlen – und noch zu sagen, Gott sei wirklicher, Christus sei stärker als alles das; aus reinem und unerzwungenem Bewußtsein heraus das zu sagen – wer vermag das? Das Leben im Glauben, die Arbeit im Glauben, die Übung im Glauben – ja, jetzt ist es richtig gesagt: die tägliche, mit Ernst vollbrachte Übung soll die Art umschaffen, wie wir die Wirklichkeit empfinden. Dahin umschaffen, daß wir als wirklich empfinden, was wirklich ist. Vielleicht erwidert jemand, das sei Suggestion. Darauf könnte man nicht viel sagen; wahrscheinlich nicht mehr als: so sprichst Du, weil Du daneben stehst. Gewiß werden in diesem Bewußtseinsumbau alle Mittel der Selbstumformung wirksam; doch bei einem Vorgang kommt es nicht auf seine „Technik" an, sondern auf seinen Inhalt. Um welchen Inhalt es aber hier geht, siehst Du noch nicht. Tritt in den Glauben ein, dann wird Dir deutlich, worum es geht. Dann sprichst Du aber auch nicht mehr von Suggestion, sondern vom Dienst des Glaubens und von seiner bitternötigen täglichen Übung.

Diese Übung ist mühsam. Die Stunden, in denen Aug' in Auge haftet, und das Kraftfeld sich schließt, sind selten. Meist ist der Sturm im Bewußtsein mächtiger als Christi verblassendes Bild. Meist scheinen die Wasser nicht zu tragen, und das Wort Christi, welches sagt, sie trügen doch, hört sich an wie fromme Symbolik. Was damals Petrus geschah, offenbart, was im Alltag jedes Christenlebens geschieht. Denn wirklich: auf das Wort Christi hin für gering einzuschätzen, was von der Welt her groß erscheint, und für entscheidend, was sie gering nennt; immer wieder von den Menschen draußen wie vom eigenen Wesen drinnen Widerspruch zu erfahren und doch auszuharren – das ist nicht leichter, als was Petrus getan hat!

---

Schauen wir auf den Herrn, und fürchten wir nicht, die Sonne der Gerechtigkeit könnte untergehen. Gott läßt uns nicht im Finstern. Nur wenn wir ihn verlassen, gehn wir zugrunde.

TERESA VON AVILA

## Loslassen, um ergriffen zu werden

HANS URS VON BALTHASAR

Wäre Gott nicht unerfaßlich, so wäre er nicht Gott, sondern ein ideologischer Überbau des menschlichen Geistes. Könnte jedermann Jesus von Nazareth seines Gottessohnschaft unmittelbar ansehen, nachweisen, sie andern erklären, wie man eine historische Tatsache aufzeigt, so wäre er gewiß nicht die Erscheinung des wesenhaft unfaßlichen Gottes in der Welt, sondern ein bloßes Glied in der Kette der geschichtlichen Ereignisse. Jedenfalls ist dies die Ansicht Jesu selbst, wenn er sagt: „Niemand kennt den Sohn als der Vater, und den Vater kennt niemand als der Sohn und wem der Sohn es offenbaren will" (Mt 11,27). Kurz zuvor sagt Jesus auch, wem diese Offenbarung zuteil wird: nicht den Weisen und Klugen; diesen bleibt sie verborgen, sondern den Einfältigen, wörtlich: den Unmündigen. Was von Gott und seinem Offenbarer in der Welt gilt, muß notwendig auch von jenem Gebilde gelten, das Paulus „die Fülle", den „Leib", die „Braut" Christi nennt, das Johannes als „Kyria" anspricht (da sie offenbar teilnimmt an der verborgenen Herrschaftlichkeit des Kyrios Jesus): wer und was diese Kirche als Gegenwart Jesu (und Gottes in Jesus) mitten in der Weltgeschichte in Wirklichkeit ist, kann an ihrer äußeren Gestalt, ihrer amtlichen, kultischen, soziologischen Sichtbarkeit ebensowenig abgelesen werden wie die göttliche Qualität Jesu an seinem menschlichen Leib.

Menschen, die einen logisch unwiderleglichen Beweis für den Anspruch der Kirche, die Gegenwart Gottes in Jesus Christus zu sein, fordern – ob sie es nun tun, um sich selbst zu versichern oder um jenen Anspruch bequemer zu widerlegen –, werden vermutlich an Jesus mit der gleichen Forderung herantreten („Wenn er der König von Israel ist, so soll er jetzt vom Kreuz herabsteigen, und wir wollen ihm glauben"), und schließlich auch noch ihren Glauben an Gott von der Forderung abhängig machen, er möge endlich klipp und klar seine Existenz erweisen. Wenn solche Wünsche von den Menschen aller Zeiten vorgebracht wurden, die sich gern durch irgendwelche Zeichen und Wunder oder durch technisch erlernbare religiöse Erfahrungen Gottes versichern wollten, so sind sie dem modernen Menschen noch selbstverständlicher vertraut, der nur das als wahr annehmen will, was er mit a + b bewiesen bekommt oder mit den eigenen Sinnen experimentieren kann. Daß dies einem naiven, vielleicht ganz unschuldigen Atheismus gleichkommt, wird diesem modernen Menschen oft gar nicht bewußt, weil er die weltliche Beweisbarkeit aller Wahrheit wie ein Dogma im Blut hat. Daß heute auch innerhalb der Kirche die Forderung nach „Erfahrbarkeit" (gerade der Kirche in ihrer Eigenschaft als Gegenwart Christi) mit einer nie dagewesenen Hartnäkkigkeit erhoben und das Dasein oder Nichtdasein echter Kirche am Glücken oder Scheitern solcher „Erfahrung" gemessen wird, ist ein unbewußtes Unterliegen dem Zeitgeist, mag man damit nun sich selber oder andern nachweisen wollen, daß man recht daran tut, in der Kirche den Zugang zu Christus und zu Gott zu suchen.

Aber ob man nun die Erfahrung des Göttlichen als ein Mittel anstrebt, sich dessen innerseelisch zu versichern, oder ob man gerade diese Erfahrbarkeit dazu benützt, das religiöse Erleben auf eine rein psychologische Angelegenheit zu reduzieren und es so der weltlichen Wissenschaft zu unterwerfen: sicher ist, daß , wenn es wirklich um die Beziehung des Menschen zu Gott, seinem Schöpfer und dem Urgrund alles weltlichen Seins gehen soll, von einer direkten Erfahrung nicht die Rede sein kann. „Si comprehendis, non est Deus: wenn du zu begreifen meinst, ist es sicher nicht Gott." So wird man überall, wo das Verhältnis des Endlichen und Unendlichen, des Relativen und Absoluten, des Weltlichen und Göttlichen einigermaßen rein und konsequent gedacht worden ist, stets eine dialektische Formel finden: Annäherung an eine Erkenntnis des Göttlichen auf dem Wege einer Negation und Durchstreichung unmittelbarer Erfahrung: anstelle eines Erfassens ein Loslassen jedes Willens zum Fassen, um sich erfassen zu lassen, anstelle der sich schließenden Hand des Begreifens ein Öffnen, um er-griffen zu werden (was aber gerade keine psychologische Ergriffenheit sagt). In jedem Denkschritt, mit dem man an das Absolute herankommen will, die steigende Gewißheit, daß dieser aller logischen Operation entgleitet. Dies aufgrund der einfachen Überlegung, daß Mensch und Gott sich niemals wie das Eine und das Andere gegenüberstehen können, weil Gott „Alles" ist (Sir 43,27), und der Mensch, der bestenfalls „Etwas" ist, nie mit sich selbst vor dem Alles auftrumpfen kann. Er muß, um mit diesem in eine Beziehung zu treten, das Alles auch in ihm das sein lassen, was es ist: nicht Etwas, sondern Alles. Bis hier kann die religiös-philosophische Reflexion gelangen, um dann vor dem offenkundigen Paradox zu verstummen: wie denn das „Etwas" Welt und Mensch neben oder unter oder innerhalb des Alles Gottes überhaupt Daseinsraum gewinnen kann: ob es vielleicht doch nicht Etwas, sondern Nichts ist (weil Gottes Alles ist) oder ob Gott vielleicht doch nicht Alles, sondern der Welt bedürftig ist, um Alles zu werden (weil der Mensch Etwas ist).

## Nichts braucht uns zu schrecken

JOHANNES RIEDE

Die Krise des Glaubens oder besser die Unfähigkeit vieler Menschen, mit dem Glauben, der ihnen überliefert, angeboten, zugemutet oder abverlangt wird, ins reine zu kommen, ist nach allen persönlichen Erfahrungen nur selten durch Schwierigkeiten mit gewissen Glaubensinhalten, mit denen sie nicht fertig werden, ausgelöst. Tatsächlich haben Hinweise auf die Problematik dieser oder jener Dogmen durch Menschen, die sich im Glauben verunsichert sehen, oft genug nur Alibi-Funktion. Es zeigt sich nämlich sehr bald, daß der Versuch einer gesprächsweisen Erhellung ihrer Schwierigkeiten, der Versuch, solche Glaubensinhalte für einen denkenden Menschen einsichtig zu machen, mit einer verblüffenden Regelmäßigkeit eine Glaubenskrise nicht aufhebt. Da müßte einen schon jene uferlose Flut an Literatur vorsichtig machen, die für Menschen aller „Schichten" aufschließen und zugänglich machen will, was wir glauben, eine Literatur, die offensichtlich gefragt ist und doch die allgemeine Glaubensmüdigkeit (von der Skepsis ganz zu schweigen) zu beheben kaum imstande ist.

Tatsächlich liegen die Schwierigkeiten mit dem Glauben tiefer als bei irgendwelchen Inhalten. Sie sind grundsätzlicher Art. Wir leben alle in einer Situation, die dem Glauben nicht gut bekommt, die einen mehr, die anderen weniger, die einen offen eingestanden, die anderen heimlich unterdrückt.

Zugleich werden wir aber auch nicht von dem Anspruch dispensiert, der an uns ergeht, wie er zu allen Zeiten an Menschen ergangen ist, der Anspruch Jesu auf unsere Glaubensantwort. Das macht ja gerade unsere Schwierigkeiten aus, daß wir auf der einen Seite „nicht können" und auf der anderen Seite um diese seine Erwartung wissen. Jesus verlangt von einem jeden, der ihm begegnet, nichts anderes als den Glauben. Dazu möchte er einen jeden verlocken, dafür möchte er einen jeden gewinnen, daraufhin möchte er ihn „überzeugen".

Aber was ist das, was Jesus als „Glaube" bei denen auslösen möchte, die an ihn geraten? Die Bibel stellt hin, fordert und macht an Beispielen deutlich – an Abraham, an Hiob und vielen anderen, nicht zuletzt an denen des Neuen Testaments, von Maria bis zum Hauptmann unter dem Kreuz: wenn Jesus vom Glauben spricht, dann erwartet er, daß seine Hörer sich auf das einlassen, was er ihnen sagt; daß sie ihm seine Botschaft abnehmen: das Königtum Gottes bricht an, wenn auch anders, als menschliche Erwartungen es sich zurechtgebogen haben und immer noch zurechtbiegen.

Sich auf ihn einlassen und ganz konsequent nicht nur „ihn an sich heranlassen", sondern sich „mit ihm einlassen", ja „ihn in sich hineinlassen", das ist der entscheidende Schritt. Das freilich setzt die Bereitschaft voraus, sich selbst so grundsätzlich und abgründig zu öffnen, wie das nur noch bei einem dem Glauben sehr verwandten Phänomen zutage tritt, bei der Liebe von Mensch zu Mensch. Hier gibt sich einer in seinem Selbstand auf, er teilt sein Leben, er lebt auf den anderen hin und vom anderen her und erfährt beglükkend, wie kümmerlich das fortdauernde Eingeschlossensein in die eigene Existenz sein muß – und wie befreiend dagegen liebende Partnerschaft werden kann. Kein Wunder, daß die Geschichte des Glaubens einer Geschichte der Liebe oft so verblüffend ähnlich ist! Beide reichen von der ersten Begegnung zum lebendigen Miteinander, beide gehen über Höhen und Tiefen zur immer wieder neu zu verwirklichenden seligen Einheit in Geist und Fleisch. Und beidemal muß man es mit dem anderen wagen, muß sich auf ihn einlassen, wenn nicht alles in Frage gestellt werden soll. Wie abgründig wird aber das Wagnis dort, wo der Partner nicht irgendein Mensch, sondern Jesus Christus, der verläßliche und getreue Zeuge ist!

Wer das einmal begriffen hat, daß Glaube schlicht bedeutet, sich auf ihn einlassen (und darum auch „vertrauen" und folgerichtig „annehmen"), der wird sich viel weniger mit Glaubensproblemen herumquälen, als vielmehr sich von ihm an der Hand nehmen lassen – wie Liebende!

Probleme sollen Probleme bleiben, sie sollen diskutiert, hinterfragt, von Lösungsversuchen zu Lösungsversuchen weitergetrieben werden. Nichts braucht uns zu schrecken! Solange wir uns ihm anheimgeben, uns auf ihn verlassen *(uns auf ihn einlassen),* sagen wir es doch ruhig, solange wir ihn lieben – glauben wir.

## Die Not mit dem Glauben

KLAUS HEMMERLE

Wo sich die Ansprüche an uns vervielfachen, wo jeden Augenblick soundsoviele Signale auf uns einwirken und von uns verlangen, auf sie zu reagieren, damit das Leben weitergeht, da haben es Botschaft und Anspruch christlichen Glaubens besonders schwer. Wir sind dann nicht sonderlich daran interessiert, daß Glaube geht; denn es geht ohnehin schon zu viel, und alles, was nicht gehen muß, das lassen wir am liebsten auf der Seite, bestenfalls in Reserve für später einmal.

Nun, so plausibel diese Aussage klingt, sie allein faßt die Wirklichkeit nicht. Wie wenig der Mensch ohne Antworten auf die Sinnfrage auskommt, wie sehr er sich über den bloßen Schlagabtausch zwischen Leistung und Konsum, zwischen Funktion und Komfort hinaussehnt, dafür gibt es eindrückliche Zeugnisse.

Aber genau an diesem Punkt setzt eine neue Not mit dem Glauben ein, eine Not, die in der Tat ratlos machen kann. Die Verheißung der christlichen Botschaft und der Anspruch des christlichen Lebens scheinen zu hoch zu hängen, um dem Menschen erreichbar zu sein, ihn unmittelbar dort anzusprechen, wo er sich in seiner Alltagswelt vorfindet. Und zum andern werden solche Verheißung und solcher Anspruch repräsentiert durch Größen wie Dogma, Norm, Institution, Amt – und dies wiederum erscheint zu konkret-diesseitig, zu massiv und zu sehr eingebunden in diese Welt voller Anforderungen und Institutionen. Oft genug siedelt sich die neue Religiosität jenseits der institutionellen Gestalt von Christentum und Kirche und diesseits des entzogenen Geheimnisses an, von dem die christliche Botschaft spricht. Neu und drängend stellt sich die Frage: Wie geht das, Glauben?

Sicherlich muß die erste Antwort auf diese Frage heißen: Glauben geht nicht. Glaube läßt sich, dies ist die eindeutige Auskunft des christlichen Glaubens über sich selbst, nicht mit menschlicher Geschicklichkeit machen, nicht durch Argumente und Übungen herbeizwingen. Glaube ist, um es theologisch zu sagen, eine „eingegossene Tugend", will sagen etwas, das nicht der Mensch aus sich, sondern das nur Gott im Menschen vermag. Der Grund des Glaubens – wiederum eine „klassische" theologische Aussage – ist nicht das, was an menschlicher Plausibilität, an Gründen für die Glaubwürdigkeit und Unabweislichkeit des Glaubensanspruchs beigebracht werden kann, sondern allein die Autorität des sich offenbarenden, sich mitteilenden, den Inhalt und die Kraft des Glaubens schenkenden Gottes. Nichtsdestoweniger ist der Glaube freie Antwort des Menschen auf den Anruf Gottes, Weg, in den der Mensch sich selbst einbringt, den er mit *seinem* Leben und seiner Freiheit und seinem Denken geht. Der Glaube bricht nicht von einem fremden Außen in den Menschen ein, ohne sich ihm, und das heißt: seiner Freiheit, innerlich zu verbinden. Der Gott, der den Glauben schenkt und sich im Glauben schenkt, ist vielmehr dem glaubenden Menschen inwendiger als sein Innerstes. Deshalb ist vollzogener Glaube ein Weg, auf dem der Mensch entdeckt, wie Menschsein geht, wie seine Welt geht. Das ist die Zeugniskraft des Glaubens auch nach außen: Wo Glaube gelingt, wo er zur Lebensgestalt des Menschen wird, da wird sichtbar, daß glaubendes Menschsein mehr und nicht weniger Menschsein bedeutet. Es ist zu wenig zu sagen, Glaube wolle den Menschen nur menschlicher machen, denn Gott will uns durch den Glauben Anteil geben an sich – aber gerade weil der Glaube den Menschen „vergöttlicht", vermenschlicht er ihn auch. Der glaubende Mensch wird mehr Mensch, ja menschlicherer Mensch und weltlicherer Mensch.

## Maria, die erste derer, auf die Ostern übergriff

HEINRICH SPAEMANN

In jedem Menschen, dem Gott noch nicht verlorgenging oder der ihn wiederfinden durfte durch das Geschenk des Glaubens, gibt es aufgrund seiner Gottoffenheit und -verbundenheit einen Verheißungskeim zeitüberlegener, zeitüberdauernder Lebensfülle, einen Keim, der dazu bestimmt ist, verborgen auszureifen mitten in einem Leben, das sich für Gott und den Bruder verbraucht – um dann als innerer Mensch durch den Tod des äußeren Menschen hindurch offenbar zu werden, fast so, wie aus der Raupe der Schmetterling hervorgeht oder aus dem sterbenden Korn Halm, Blüte und Frucht. Im Tode geschieht der endgültige Durchbruch in die kommende Welt, die Verklärung in Gott hinein – bei denen, die glaubten und die dem inneren Menschen nach ausreiften für ihn.

Es gibt im paulinischen Schrifttum, aber auch bei Johannes eine Reihe Stellen, die dieses Ausreifen durch Glauben als einen Umgestaltungs-und Verklärungsprozeß in Christus hinein beschreiben. Die grundlegende Stelle 2 Kor 3, 18: Wenn vom Menschen genommen ist, was ihm Christus verhüllte, d. h. wenn er glaubt, dann schaut er mit unverhülltem Antlitz die Herrlichkeit des Herrn (dann leuchtet ihm das Wesen Christi auf und ein), er schaut es wie im Spiegel (sein Inneres bildet es ab und nimmt es zugleich in sich auf wie etwa der Tautropfen die Sonne). Und so wird er in eben dieses Bild, in Christus hinein, verwandelt, von

Klarheit zu Klarheit, durch die Wirkung des Geistes Christi, durch die Einstrahlung des Wesens Christi.

Im Galaterbrief spricht Paulus jedoch auch von einer Art Geburtswehen, die er ein zweites Mal erleiden muß, bis Christus in den Galatern Gestalt gewinnt. Darin ist mitgesagt: daß es doch offenbar nicht immer von Klarheit zu Klarheit geht, daß die Gestaltwerdung Christi in den Gläubigen auch zum Stocken kommen, Unterbrechungen und Rückschläge erleiden kann. Sicher ist sie bei vielen Gläubigen ein mit vielen Widerständen kämpfender, bis zum Tod nicht voll ausreifender Lebensprozeß, weil einer mit dem Glauben nicht immer Ernst macht, weil einer Christus wieder aus dem Auge läßt, weil der alte Ichmensch sich wieder durchsetzt.

Die Erwägung der Schriftstellen, die von Maria handeln (und deren Konsonanz), gibt uns die Gewißheit, daß es diese Art von Untreue bei ihr nicht gab. Ihr, die seine Mutter werden sollte, wurde Jesus gleich zu Beginn als der Christus offenbart. Sie lebte also im gläubigen Hinblick auf ihn, und dies durch dreißig Jahre. Sie teilte wie kein Mensch sonst alle Phasen des Lebens Jesu, vom Kind bis zum Mann, in der inneren Offenheit für sein Geheimnis, sein Eigentliches und Ursprüngliches. Das bedeutet: sie lebte im Strahlbereich des „Lichtes der Welt". Was wir im Auge haben, formt uns. Wie auch umgekehrt gilt: wie einer uns sieht, den wir im Auge haben, das entscheidet darüber, was aus uns wird.

So wurde Maria von allen Zügen des Wesens Jesu geformt, ihm ähnlich bis ins Innerste, wie er ihr ähnlich war durch Geburt. „Ist aber dein Auge gesund, so ist der ganze Leib im Licht" (Mt 6,23). Maria hatte dieses gesunde (dieses gläubige) Auge; so wurde ihre ganze Existenz durch ihn gelichtet, den sie im Auge hatte. Offenbar sollte es einen Menschen geben, in dem nichts verlorenging von der Christusgnade. Dieser Mensch war sie; darin das personale Ur-Bild der endzeitlich vollendeten Kirche, die der Epheserbrief die Fülle dessen nennt, der alles in allem erfüllt (1,23). Diese Fülle Christi wurde Maria anvertraut, um sie, wie es zum Wesen der Gnade gehört, auszuwerten für andere – ja für alle Geschlechter.

Das Fest ihrer Aufnahme in den Himmel – ihrer vollendeten Umgestaltung in Christus und durch ihn in Gott hinein – ist für den Glauben mehr als nur ihr Fest. Es begreift uns ein, unsere Berufung – unser Ziel, unsere innerste Wirklichkeit. Wir sind die Welt auf dem Wege zur Verklärung.

Und Maria ist der Erstling derer, auf die Ostern übergriff.

# Aus den Brunnen der Tiefe eines Herzens

## Was ist wirklich gebetet, was nur gesagt?

KARL RAHNER

Beten im Alltag ist schwer. Schwer schon, es im Alltag nicht ganz zu vergessen, weil es in der Zeit und in der Umgebung keinen Halt und Boden für sein Gedeihen hat. Es ist noch schwerer, das Gebet im Alltag wirklich zu „beten" und nicht nur zu persolvieren (Gebete „zu sprechen"). Ach, was ist oft an unserem Alltagsbeten wirklich „gebetet" und was nur gesagt? Wie oft ist Herz und Gemüt fern von dem allem, was wir beten, wie oft wird aus dem Wort an Gott von Herz zu Herz das Aufsagen einer Formel, bei der man eigentlich nur noch besorgt ist, daß sie abgebetet wird, durch die hindurch man aber nicht mehr bei Dem ist, dem man sie sagt!

Der Alltag veralltäglicht das Gebet im Alltag: Es wird äußerlich, mechanisch, herzlos, Lippengebet und Erfüllung einer äußeren Leistung, die man möglichst rasch abdient, um sich wieder erfreulicheren Dingen zuzuwenden.

Und so kann dann nur zu leicht das so Alltägliche und doch Erschütternde sich begeben, daß man betet und mit dem Herzen doch fern von Gott ist, daß man Gott mit den Lippen ehrt, das Herz aber nicht mitmacht und man dennoch sich einbildet, seine Pflicht Gott gegenüber getan zu haben.

Es kann auch sein, daß der innere Mensch leidet an der Spannung zwischen dem, was sein Gebet ist, und dem, was es sein sollte, daran leidet, daß sein Herz gewissermaßen nicht mitgeht mit den hohen Worten von Anbetung, Lob, Dank, Bitte, Ehrfurcht und Reue und ähnlichen Gesinnungen, von denen wir im Gebet sprechen, daran leidet, daß er beten will – oft und täglich –, aber scheinbar nicht beten kann, daß eine innere Lähmung sein Herz überfallen hat und er den Eindruck hat, seine Ehrlichkeit verbiete ihm, das nur zu heucheln, was er in Wahrheit nicht leisten kann, und seine Treue zu sich und zu Gott gebiete ihm darum, eben zu warten, bis die Brunnen der Tiefe seines Herzens mit ihren Wassern der Gnade, des spontanen Erlebens und Ergriffenseins wieder einmal von selbst aufbrechen und so ein Gebet ermöglichen, das wirklich – wie man sagt – echter Herzenserguß ist.

Und dennoch: Trotz all dieser Schwierigkeiten bleibt die alte christliche Lebensweisheit und Lebensgewohnheit richtig und wahr auch für uns: täglich zu beten, im Alltag zu beten, das Gebet nicht zu beschränken auf die seltenen hohen Stunden innerer Ergriffenheit und Erschütterung.

## Beten: vom Verstand ins Herz hinabsteigen

HENRI J. M. NOUWEN

Nur sehr wenige Diener des Glaubens werden in Abrede stellen, daß Beten wichtig ist. Sie werden nicht einmal leugnen, daß Beten die wichtigste Dimension ihres Lebens ist. Tatsache ist aber, daß die meisten sehr wenig oder gar nicht beten. Sie wissen zwar, daß sie nicht vergessen sollten zu beten, daß sie sich zum Beten Zeit nehmen sollten und daß Gebet in ihrem Leben den Vorrang haben sollte. Aber all diese „sollten" haben nicht genug Kraft, um sie über das ungeheure Hindernis der Betriebsamkeit und des Drucks der Aufgaben hinwegzutragen. Da ist immer wieder noch ein Telefonanruf, noch ein Brief, noch ein Besuch, noch eine Versammlung, noch ein Buch, noch eine Gesellschaft. Das alles bildet einen schier unübersteigbaren Berg von Tätigkeiten.

Für viele bedeutet Gebet nichts anderes als mit Gott sprechen. Und weil das für gewöhnlich eine recht einseitige Angelegenheit zu sein scheint, heißt Beten einfach, zu Gott sprechen. Solch eine Vorstellung genügt schon, um heftige Frustrationen hervorzurufen. Wenn ich ein Problem vorbringe, erwarte ich eine Lösung; wenn ich eine Frage stelle, erwarte ich eine Antwort; wenn ich um Rat bitte, erwarte ich eine Weisung. Und wenn es mehr und mehr den Anschein hat, daß ich ins Dunkle hineinspreche, dann ist es nicht so erstaunlich, daß mir bald der Verdacht kommt, mein Zwiegespräch mit Gott sei in Wirklichkeit nur ein Selbstgespräch.

Dann fange ich womöglich an, mich zu fragen: Mit wem rede ich eigentlich, mit Gott oder mit mir selbst?

Aber es gibt noch einen anderen Gesichtspunkt, der zu ähnlichen Frustrationen führen kann. Das ist die Ansicht, der Sinn des Gebetes erschöpfe sich im Nachdenken über Gott. Ob wir es Gebet oder Meditation nennen, macht wenig Unterschied. Dieser Ansicht liegt die Überzeugung zugrunde, daß es nur nötig ist, über Gott und seine Geheimnisse nachzudenken. Beten erfordert daher harte geistige Anstrengung und ist recht ermüdend, besonders wenn das reflektierende Denken nicht gerade unsere starke Seite ist. Da wir schon so viele andere praktischen und dringenden Angelegenheiten im Kopf haben, wird das Nachdenken über Gott eine zusätzliche Belastung. Das ist besonders deshalb wahr, weil das Nachdenken über Gott nicht spontan geschieht, während das Denken an dringliche Belange sich ganz von selbst einstellt.

Nachdenken über Gott macht Gott zu einem Gegenstand, der gründlich geprüft oder untersucht werden muß. Ein erfolgreiches Gebet ist demnach ein Gebet, das zu neuen intellektuellen Erkenntnissen von Gott führt.

Ebenso wie ein Psychologe einen Fall studiert und Einsicht zu gewinnen sucht, indem er sich müht, einen Zusammenhang zwischen den verfügbaren Angaben herzustellen, so müßte jemand, der gut betet, Gott besser verstehen lernen, indem er über alles nachdenkt, was von ihm bekannt ist.

Im Nachdenken über Gott wie im Reden zu Gott liegt unsere Frustrationsschwelle sehr niedrig, und es braucht nicht viel, daß wir das Beten völlig aufgeben. Ein Buch zu lesen (oder eine Predigt vorzubereiten) ist sicher viel befriedigender als diese verstandesmäßige Wanderung ins Unbekannte.

Diese beiden Auffassungen vom Gebet sind Produkte einer Kultur, in der die Beherrschung der Welt durch den Verstand in hohem Ansehen steht. Die Meinung war weit verbreitet, daß alles verstanden werden kann und daß alles, was verstanden werden kann, auch beherrscht werden kann. Gott ist ebenfalls ein Problem, für das es eine Lösung gibt, und mit ernsthafter geistiger Anstrengung werden wir sie finden.

Das soll natürlich nicht heißen, daß der Verstand im Gebetsleben nichts zu suchen hat oder daß theologische Reflexion und Gebet einander ausschließen. Nicht ganz unbedenklich wäre jedoch eine Überbewertung des Intellektuellen.

Im letzten Jahrzehnt haben viele die Grenzen der Vernunft erkannt. Mehr und mehr sehen die Menschen ein, daß sie weit mehr brauchen als interessante Predigten und interessante Gebete. Sie möchten Gott wirklich erfahren. Die charismatische Bewegung ist eine deutliche Antwort auf diese Suche nach Gebet. Die Beliebtheit des Zen und die Experimente in der Kirche sind gleichfalls ein Hinweis auf ein neu aufgebrochenes Verlangen nach Gotteserfahrung. Plötzlich sind wir von Menschen umringt, die sagen: „Lehre uns beten!" Und plötzlich merken wir, daß wir nach einem Weg durch eine Gegend gefragt werden, die wir selber nicht kennen. Die Krise unseres Gebetslebens besteht darin, daß unser Verstand voll von Gedanken über Gott sein mag, während unser Herz fern von ihm bleibt. Über dieses Herzensgebet belehren uns die Wüstenväter.

Ein Gebet, das in jene Ruhe führt, in der die Seele bei Gott verweilen kann, ist *Herzensgebet.* Für uns, die wir so verstandesmäßig ausgerichtet sind, ist es besonders wichtig zu lernen, mit dem Herzen und aus dem Herzen zu beten. Die Wüstenväter können uns den Weg weisen. Obgleich sie keine Theorie über das Gebet aufgestellt haben, liefern ihre konkreten Geschichten und Weisungen die Bausteine, mit denen die späteren orthodoxen geistlichen Schriftsteller eine sehr eindrucksvolle Spiritualität errichtet haben. Die geistlichen Schriftsteller vom Berg Sinai, vom Berg Athos und die Starzen aus dem Rußland des neunzehnten Jahrhunderts sind alle in der Wüstentradition verankert. Wir finden die beste Formulierung für das Herzensgebet in den Worten des russischen Mystikers Theophanus des Einsiedlers: „Beten heißt, vom Verstand ins Herz hinabsteigen und dort vor dem Antlitz des immer gegenwärtigen und allsehenden Herrn verweilen, der in dir wohnt." Gebet heißt, mit dem Verstand im Herzen vor Gott stehen, nämlich an jenem Punkt unseres Seins, wo es weder Trennung noch Unterschiede gibt und wo wir ganz eins sind. Da wohnt Gottes Geist, und da findet die große Begegnung statt. Da spricht Herz zu Herzen, weil wir da vor dem Angesicht des allsehenden Herrn stehen, der in uns wohnt.

Wir müssen uns klarmachen, daß das Wort Herz hier in seiner vollen biblischen Bedeutung gebraucht wird. In unserem Umfeld ist das Wort Herz ein weiches Wort geworden. Es bezieht sich auf den Sitz des Gefühlslebens. Ausdrücke „herzzerbrechend" oder „herzlich" zeigen, daß wir das Herz oft als den warmen Ort betrachten, wo die Gefühle ihren Sitz haben im Gegensatz zu dem kühlen Verstand, wo unsere Gedanken daheim sind. Aber das Wort Herz bezieht sich in der jüdisch-christlichen Tradition auf die Quelle aller physischen, emotionalen, intellektuellen, willensmäßigen und moralischen Kräfte.

Aus dem Herzen steigen unerkennbare Impulse wie auch bewußte Gefühle, Stimmungen und Wünsche auf. Auch das Herz hat seine Gründe und ist das Zentrum von Wahrnehmung und Erkenntnis. Endlich ist das Herz der Sitz des Willens: es macht Pläne und kommt zu guten Entschlüssen. So ist das Herz das zentrale und einigende Organ unseres personalen Lebens. Unser Herz bestimmt unsere Persönlichkeit und ist deshalb nicht nur der Ort, wo Gott wohnt, sondern auch der Ort, auf den der Satan seine heftigsten Angriffe richtet. Dieses Herz ist der Ort des Gebetes. Das Herzensgebet ist ein Gebet, das sich von der Personmitte aus zu Gott wendet und daher unser ganzes Menschsein betrifft.

## Ich stelle mich vor den Herrn hin und sage kein Wort

JOHANNES PAUL I.

In einer Familie feiert der Vater Geburtstag. Die Mutter und die Kinder haben ein kleines Fest vorbereitet. Zuerst kommt der Jüngste an die Reihe. Er hat ein kleines Gedicht auswendig gelernt, das er vor dem Vater aufsagt. „Bravo", sagt der Vater zu ihm, „das hast du aber gut gemacht." Dann tritt der ältere Sohn auf. Es ist unter seiner Würde, ein Kindergedicht aufzusagen; er hat vielmehr eine kleine Ansprache vorbereitet, die er sich ganz allein ausgedacht hat. „Ich hätte nie geglaubt", sagt der Vater, „daß du so tüchtig bist und eine solche Rede halten kannst." Danach ist das Fräulein Tochter dran. Sie hat nur einen Strauß roter Nelken mitgebracht und bringt kein einziges Wort über die Lippen. Vor Aufregung wird sie ganz rot, als sie ihm den Blumenstrauß überreicht. Und der Vater sagt zu ihr: „Wie schön! Ich sehe, daß du mich sehr gern hast." Schließlich die Mutter, seine Frau seit vielen Jahren. Sie hat kein Geschenk für ihn. Sie schaut ihren Mann nur an, und er schaut sie an, einfach nur ein Blick! Dieser Blick ruft die ganze Vergangenheit, ein ganzes Leben ins Gedächtnis: das Gute, das Schlechte, die Freude, das Leid der Familie. Das ist alles.

So sind die vier Gebetsarten. Die erste – das auswendig gelernte Gedichtlein – ist das gesprochene Gebet. Die zweite – die kleine Festrede – ist die Meditation. Die dritte – der Blumenstrauß – ist das affektive Gebet. Die kleine Tochter in ihrer Aufregung mit ihren Gefühlen. Da braucht es nicht viele Gedanken, es genügt, das Herz sprechen zu lassen. Die vierte Art – die der Ehefrau – ist das Gebet der Einfachheit. Ich stelle mich vor den Herrn hin und sage kein Wort. Irgendwie schaue ich ihn an. Es scheint, als sei dieses Gebet wenig wert, doch ist es allen anderen überlegen. Und es ist nicht einmal so schwer, dahin zu kommen.

## Wie spüren, daß man Gott braucht?

TATJANA GORITSCHEWA

Immer das Kollektiv, immer die Gruppe und die Herde. Das Verbot, allein zu sein. Als in der Gesellschaft des siegreichen Kollektivs Aufgewachsene fürchten wir instinktiv jede Macht der Allgemeinheit über uns. Ich weiß noch, wie mich ein KGB-Offizier ironisch lächelnd fragte: „Also wer hat recht, Tatjana Michajlowna, Sie oder 260 Millionen?" Auch hier im Westen, sogar im Schoß der Kirche, findet man Unfreiheit. Vor kurzem erzählte mir ein junger Katholik, der mit anderen Glaubensbrüdern in einer Wohngemeinschaft lebt: „Nur die ersten Jahre war es hart. Doch ich habe mit mir gerungen und mich überwunden, und jetzt ist es für mich ganz einfach, ein Katholik zu sein, d. h. alles wie die anderen zu machen."

Man wird dabei an Dostojewskijs Legende vom Großinquisitor erinnert, der die Menschen im Bestreben, sie von der untragbaren Last der christlichen Freiheit zu „erretten", glücklich macht. Wahrhaftig: „Die frohlockende Hölle und das weinende Paradies."

Ich glaube, man muß sich zuerst selber finden, bevor man auf die Suche nach Gott geht. Gott braucht unsere frei gewählte Liebe, unsere Persönlichkeit. Die Persönlichkeit aber formt sich durch die freie Wahl. Auch darin haben wir russische Christen „Glück". Unser Leben in einer wirklich asketischen und eschatologischen Epoche bedingt, daß wir jeden Augenblick auf der Hut sein und zwischen Leben und Tod, zwischen Gott und Teufel wählen müssen. Die Unbedingtheit dieser Wahl bildet eine starke und mutige Persönlichkeit, die gleichzeitig fest auf Gott vertraut. So lernt der Mensch durch Erfahrung, wozu er fähig und wozu Gott fähig ist.

„Wer sich gesehen hat, steht höher als der von den Toten Auferstandene", sagt der heilige Isaak der Syrer. Aber was sollen die Christen im Westen tun, wenn die größte Wahl in diesem Leben die Wahl zwischen zwei Autos ist? Wie sich finden, wie spüren, daß man Gott braucht? Das werde ich bei meinen Vorträgen oft gefragt. Wo und unter welchen Bedingungen sie auch leben, haben alle Christen etwas Gemeinsames: das Gebet.

Das Gebet ist schwerer sowie gefahren- und verantwortungsvoller als alle beliebigen sozialen, politischen und anderen Prüfungen. Im Gebet opfert der Mensch so, wie er auch in den entscheidendsten Augenblicken seines Lebens nicht opfert, und er empfängt eine Freude, von der Helden, Revolutionäre, Kämpfer für Ideen und soziale Gerechtigkeit gar keine Vorstellung haben. In meinem Leben bin ich keinen weiseren und hervorragenderen Menschen begegnet als den Menschen des Gebets. Beten aber kann man auch in dieser Gesellschaft, die sich so weit von Gott entfernt hat.

## Einander verstehen ohne viele Worte

FRANZ M. MOSCHNER

Der Gebetsweg mag uns in einer Entsprechung deutlich werden: Die Begegnung mit einem „fremden" Menschen hat zunächst etwas mehr Förmliches. Man sagt sich gerade nicht viel, etwa die üblichen Grußformeln. Dazu kommt ein Reden über ganz allgemeine und „unverbindliche" Dinge: das Wetter, die Politik ... All das könnte man genauso mit jedem beliebigen anderen Menschen bereden, ohne auch nur das geringste dabei abzuändern. Trotzdem braucht solches Gespräch nicht etwa „nur Formel" zu sein. Wird es von Menschen geführt, so wird es auch am eigentlichen Menschlichen seinen, wenn auch erst bescheidenen Anteil haben. Das Herz ist irgendwie mitbeteiligt an dem, was der Mund zum Ausdruck bringt.

Je mehr es „Ausdruck" ist, desto wahrscheinlicher ist es, daß sich die Beziehung zwischen den beiden Menschen vertieft. Bald, besonders wenn die Begegnungen nicht zu selten sind, wird man auch persönliche Dinge ins Gespräch einbeziehen. Immer besser „versteht" man sich. Es bedarf schon nicht mehr so vieler Erklärungen, Umschreibungen, Erläuterungen. Man hat sich schon in entscheidenden Dingen gefunden. Nun sind längst Gebärden nicht mehr so sehr zur Unterstützung der Worte einbezogen, sondern sie treten bereits an die Stelle von Worten: ein leichtes Lächeln, eine ganz leise Bewegung der Hand, eine fast unmerkliche Bewegtheit in der Stimme, ein Blick: und es genügt, es ist darin mehr ausgesprochen als früher in langen Unterredungen, man hat sich restlos „verstanden". Andere „können da nicht mit": viel zu persönlich ist schon alles zwischen den beiden geworden.

Schließlich wird das Wort beinahe lästig. Man geht miteinander hinaus, viele Stunden weit, und kaum wird etwas geredet. Wozu? Man hat sich ganz gefunden. Was der eine lebt, lebt der andere auch. Jetzt ist das Wort nicht mehr mühsame Brücke. Es quillt auf, kommt wie von selbst, es muß nicht Fäden lebendiger Beziehung knüpfen, es drückt die vorhandene aus, das gemeinsam gewordene Leben ist in den Worten zugegen, sie ganz erfüllend, beseelend und zugleich unendlich weit über sie hinausgehend ... Das Bewußtsein hat sich gewissermaßen um das des anderen mit erweitert. Jeder weiß, wie es um den anderen steht, er „fühlt" es, eine „innere Stimme" sagt ihm; da sind Weisen des Wahrnehmens und Teilhabens, die sonst kein Mensch mithat; denn hier haben sich zwei Menschen ins innere Antlitz gesehen, wie man einem Menschen nur einmal ins Antlitz schaut: im Letzten kann man nämlich nur eine Antwort erwarten und empfangen.

Auf dem Gebetsweg gibt es sehr wesentliche Einschnitte. Der erste liegt dort, wo das „förmliche" Gespräch in ein freies, ungezwungenes, „selbstverständliches" übergeht. Der zweite da, wo ein echtes Sichbemühen um Verstehen und Mitleben im anderen anhebt; ein ernstliches Verlangen und ein anhaltender Wille, mit aller Ehrfurcht in ihn „einzudringen", weil man fühlt, daß es dort „dürben" nicht weniger gewünscht wird. Der letzte, endgülitge und entscheidende Übergang liegt an der Stelle, wo zum ersten Male das wortlose Verstehen aufzuckt: das Wissen, daß man bei dem anderen „angelangt" ist und aufgenommen wurde. Das Letzte aber ist Schweigen, in dem sich Verstehen jenseits von Wort und Bemühung vollendet.

Jeder dieser Übergänge hat seine Seligkeit und seine Pein – das Finden setzt immer ein Lassen voraus. Und jedes Stück zwischen einem Übergang und dem folgenden hat viele Unterstufen, Färbungen und sich vertiefende, ergänzende Erfahrungen. Die Übergänge müssen auch nicht immer schroff und unerwartet sein; sie mögen sich lange vorbereiten in erstem, leisem Sichandeuten, bis die neue Weise gewonnen und zum Eigentum geworden ist.

Was wir da im Werden der Beziehung zwischen zwei Menschen betrachteten, geht nun auch vor sich im Werden und Reifen der Liebe zwischen Gott und der Seele. Beten ist Umgang mit Gott in Ehrfurcht, Innigkeit und Liebe und ein langer „Weg" voll von Ereignissen, Spannungen, Entdeckungen, Leiden und tiefem Glück. Am Anfang der Liebesbeziehung zwischen Gott und mir steht die einfache Formel, das auswendig gelernte Gebet, das wohl sehr von Herzen kommen kann und um dessen Echtheit und „Herzlichkeit" man sich sehr zu bemühen hat; aber es geht doch eigentlich nicht über das Allgemeine hinaus, es streift nur das Persönliche, Besondere.

Wird die Formel ernsthaft und gut benutzt, so kommt in ihr das „Herz" mehr und mehr zum Ausdruck. Bald spricht es aus sich selbst, findet eigene Worte und Ausrufe, etwa des Dankes, der Reue ... Die Weise des Sichausdrückens wird leichter, ungezwungener, „natürlicher", die Worte werden nicht mehr als solche genommen, sie sind eher wie ein leichter und zarter Schleier über der Bewegung des Herzens. Während man sich zu den Formeln mehr „entschließt", kommen diese kurzen und innigen Gebetsworte „von selbst", sie steigen herauf und sind da, legen sich selbst in den Mund. Man nennt das wohl das „Affektgebet", Gebet der Herzensbewegung; die sogenannten „Stoßgebete" haben hier ihren Hauptplatz.

Die Seele empfindet deutlich, daß sie weiter muß – tiefer eindringen in das geliebte Wesen, das sie zu sich hinzieht und bindet. So geht sie daran, über ihr geliebtes Du nachzudenken, sich seine Art, seine Eigenschaften klarzumachen ... Sie kennt ja dieses ihr Du nun schon lange; aus Erfahrung ein wenig, hauptsächlich aber aus den Berichten der Heiligen Schrift. In das eine wie in das andere versenkt sie sich, und wie im menschlichen Bereich gern die „Psychologie" zu Hilfe genommen wird, um das Gegenüber besser zu verstehen, so bedient sich auch die Seele gewisser „Methoden", um ihr Eindringen und Von-innen-her-Erfassen des Geliebten mit größerem Erfolg zu vollziehen. Sie ist auf der Stufe des Betrachtens angelangt.

Dann aber kommt die Zeit, wo ihr alles methodische Betrachten schal und geradezu qualvoll wird. Sie spürt deutlich, daß es ihr so gut wie nichts mehr einbringt. Daß es eher zur hemmenden Wand wird zwischen ihr und dem Gegenstand ihrer Sehnsucht. Gott ist ihr schon zu „nahe", als daß sie noch das einzelne an ihm scharf ins Auge fassen könnte: der ganze Gott ist es, den sie zu eigen haben, in dem sie aufgehen und leben möchten. Da führt er sie in das Schweigen ein, in dem das Selbsttun der Seele, die Worte und die Bemühungen des Nachsinnens mehr und mehr zurücktreten. Eine ganz neue Weise des Zusammenseins kommt herauf. Die zwei, Gott und die Seele, verstehen einander ohne viele Worte; sie wissen umeinander und sind in einer sehr reinen und großen Liebe tief verbunden. Gewiß wird auch jetzt noch das Wort seine gelegentliche Rolle spielen – auch die miteinander eng verbundenen Menschen schweigen ja nicht „nur" miteinander, sie erzählen und berichten und tauschen ihr Inneres aus: aber eben nicht mehr als Mittel zum Hinübergelangen, sondern als den ganz natürlich gewordenen Ausdruck des Schon-angelangt-Seins. Die Seele wird auch auf der Stufe des Ganz-nahe-Seins bei Gott noch „reden", aber das Kennzeichnende ihres jetzigen Zustandes ist die Stille, das einfache und selbstverständliche Mit-ihm-Sein und Ihn-bei-sich-Haben: die Beschauung ...

## Aus jeder Situation heraus zu beten verstehen

WILLIBALD KAMMERMEIER

Der französische Romancier Julien Green schrieb unter dem 9. April 1942 in seinem Tagebuch: „Man kann einfach kein sogenanntes Andachtsbuch aufschlagen, ohne daß einem übel wird davon, was uns der Religion natürlich entfremdet." Ein hartes Urteil! Man möchte glauben, es komme aus einer augenblicklichen Verärgerung, und man möchte den Dichter fragen, ob er denn nicht ein paar der klassischen Werke christlicher Frömmigkeit kenne. Nun, er kennt die Heilige Schrift, lernt sogar Hebräisch, um das Alte Testament in der Ursprache lesen zu können. Er liebt Englands metaphysische Dichter und Gerard Manley Hopkins, und der übersetzt Charles Péguy ins Englische. Daher stammt also sein Urteil, wird mancher denken: ein Dichter, der nur die Dichter gelten läßt, dem es nur um die Sprache zu tun ist und nicht um das, was sie ausspricht! Aber – so läßt sich dagegen fragen – findet das Ursprüngliche, das Substanz hat, nicht immer auch die ihm gemäße Form? Schafft sich der große Inhalt nicht immer auch die große Sprache? Und muß nicht das Sprechen sentimental werden, wenn nur verkitschte Gefühle dahinterstecken und nicht der Ernst einer gültigen Existenz?

In Greens Feststellung geht es wohl nicht nur um die Andachtsbücher, sondern um das Gebet überhaupt. Um sein Gewicht, um seine Wahrhaftigkeit, um seine Würde. Eine andere Tagebuchnotiz, eine aus Divo Barsottis „regungsloser Flucht", zeigt diese Größe des Gebetes; denn da heißt es: „Welche Leere unter den Frommen! Das Gebet ist ein Beruhigungs- und Schlafmittel geworden, ein langer träger Schlummer für so viele Tatenlose und Lebensunfähige. Frömmigkeit ist eine zu große Sache, als daß man sich durch dieses Schauspiel nicht angewidert fühlte. Feuer, das lodert, Wille zur Schöpfung!"

Wenn in den von Green gerügten Andachtsbüchern die Frömmigkeit als loderndes Feuer brennte, wenn die Gebete prall wären vom Willen zur Schöpfung, dann ließe der Romancier sie gelten; es ist wohl das Süßliche, das Sentimentale, das Überschwengliche, das gefühlshaft Gesteigerte, das Unechte, das Lebensfremde, das Weltabgewandte, das ihn an den dargebotenen Gebeten stört. Fände er, daß im Beten ein Engagement liege, nicht zwar ein eifernder Aktivismus, wohl aber apostolische Glut, dann könnte er und dann könnten wir daran nichts mehr auszusetzen haben.

Damit es zu solchem Beten komme, sind zwei Grundvoraussetzungen nötig. Die eine, daß das Gebet aus der jeweiligen Lebenssituation des Menschen hervorbreche, daß also des Menschen Beten existentielles Beten sei. Die andere, daß der betende Mensch in

Gott seinen Partner finde, und zwar in Gott, der als wirklich und wirksam geglaubt und anerkannt wird.

So vielerlei Formen das Gebet auch hat, so vielerlei Möglichkeiten des Betens es gibt, eines muß immer und in jedem Falle gelten: kein Gebet darf von unserem Alltagsleben, darf von der jeweiligen Situation unseres Lebens isoliert werden. Die Mahnungen des Herrn, allzeit zu beten (Lk 21,36; 18,1 ff.), die vom heiligen Paulus aufgenommen werden (1 Thess 5,17), meinen neben dem beharrlichen Gebet wohl auch dieses andere: daß der Mensch aus jeder Situation heraus zu beten verstehe. Daß er nicht etwa nur in den „Gebetssituationen", die eigens dafür gestellt sind, zu beten vermag, sei es beim Gottesdienst oder zu gewohnheitsmäßigen Zeiten, sondern daß er aus jeder konkreten Lage heraus, und wäre sie mit Weltlichkeit bis zum Rande gefüllt, eintauchen kann ins Gebet. Und damit ist nicht nur gemeint, daß der Jubel eines Himmelhochjauchzenden auf seinem Gipfelpunkt ins Gebet hinüberschwingt, und nicht nur, daß die Trauer eines zu Tode Betrübten sich ins Gebet verströmt, sondern mehr: daß aus jeder Begebenheit, daß aus den alltäglichen Alltäglichkeiten heraus Aufschwung des Herzens geschieht. Am Alltäglichen muß das Gebet aufflammen, am Unscheinbaren muß sich der Geist des Betens entzünden. Von Karl Kraus, dem Bedenker der Sprache, hat man behauptet, daß sein Wort mit der Nichtigkeit des Anlasses gewachsen sei. Wir könnten das aufs Beten übertragen; denn das wäre Beten im Vollsinn, wenn unser Gebet mit der Nichtigkeit des Anlasses wüchse. Wenn es aus der banalsten Alltäglichkeit, wenn es aus den Kleinigkeiten des Lebens, mit denen man oft weniger fertig wird als mit großen Ereignissen, wenn es aus der Weltlichkeit unseres Schaffens und Arbeitens aufstiege zu Gott.

Und damit sind wir bei der zweiten Grundvoraussetzung des Betens: es muß einen Partner haben, an den es sich richtet, und dieser Partner ist Gott. Der wirkliche und wirksame Gott, der Gott, der nicht bloße Vokabel ist, der wahre Gott und nicht ein Zerrbild von ihm. Wenn dieser wahre und wirkliche Gott, der ansprechbar ist und der zu den Menschen spricht, der gerade deswegen vom Menschen ansprechbar ist, weil er zum Menschen spricht, wenn dieser wirkliche und wahre Gott in ein nebuloses Erinnerungsbild aus Kindertagen, in einen Reflex menschlicher Wünsche oder Ängste verflüchtigt wird, wenn er aufgelöst wird in die All-Natur oder in die „Tiefe des Seins" und in die „Tiefe der Existenz", wenn er nichts anderes mehr ist als „eine bestimmte Art von Mitmenschlichkeit", dann ist das Gebet im eigentlichen Sinn des Wortes, im Sinn eines Gesprächs mit Gott nämlich, unmöglich geworden.

Die Gebetsnot, unter der heute viele Christen leiden, die Unfähigkeit vieler, überhaupt zu beten, ist vor allem eine Glaubensnot: das Beten ist zum Problem geworden, weil der Glaube an Gott in eine Krise geraten ist. In dieser Krise sind die Bemühungen heutiger Theologen, von Gott in neuer Weise und von neuen Ansatzpunkten aus zu reden, sicherlich zu würdigen, vor allem dann, wenn sie Verstehenshilfen für den modernen Menschen sein wollen. Es bleibt jedoch die Frage, ob manche dieser Redeweisen nicht in sich selber zweideutig sind, ob Gott in ihnen nicht bloß eine Chiffre ist, mit der eine anthropologische Aussage gemacht werden soll. So ginge es nicht; denn Gott muß als der sich offenbarende Gott, als der sich den Menschen offenbarende Gott verstanden werden – und als solcher steht er dem Menschen gegenüber und geht nicht im Menschlichen auf. Und Gott muß so gesehen und geglaubt werden, wie er sich den Menschen geoffenbart hat. Dem Mose gab er sich aus dem brennenden Dornbusch als den Daseienden kund, als einen, der dem Menschen in den konkreten Situationen seines Lebens nahe ist, als transzendenten Gott zwar, aber nicht als absolut jenseitigen. Und in der Botschaft Jesu Christi, daß Gott unser Vater sei, klingt das gleiche an: Gott ist ein persönlicher Gott, der uns nahe ist, der uns der Nächste ist, und Gott ist ein liebender Gott – er ist die Liebe. Zu einem solchen Gott ..., der Liebe und Majestät in einem ist, läßt sich beten; ja der Glaube an ihn muß sich sogar im Gebet artikulieren.

Ist aber unser Glaube Engagement, ist er „Feuer, das lodert, Wille zur Schöpfung", dann wird unser Beten ihm ähnlich sein. Ein altes Wort besagt, daß das Gesetz des Betens zugleich das Gesetz des Glaubens sei. Das gilt auch umgekehrt: engagierter Glaube gebiert wesentliches Gebet.

## Das „willkommene" Gebet des Vaterunsers

FRANZ MICHEL WILLAM

Das Vaterunser entfaltet sich im Geiste wie von selbst, wenn man sich beim Beten bewußt wird, was sich begibt, so oft wir es beten. So oft wir nämlich das Vaterunser beten, sprechen wir jenes Gebet, das Jesus an seinen Vater im Himmel zu richten den Seinen selbst auftrug. Und das tat er damals in der Voraussicht, daß zu jener Zeit, da wir also beten, er selbst vor dem Throne des Vaters stehen und unser Gebet in das seine übernehmen und es, mit dem seinen vereint, vor den Vater bringen werde.

Die letzte Tiefe des Vaterunsers werden wir freilich nie ergründen; wir gleichen schließlich immer Kindern, die dem Vater im Himmel Bitten vortragen, die der Sohn Gottes selbst für sie zusammengesetzt hat. Nie sollte es freilich dazu kommen, daß man gerade das Vaterunser, das Gebet des Herrn, das tiefste Gebet, am gedankenlosesten betet. Wenn man sich die sechs Merkworte einprägt, so ist es verhältnismäßig leicht, von ihnen aus die Bitten immer wieder mit Gehalt zu erfüllen.

Jedes Gebet, das als Wiederholungsgebet verrichtet wird, lebt von der inneren Einstellung, die der Beter in sich trägt. Die Einstellung, die wir als Christen dem Vaterunser gegenüber haben oder uns erwerben sollen, faßt der heilige *Cyprian* in seiner Einleitung zur Erklärung dieses Gebetes zusammen:

„Schon im voraus hatte der Herr verkündet, es werde die Stunde kommen, wo die wahren Anbeter den Vater im Geist und in der Wahrheit anbeten würden. Die Verheißung, die er gab, hat er auch erfüllt – wir, die wir in der Heiligung durch ihn den Geist und die Wahrheit empfingen, können nun auch nach seiner Anweisung in der Wahrheit und im Geiste Gott anbeten. Welches Gebet könnte aber mehr verdienen, ein Gebet im Geiste zu heißen, als jenes, das uns Christus selbst mitgeteilt hat, er, der uns auch den Heiligen Geist sandte? Welches Gebet könnte vor dem Vater mehr ein Flehen in die Wahrheit sein als jenes, das aus dem Munde seines eigenen Sohnes stammt, der selbst die Wahrheit ist?

Laßt uns also so beten, geliebte Brüder, wie unser göttlicher Meister selbst es uns lehrte. Ein willkommenes und liebes Gebet ist es für Gott, wenn man zu ihm in seinen eigenen Worten flehen kann, und so ein Gebet von Christus zu seinen Ohren emporsteigt. Laßt also den Vater, wenn wir unser Gebet verrichten, die Worte seines eigenen Sohnes wiedererkennen! Laßt ihn, der drinnen in unserer Brust wohnt, auch auf unseren Lippen sein! Da wir beim Vater an Jesu selbst einen Fürsprecher haben für unsere Sünden, so wollen wir uns auch der Worte unseres Fürsprechers bedienen, wenn wir als Sünder um Verzeihung für unsere Vergehen bitten! Er selbst sagt ja, daß der Vater uns alles geben werde, um was immer wir in seinem, in Jesu Namen, ihn bitten. Um wieviel sicherer erhalten wir das, was wir in Christi Namen erbitten, wenn wir unsere Bitten mit Christi eigenen Worten vortragen."

## Der Rosenkranz, das universale Gebet

JOHANNES XXIII.

Der wirkliche Gehalt des gut betrachteten Rosenkranzes wird von einem dreifachen Element bestimmt; das gesprochene Wort bildet eine Einheit und begleitet in lebendigem Mitvollzug die Geschehnisse aus dem Leben Jesu und Mariens, und gleichzeitig wird eine Beziehung hergestellt zu den verschiedenen Anliegen der betenden Seelen und den Bedürfnissen der ganzen Kirche.

Jedes Rosenkranzgesätzchen ist also ein Bild, und zu jedem Bild gibt es einen dreifachen Gesichtspunkt: mystische Betrachtung, innere Erwägung und fromme Meinung. Wichtig ist vor allem die klare, lichtvolle und rasche Betrachtung eines jeden Geheimnisses, das heißt jener Glaubenswahrheiten, die uns den Erlösungsauftrag Christi verkünden.

Die *Betrachtung* führt uns mit Herz und Sinn zu einem vertrauten Umgang mit der Lehre und dem Leben Jesu, dem Sohn Gottes und Sohn Mariens, der auf die Erde kam, um zu erlösen, um zu lehren und zu heiligen: – in der Stille des verborgenen Lebens aus Gebet und Arbeit – in seinem Leiden und Kreuz – seiner glorreichen Auferstehung: wie in der Herrlichkeit des Himmels, wo er zur Rechten des Vaters sitzt, um der Kirche, die auf ihrem Weg durch die Jahrhunderte voranschreitet, immer beizustehen und sie durch den Heiligen Geist zu beleben.

Das zweite Element ist die *Erwägung,* die aus der Fülle der Geheimnisse Christi heraus den Geist des Betenden mit lebendigem Licht überflutet. In den einzelnen Geheimnissen findet jeder für sich passende und gute Unterweisungen im Hinblick auf seine persönliche Heilung und seine Lebensverhältnisse; und unter der fortwährenden Erleuchtung des Heiilgen Geistes in der Tiefe der Seele ... vergleicht jeder sein Leben mit der innigen Belehrung, die aus diesen Geheimnissen strömt, und er findet darin unerschöpfliche Anwendungsmöglichkeiten für seine persönlichen geistigen Erfordernisse wie auch für die seines täglichen Lebens.

Schließlich die *gute Meinung,* das heißt die Beziehung auf Personen oder Einrichtungen, auf persönliche und soziale Nöte, die für einen wahrhaft tätigen und frommen Christen zum Erweis der Liebe zu seinen Brüdern gehören; einer Liebe, die sich in die Herzen ergießt und die gemeinsame Zugehörigkeit zum mystischen Leib Christi lebendig zum Ausdruck bringt.

Auf diese Weise wird der Rosenkranz zum universalen Gebet des einzelnen Gläubigen und der großen Gemeinschaft der Erlösten, die aus allen Teilen der Erde sich in einem einzigen Gebet begegnen: ob im privaten Gebet, um Gnaden für die persönlichen Anliegen jeder einzelnen zu erbitten, oder in der Teilnahme am unermeßlichen und einstimmigen Chor der ganzen Kirche für die großen Interessen der gesamten Menschheit. Nach dem Willen des göttlichen Erlösers lebt die Kirche inmitten der Ungewißheiten, der Auseinandersetzungen und Stürme einer sozialen Unordnung, die oft zu einer gefährlichen Bedrohung wird. Aber das Augenmerk der Kirche, die Kräfte der Natur und der Gnade bleiben stets auf das höchste und ewige Endziel hin gerichtet.

So ist der Marianische Rosenkranz, wenn man ihn in seinen verschiedenen Elementen betrachtet, die unter der Form des mündlichen Gebetes zusammenwirken, wie in einer feinen und reichen Stickerei verknüpft, doch voller Wärme und geistlichem Zauber.

Das mündliche Gebet erlangt trotzdem seine volle Geltung: an erster Stelle steht das Gebet des Herrn, das dem Rosenkranz Klang, Inhalt und Leben gibt und auf jedes Geheimnis folgt, es bezeichnet den Wechsel von einem Gesätzchen zum anderen; dann ist der Englische Gruß, der den Widerhall und Jubel des Himmels und der Erde um die verschiedenen Bilder des Lebens Jesu und Mariens in sich birgt, und schließlich das in tiefer Anbetung der Allerheiligsten Dreifaltigkeit wiederholte Ehre sei dem Vater ...

Es sei uns hinzuzufügen erlaubt, daß die modernen Umwandlungen auf allen Gebieten der menschlichen Gesellschaft, die wissenschaftlichen Entdeckungen, ja selbst der Fortschritt in der Organisation der Arbeit, die den Menschen dazu führen, unsere Welt mit größerem Weitblick und tieferer Einsicht zu erfassen, ein neues Empfinden auch hinsichtlich der Funktion und der Form des christlichen Gebets erwecken. Nunmehr fühlt sich jede betende Seele nicht mehr allein und ausschließlich mit ihren persönlichen geistigen und zeitlichen Interessen beschäftigt, sondern sie weiß viel mehr als bisher, daß sie zu einem sozialen Ganzen gehört, an dessen Verantwortung sie teilhat, dessen Vorteile sie genießt und vor dessen Unsicherheiten und Gefahren sie bangt. Auch das liturgische Gebet in Meßbuch und Brevier weist im übrigen diese Eigenart auf: jeder Abschnitt wird mit dem Aufruf „Lasset uns beten!" eingeleitet, der eine Vielzahl von Betern voraussetzt, sowohl solche, die beten, als auch andere, die auf Erhörung warten und für die gebetet wird. Hier betet die Gemeinde, vereint im Flehen für die ganze Menschheitsfamilie, für die Gemeinschaft der Kirche und die staatlichen Gemeinschaften.

So wird das Rosenkranzgebet angesichts der gewöhnlichen und der außergewöhnlichen Bedürfnisse der heiligen Kirche, der Völker und der ganzen Welt zum großen öffentlichen und universalen Gebet erhoben ...

# Fülle der Zeit, die neues Leben in sich trägt

## Sehnsucht nach dem Glanz des reinen Lebens

BERNHARD WELTE

Haben wir nicht allzu viele und allzu deutliche Erfahrungen darüber, daß nichts Menschliches ganz rein, ganz unbefleckt ist? Mißtrauen wir nicht mit viel Grun nach Siegmund Freud und seinen Analysen der Unbefflecktheit des Grundes des menschlichen Herzens? Und können wir nach Auschwitz und nach Vietnam und anderen vergleichbaren Geschehnissen noch solche überschwengliche Prädikate in den Mund nehmen, mit denen eines Menschen gedacht werden könnte? Muß uns der Gedanke eines unbefleckten Menschen, einer unbefleckten Frau nicht irreal und phantastisch vorkommen? Bekommen wir es nicht angesichts eines solchen Titels mit dem Verdacht zu tun, mit ihm könnten sich fragwürdige Verdrängungen verbinden oder vielleicht auch eine vitale Schwäche? Verbindet sich für uns mit Worten wie rein und unbefleckt, wenn wir sie auf einen Menschen anwenden, nicht leicht der Gedanke eines nicht ganz vollblütigen, eines sehr blassen Menschentums? Was kann uns also das Wort und das Bild von der unbefleckten Frau und Mutter Maria sagen?

Wir wollen indessen daran denken, daß Worte wie Reinheit und Unbeflecktheit nicht Schwäche, sondern eher Stärke aussagen wollen. Solche Worte bedeuten eigentlich nicht Mangel an Vitalität, sondern eher klare Fülle des Lebens, Frische und Klarheit der Gedanken, lautere und wahrhaftige Kraft des Wirkens. Die Worte bedeuten im Grunde volles freies Leben, sie bedeuten dies auch und sogar im Bereich des erotischen und des zu ihm gehörenden sexuellen Lebens, keine bloße Negativität also. Vielmehr Lauterkeit der

Ziele und der Empfindungen und der Weisen des Gebrauchs der Kräfte auch dieses Bereiches. Eine Lauterkeit im Gebrauch, die allerdings zu Zeiten auch zur Enthaltsamkeit führen kann. Zur so verstandenen Lauterkeit gehört ein starkes und klares Herz als Quell eines starken und klaren Denkens, Empfindens, Sprechens und Handelns. Das alles gilt sowohl für den Nahbereich unseres persönlichen Lebens wie auch für den Bereich des öffentlichen Lebens und Handelns in Staat und Gesellschaft. Unbeflecktheit bedeutet den Glanz und bisweilen auch den Charme eines klaren und vollen Lebens in allen Bereichen.

Nun wissen wir zwar allzu wohl, daß nichts Menschliches ganz rein ist, weder im kleinen noch im großen Kreise des Lebens. Es scheint, wohin wir auch blicken, alles oder fast alles in uns und um uns von Befleckung versehrt zu sein. Aber auf der anderen Seite lebt doch in uns eine oft verborgene Sehnsucht nach dem Glanz des vollen und reinen Lebens. Wir sind immer auf der Suche danach, wir wünschen es uns, für unser eigenes Herz und auch für den Gang der Welt. Darum leiden wir ja unter so viel Unlauterkeit und Verderbtheit. Wir möchten doch gerne einmal die unbefleckte Perle finden in dem umgestürzten Acker dieser Welt. Es ist ein notvolles Suchen und eine notvolle Sehnsucht im Gang; notvoll, weil dieses Suchen und diese Sehnsucht immer bedrängt sind und immer wieder entmutigt werden und doch nicht ganz aufhören können, trotz so vieler Verderbtheit und Verwirrung und so vielen Schmutzes drinnen und draußen.

Diese notvolle Sehnsucht hat gewiß mitgebildet am Gedanken und am Bilde der reinen und unbefleckten Mutter Jesu. Darum mußte dieser Gedanke und dieses Bild früher oder später einmal in der Geschichte der Menschen aufsteigen wie ein Gestirn über ihren Häuptern. Gewiß ist dieser Gedanke und dieses Bild zuerst Bild der Verheißung Gottes, die er uns in Jesus gemacht hat: „Siehe, ich mache alles neu." Aber es ist auch das Bild der Sehnsucht der Menschen.

Von Maria aber denken wir im Raume der Kirche, daß von ihr der alte, dunkle Schatten, der über der Menschengeschichte liegt und den wir Erbsünde nennen, weggenommen wurde. Und daß sie durch Gottes Geschenk, das ihr durch ihren Sohn Jesus zukam, ein ganz reiner und lauterer Mensch sein durfte. Und so darf man also in ihrem Bilde etwas vom reinen und unbefleckten, vom ganz erlösten Menschentum anschauen.

## Auf Trümmern ersteht ein neues Leben

MATTHIAS LAROS

Es geht nicht um das, was den meisten Menschen von heute, Gebildeten wie Ungebildeten, zunächst am Herzen liegt: um Fragen des Besitzes und der Güterverteilung, um soziale Schichtung, Ämter und Ehrenstellen.

Darum geht es heute im Grunde nicht. Was liegt für das Menschengeschlecht im ganzen daran, ob die Gesichter der Besitzenden wechseln? Auch im Bestfalle der äußern Existenz ist für den innern Menschen noch nichts Entscheidendes gewonnen, sondern höchstens die *Möglichkeit* höherer Kultur gegeben, indem die Freiheit *von* den Sorgen um des Lebens Notdurft frei macht *für* die höheren Aufgaben geistigen Lebens. Aber wir wissen doch, wie selten bürgerliche Satt- und Sicherheit in diese positive Freiheit vorstößt. Wohl macht sich die materielle Not auch im Geistesleben bemerkbar; mit der Kaufkraft sinkt auch die Abnahme geistiger Güter. Aber gerade da ist Quantität nie gleich Qualität, und Schöpferkraft wurde immer mehr aus Mangel als aus Überfluß geboren.

Es geht auch nicht um Sein oder Nichtsein altehrwürdiger Institutionen und Kulturgebilde, die aus der Zeit gewachsen sind und vergehen können. Sie *müssen* vergehen, wenn der Geist, der sie einst geschaffen, im tragischen Kreislauf der Kultur in ihren Formen erstarrt ist und neues Leben nicht mehr zu fassen und zu entfalten vermag. Wie waren St. Augustin und St. Ambrosius im Innersten erschüttert, als die Ordnungen der antiken Welt, in die ihr menschliches Sein mit allem Denken und Fühlen eingebettet war, zusammenbrach! Sie glaubten, das Ende der Welt sei gekommen. Aber auf den Trümmern erstand ein neues Leben, eine neue Kultur, und die ewige Roma erstrahlte in neuem Glanz. Christus erstand neu in Blut und Tränen in der Gestalt neuer Martyrer und Heiliger, bis auch diese Zeit „erfüllt war" und wieder neue Kräfte neue Lebensformen schufen. Auf die lange Geschichte der Menschheit gesehen, können auch die jetzigen Erschütterungen Europas uns nicht schrecken. Was zum Untergange reif ist, mag vergehen, und vieles ist überreif, auch wenn es den meisten heute noch lebensnotwendig erscheint. Gott kann auch aus den Steinen Abraham Kinder erwecken, und der ewige Christ wird wie ein Phönix aus der Asche Europas erstehen.

## Augenblicke, die von Grund auf anders sind

HENRI J. M. NOUWEN

Die Uhrzeit ist die äußerliche Zeit, eine Zeit mit einer harten, unerbittlichen Objektivität. Die Uhrzeit stellt uns vor die Frage, wie lange wir noch zu leben haben und ob das „wirkliche Leben" nicht längst an uns vorbeigegangen ist. Die Uhrzeit läßt uns enttäuscht über das Heute zurück und scheint uns einzureden, daß es vielleicht morgen, nächste Woche oder nächstes Jahr wirklich klappt. Die Uhrzeit sagt unaufhörlich: „Los, los, die Zeit vergeht so schnell, vielleicht verpaßt du das, worauf es ankommt! Aber noch hast du eine Chance … Jetzt los, heirate, besorg dir einen Job, reise in ein Land, lies ein Buch, erwirb dir einen akademischen Grad … Versuch, alles zu ergattern, bevor es zu spät ist." Die Uhrzeit läßt uns immer aufbrechen. Sie erzeugt Ungeduld und verhindert jedes mitfühlende Beisammensein.

Aber zum Glück hat es für die meisten von uns auch andere Augenblicke im Leben gegeben, Augenblicke, die von Grund aus anders sind. In ihnen herrscht das Erlebnis der Geduld vor. Vielleicht sind solche Augenblicke in unserem Leben selten gewesen, aber sie gehören zu den kostbaren Erinnerungen, die uns in Zeiten rastloser Anspannung Hoffnung und Mut machen können. Diese geduldigen Augenblicke sind solche, in denen wir die Zeit ganz anders erleben. Man erlebt den Augenblick als erfüllt, beglückend und bedeutsam.

Solch ein Erleben weckt in uns den Wunsch, zu bleiben, wo wir sind, und alles in uns aufzunehmen. Irgendwie wissen wir, daß alles in diesem Augenblick enthalten ist: Anfang, Mitte und Ende; Vergangenheit, Gegenwart und Zukunft; Freud und Leid; Hoffnung und Erfüllung; Suchen und Finden. Diese geduldigen Augenblicke können voneinander sehr verschieden sein. Sie kommen vielleicht, wenn wir nur an einem Krankenbett sitzen und spüren, daß das Beisammensein das einzig Wichtige ist. Sie ereignen sich vielleicht, wenn wir bei unserer ganz normalen Arbeit sind und plötzlich merken, wie gut es doch ist, zu leben und zu arbeiten. Sie können sich ereignen, wenn wir in einer stillen Kirche stehen und uns auf einmal bewußt wird, daß alles hier und jetzt Gegenwart ist.

Wir erinnern uns solcher und ähnlicher Augenblicke mit großer Dankbarkeit. Wir sagen: „Es war, als bliebe die Zeit stehen; alles kam zusammen und war einfach da. Den Augenblick werde ich nie vergessen." Solche Augenblicke müssen nicht unbedingt glücklich, freudig oder ekstatisch sein. Sie können auch von Leid und Schmerz erfüllt und von höchster Not und Mühsal geprägt sein. Was zählt, ist das Erlebnis der Fülle, der inneren Bedeutsamkeit und des Reifens. Was zählt, ist die Erkenntnis, daß das Leben selbst uns in diesem Augenblick berührt hat. Wir möchten uns nie von solchen Augenblicken lösen; wir möchten sie vielmehr voll und ganz ausleben.

Die Geduld bricht den Bann der Uhrzeit und gibt den Blick auf eine neue Zeit frei, auf die Heilszeit. Sie ist nicht die Zeit, die man nach den abstrakten, objektiven Einheiten der Turmuhr, der Armbanduhr oder des Kalenders mißt, sondern eine Zeit, die man mehr von innen heraus lebt und als erfüllte Zeit erfährt. Das ist die erfüllte Zeit, von der die Schrift spricht. Alle großen Ereignisse der Evangelien tragen sich zu, wenn die Zeit erfüllt ist.

Diese Fülle der Zeit, die das neue Leben in sich trägt, ist es, die man durch die Disziplin der Geduld finden kann. Solange wir die Sklaven der Uhr und des Kalenders sind, bleibt unsere Zeit leer, und es geschieht eigentlich nichts. Wir verpassen so den Augenblick der Gnade und des Heils. Aber wenn die Geduld uns davor bewahrt, vor dem schmerzlichen Augenblick wegzulaufen in der trügerischen Hoffnung, wir könnten anderswo unseren Schatz finden, gehen uns nach und nach die Augen dafür auf, daß die Fülle der Zeit schon da ist und das Heil sich schon ereignet. Dann bekommen wir auch einen Blick dafür, daß alles menschliche Geschehen in und durch Christus zum göttlichen Geschehen werden kann, in dem wir die mitleidende Gegenwart Gottes entdecken.

## Worin die Erfüllung des Irdischen liegt

JOHANNES PINSK

Wie jede irdische Gemeinschaft in ihrer Art einen Raum gestaltet, so formt sie auch *die Zeit* durch den Ablauf des ihr innewohnenden Lebens. Die Zeit an sich wird uns zunächst durch astronomische Vorgänge, durch Bewegungen der verschiedenen Himmelskörper und die daraus entstehende Folge von Tag und Nacht, von Woche, Monat und Jahr greifbar. Diese astronomische Zeit ist inhaltlich neutral; sie läßt sich daher auch rein abstrakt durch die mechanische Bewegung der die Sekunden, Minuten, Stunden, Tage, Monate und Jahre zählenden Zeiger einer Uhr darstellen. Ihren Inhalt bekommt sie erst durch das, was in der Natur geschieht und was die Menschheit und die menschlichen Gemeinschaften in diesem Ablauf von Tag und Nacht und Monat und Jahr wirken. So spricht man von einer großen oder kleinen ‚Zeit', je nachdem die Menschheit Großes oder Geringfügiges in ihr wirkt; man spricht von einer fröhlichen oder einer traurigen ‚Zeit', je nachdem traurige Ereignisse über die Menschheit kommen oder die Menschen im allgemeinen in heiteren Formen ihr Leben verbringen. So wird auch verständlich, daß man von einem bürgerlichen Jahr sprechen kann, von einem Rechnungsjahr, von einem Steuerjahr, von einem Geschäftsjahr, von einem Vereinsjahr. Aber man versteht auch, daß man von einem Kirchenjahr sprechen kann.

Wie ein Vereinsjahr entsteht durch die Abfolge der konkreten Handlungen, in deren Gesamtheit der Verein das, was er ist und will, mithin sich selbst periodisch entfaltet, so entsteht auch das *Kirchenjahr* dadurch, daß die Kirche ihr Leben lebt. Dieses Leben aber ist kein anderes als das im Erlösungswerk entfaltete Christusleben in seiner sakramentalen Formung. Die Kirche lebt in der Tat in ihrer Gemeinschaft Christusleben. Da sie aber als sichtbare Gemeinschaft in den Formen dieses Kosmos steht, ist sie an die Zeit und ihren periodischen Ablauf gebunden, nicht im Hinblick auf das Christusleben, sondern im Hinblick auf die menschliche Gemeinschaftsform, die dem Christusleben sichtbare Gestalt verleiht; *diese* bedarf der rhythmischen Gliederung der Zeit, um ihr Leben darstellen und sinngemäß begreifen zu können. Diese rhythmische Ordnung hat sich dem Jahreskreis eingefügt. Dabei handelt es sich indessen nicht, wie in der Natur, um eine ständige Wiederkehr des im vergangenen Jahr Gewesenen, vielmehr wächst die Kirche in jeder sakramentalen Jahresfeier ständig, so daß der Ring eines heiligen Jahres nicht da beginnt, wo auch das vorige begonnen hat, sondern die Jahre der Kirche führen unaufhaltsam wie eine Spirale durch das in ihnen wirksame Christusleben das letzte Ereignis dieses Kosmos herbei: die Offenbarung des Christuslebens am Jüngsten Tage, worin die Erfüllung alles Irdischen gegeben ist. Was im Kirchenjahr gegenwärtig wird, ist daher nicht nur das historische Leben Jesu von Nazareth. In dem periodisch wiederkehrenden Rhythmus des Jahres erfaßt es – teils ‚re-präsentierend', teils ‚ante-zipierend' – die Fülle des Heilswerkes, wie es von Gott im Wirken Christi bis zur Vollendung der Welt konzipiert ist.

---

Das Bedürfnis nach Gott, nach Leben, liegt zutiefst in der menschlichen Natur begründet. Unsere Finsternis sehnt sich im tiefsten danach, das Licht, das in ihrer Mitte leuchtet, zu begreifen.

THOMAS MERTON

## Verliere den Stoff nicht, in dem die Gnade wirkt

FRIEDRICH FREIHERR VON HÜGEL

Es ist ganz gut möglich, daß Dein jetzt lebendiger und tiefer Sinn für das Religiöse Dir nichtreligiöse Themen mehr oder weniger fade erscheinen läßt – daß Du es nach Tertullian und den „Bekenntnissen" als Belastung empfindest, Dich auf Homer und Pindar konzentrieren zu müssen. Wenn das aber so ist, oder wenn es später kommen sollte, so möchte ich, mein Liebes, daß Du diese Mentalität nicht aufkommen läßt, daß Du Dich kräftig dagegen wehrst. Wenn es eine Gefahr für die Religion gibt – wenn es eine naheliegende, beinahe unwiderstehliche Neigung gibt, die während ihrer ganzen langen Geschichte ihre Macht untergraben und zu den zerstörerischsten Übertreibungen nach der entgegengesetzten Seite geführt hat, so ist es gerade *diese* – zuzulassen, daß die Anziehungsmacht der Gnade die Schönheiten und Pflichten der Natur tötet und nicht beachten läßt. Was ist Natur? Ich meine, alles, was in seinem Maße schön, wahr und gut ist in dieser vielschichtigen Welt des einen, überwältigenden reichen Gottes? Nun, Natur (in diesem Sinne) ist der Ausdruck des Gottes der Natur; genau so, wie Gnade der Ausdruck des Gottes der Gnade ist. Und nicht nur sind *beide* von Gott und als Sein eigen zu ehren und zu lieben: sondern sie sind von Gott geschaffen, erhalten und bewegt als eng aufeinander bezogene Teile eines großen Ganzen – der vollen lebendigen Erkenntnis und des vollen lebendigen Dienstes Gottes und unserer eigenen Glückseligkeit. Keine Gnade ohne das Substrat, den Anlaß, den Stoff der Natur; und (in den einzelnen zur Verwirklichung des Typs berufen) keine Natur ohne Gnade. Begreifst Du vollständig, worauf ich hinaus will? Daß ich, gerade weil Du Dich nach der Religion sehnst, möchte, daß Du auch die Tätigkeiten und Interessen, die nicht unmittelbar religiös sind, weiter pflegst und noch sorgfältiger und liebevoller pflegst. Und das nicht nur, weil „wir natürlich essen müssen, natürlich unsere kleinen Entspannungen haben müssen", sondern viel mehr noch, weil Du ohne diese nicht unmittelbar religiösen Interessen und Tätigkeiten, wenn auch langsam und unbemerkbar, den Stoff verlierst, in dem und auf den die Gnade wirken kann.

## Wir zählen nicht genug auf die Gnade

PIUS-AIMONE REGGIO

Wenn der heilige Paulus den Mächten des Bösen die absoluteste Herausforderung, die die Geschichte kennt, entgegenschleudern konnte, so deshalb, weil er wußte, daß unsere Liebe zu Gott ihre Quelle in Gott selbst hat, daß wir von Gott die Fähigkeit erlangen, ihn zu lieben. Folglich, „wer wird uns trennen können von der Liebe Christi? Not oder Drangsal, Verfolgung, Hunger, Blöße, Gefahr oder Henkersschwert? ... All das überstehen wir siegreich durch den, der uns geliebt hat. Denn ich bin überzeugt, weder Tod noch Leben, weder Engel noch Gewalten, noch Mächte, weder Gegenwärtiges noch Zukünftiges, weder Hohes noch Tiefes, noch überhaupt etwas in der Welt wird uns scheiden können von der Liebe Gottes, die da ist in Christus Jesus, unserem Herrn" (Röm 8,35 f.).

Hat unser Herr nicht in der Tat gesagt: „Meine Schafe hören auf meine Stimme. Ich kenne sie, und sie folgen mir. Ich gebe ihnen das ewige Leben, und sie werden in Ewigkeit nicht verlorengehen: niemand wird sie meiner Hand entreißen. Was mein Vater mir gegeben hat, ist kostbarer als alles, und nichts kann es der Hand meines Vaters entreißen" (Joh 10,27 f.).

Woher kommt dann die Schwierigkeit, die wir empfinden, uns die stolzen Worte des heiligen Paulus zu eigen zu machen? Sie drücken eine Wahrheit aus, die für alle gilt, für all diejenigen, die die Hoffnung haben. Es liegt in der Dynamik dieser Tugend selbst, uns wie Paulus fühlen und sprechen zu lassen. Wenn uns das nicht gelingt, wenn wir den Mut nicht haben, den Mächten des Bösen dieselbe Herausforderung entgegenzuschleudern wie er, so kommt es daher, daß wir es nicht annehmen, schwache Kinder zu sein, so zerbrechlich, daß wir ohne die Hand Gottes weder einen Schritt vorwärts machen noch auch nur aufrecht stehen können. Wir suchen immer in uns selbst irgend etwas, woran wir uns klammern können. Aus einem Entschluß, der aus unserem Willen hervorgehen würde, erwarten wir den Ausgang unserer inneren Kämpfe. Ein Beweis dafür ist, daß wir selten in solchen Augenblicken beten. Wir leugnen vielleicht nicht in der Theorie, daß uns die Hilfe Gottes notwendig ist, aber in der Praxis meinen wir, *unsere* Einwilligung mache die Hilfe Gottes wirksam. Wir haben Mühe, uns zu überzeugen, daß die Hilfe Gottes in sich selbst die Macht trägt, unsere Einwilligung hervorzurufen. So sind wir geneigt, unser Vertrauen und unsere Sicherheit in den guten Anlagen zu suchen, die wir in uns selbst entdecken können, mehr als in der Gnade des Herrn, die uns beständig angeboten wird. Und da wir feststellen müssen, daß unsere guten Anlagen schwankend sind, so können wir nicht umhin, uns weniger kühn zu zeigen als der heilige Paulus, der seinerseits nur auf Gott rechnete.

„Wenn wir zuwenig von uns selbst fordern", schreibt sehr gut P. Garrigou-Lagrange, „kommt es daher, daß wir nicht genug auf die Gnade zählen, die Gott versprochen hat und uns geben will; wenn die Höhe unseres geistlichen Lebens sinkt und wir uns mit einem ganz menschlichen Leben zufriedengeben, kommt es daher, weil wir glauben, allein zu sein beim Handeln. Wir vergessen, daß Gott in uns und mit uns ist."

## Glaube verlangt einen gewissen Schwung

PETER LIPPERT

Solange Gott allzu einseitig als der unumschränkte, furchterregende Herr und Gebieter, beinahe als Gewalthaber gedacht wird, vor dem jede geschaffene Eigenheit stumm vergeht, wird der Mensch in seiner religiösen Haltung entweder erstarren zu einem furchtsamen Sklavendasein oder sich aus der gesunden Männlichkeit und Fraulichkeit seines Ich heraus zur Wehr setzen und von Gott losreißen bis zu überheblicher Selbstvergötterung. Gott muß, wie er es in der christlichen Offenbarung in ungeahnter Weise getan hat, der Seele auch als lieblich und liebenswürdig, als vertraut und nahe entgegenkommen, aber wiederum nicht in völliger Verschmelzung, die in „mystischem" Einswerden alle Spannungen zwischen dem Ich und dem Du aufhebt. Sonst würde die notwendige Selbstbewahrung erlöschen. Die ganze und weite Spannung besitzt erst den Gottesbegriff, der das Herrentum Gottes und seine Vatergüte, seine erschreckende, unbegreifliche Ferne und seine beglückende Nähe, das unnahbare Geheimnis und die traute Verständlichkeit seines persönlichen Lebens verbindet. Der Gott, zu dem Jesus gebetet hat, der das All in seinen Händen schwingt und jeden armen Sperling liebreich umhegt, der allein unter allen Gefahren, die uns drohen können, zu fürchten ist, und doch mit den süßesten Namen umkost werden darf, das ist der Gott, der die gesunden und fruchtbaren Spannungen in den seelischen Anlagen des religiösen Menschen bewahrt und erfüllt.

Das göttliche Du enthält in sich nicht nur die traute Nähe, sondern auch die geheimnisvolle, fast unheimliche Ferne, das Unbekannte und das Unerkennbare. Darum geht Religion immer auch auf das Geheimnis; sie überschreitet die Erfahrung, den engen Kreis, innerhalb dessen unser Denken möglich ist, und erst recht den winzig kleinen Bezirk unserer Sinne. Religion verlangt darum zu ihrem Zustandekommen einen gewissen Schwung, der über dunkle, steglose Abgründe hinüberträgt. Sie ist immer ein Glaube.

## Man müßte den Schnellzug unseres Lebens anbinden können

HEINZ SCHÜRMANN

Unser Leben gleicht oft dem Schnellzug, der einer unbekannten Zukunft entgegeneilt; man müßte ihn anbinden können. Denn wir finden Gott nicht in der Zukunft, den Gott, der die Liebe ist und dessen Sonne mich jetzt bescheint. Jetzt will er meine Gegenliebe. Und das wird gewiß morgen und übermorgen auch so sein, dürfen wir den andrängenden Sorgen sagen. Das Sorgen für die Zukunft und die Zukunftssorgen können wir der Sorge Gottes anheimstellen. Wenn wir liebend die Pläne Gottes verwirklichen wollen, muß alle Aufmerksamkeit in den gegenwärtigen Augenblick gebannt sein. Wenn ein Autofahrer in die dunkle Nacht hinausfährt, überschaut er im Scheinwerferlicht ja auch nur einen sehr kleinen Abschnitt der Fahrbahn, dem aber seine ganze Wachsamkeit gelten muß. Freilich setzt so ein Leben den Verzicht auf die eigene Zukunft voraus, auf das selbstgeplante Eigenleben mit seinen Einsichten, Programmen und Konzeptionen (sosehr es auch zur Pflicht des Augenblicks gehören kann, einen Plan zu machen). Wenn wir so die Elemente unseres Lebens nicht selbst zu einer Ganzheitsgestalt eigenmächtig nach eigenen Plänen und Ideen zusammenfügen wollen, formiert Gottes Vorsehung sie in göttlicher Weise zu einer Ewigkeitsgestalt. Und der Mensch, der so ausgeliefert lebt, gleicht nicht mehr dem seßhaften Bauern, der seinen Hof bestellt, sondern mehr dem Nomaden, der die Freiheit liebt und die Weite. Durch den, der sich Gott so anheimgab, wirkt dann der Herr sein Heil in der Welt. Fernwirkungen setzend, ihn als Kanal benutzend für sein Licht und seine Impulse. Jede Tat, die aus solcher Auslieferung kommt, hat göttlich-weite Dimensionen.

Aber noch einen zweiten Verzicht beinhaltet so ein Leben der ausgelieferten Liebe: den Verzicht auf die eigene Vergangenheit, die wir festhalten und die uns festhält. Es ist keine Liebe, wenn ich über das jammere, was ich gestern falsch gemacht habe, oder über das, was mir im vergangenen Jahr an Argem widerfahren oder an Unrecht zugefügt worden ist. Alles das will in Liebe der Barmherzigkeit Gottes anheimgestellt werden. Es soll im Feuer der Gott suchenden Liebe verbrennen. Viele Menschen kommen nicht weiter im Leben der Liebe mit Gott, weil sie ständig den Rucksack ihrer eigenen schweren Vergangenheit mit sich herumschleppen; es gilt, ihn abzusetzen, ihn in die Ecke zu stellen und ihn gänzlich zu vergessen. Nur frei und beschwingt kann man zu Gott eilen und sich ihm hingeben.

## Ruhe dich ein wenig in Gott aus

ANSELM VON CANTERBURY

Warum, Menschlein, schweifst du weit umher, indem du Güter suchst für deine Seele und deinen Leib? Liebe das eine Gut, in dem alles Gut ist, so ist es genug! Sehne dich nach dem einfachen Gut, das alles Gute ist, und es ist genug! Fliehe ein wenig die Beschäftigung mit dem Irdischen, verbirg dich ein wenig vor deinen lärmenden Gedanken, wirf deine lästigen Sorgen weg und setze deine mühseligen Zerstreuungen beiseite! Sei ein wenig für Gott da, ruhe dich ein wenig in ihm aus! Gehe in das Gemach deines Geistes hinein, schließe alles aus außer Gott und dem, was dir ihn suchen hilft.

Wohlan denn, Herr, mein Gott! Lehre mein Herz, wo und wie es dich suchen, wo und wie es dich finden mag! Wenn du aber überall bist, warum sehe ich dich nicht? Glücklich die Seele, die los vom irdischen Gefängnis frei nach dem Himmel strebt, die dich, den süßesten Herrn, von Angesicht zu Angesicht schauen darf und keine Todesfurcht hat, sondern sich unvergänglicher, steter Herrlichkeit erfreut! Ruhig ist sie und in tiefem Frieden: sie fürchtet nun keinen Feind mehr, noch den Tod. Dich hat sie zum milden Herrn, den sie lange gesucht und immer geliebt hat, und singt in ewigem Fest mit jubelnden Chören zum Lobe deiner Herrlichkeit. „Denn sie werden trunken von deines Hauses Reichtum; mit dem Strom deiner Wonne tränkst du sie."

---

Kommen wir also immer wieder auf die wenigen ganz einfachen Sätze zurück, in die wir das Wort Gottes, so weit es in uns eingedrungen ist, zusammengefaßt haben. So werden wir unseren inneren Menschen aufbauen und erfahren, wie unsere Person nach und nach zur Einheit findet.

FRÈRE ROGER VON TAIZÉ

## Er ist gleichzeitig fern und nah

YVES M.-J. CONGAR

Das erstaunlichste ist nicht, daß Jesus Christus Gott ist, sondern daß *Gott Jesus Christus ist.* Folglich gibt es in ihm etwas, das es ihm erlaubt, der zu sein: und zwar nicht nur seine Allmacht, die an sich nur unbegrenzte Möglichkeit ist, und auch nicht die Freiheit seiner Gnade, die es ihm, der so hoch steht, erlaubt, sich so tief zu beugen, sondern etwas, das ihn von sich aus angetrieben hat, sich herabzulassen und Mensch zu werden.

Überall in der Bibel zeigt sich Gott gleichzeitig transzendent und gegeben, sehr hoch und sehr nah. Absolut und vollkommen in der Ordnung der Heiligkeit lebend, ist er doch ganz zu uns gebeugt, ganz damit beschäftigt, sich mitzuteilen. Es ist sehr bemerkenswert, daß diese beiden sich scheinbar widersprechenden Aspekte in der biblischen Offenbarung nicht nur nebeneinander bestehen, sondern sogar in denselben Texten oder denselben Begebenheiten, die schließlich in Jesus Christus ihre volle Wahrheit finden und bekräftigt werden, so daß also die Transzendenz, d. h. genauer: die Transzendenz des Gottes des Glaubens, immer mit der Herablassung und der vertraulichen Nähe dieses Gottes Hand in Hand geht und umgekehrt.

In dieser Sicht ist der lebendige Gott, der Gott des Glaubens, auch der, der sich im letzten Buch der Offenbarung selbst bezeichnet als „der ist und der war und der kommt" (Apok 1,4 und 8; 4,1; 11,17; 16,5). Er *ist* nicht nur Aus-sich-selber-Sein; er *war* nicht nur Ewigkeit: *er kommt!* Er ist in seiner transzendenten Vollkommenheit nicht nur in sich, für sich: er ist für uns, er ist bei uns, er ist mit uns, er öffnet uns den Weg zum Leben und begleitet uns auf ihm als derjenige, der Sein und Leben spendet. „Ich werde da sein, wie immer ich da sein werde"; ihr werdet es an meinen Handlungen sehen, in der Fülle der Zeiten, am Ende all der Offenbarungen, von denen keine vollkommen und endgültig war. Ich werde sein, der in Person zu euch kommen wird, der in leiblicher Gestalt in euerer Mitte wohnen wird; ich werde immer mit euch sein; ich werde selbst euer Passah sein, ich werde selbst der Übergang des

Roten Meeres sein, ich werde das wahre Manna sein, das wahre Brot des Lebens, die wahre erhöhte Schlange in der Wüste, wahrer Befreier, wahrer Erlöser von den Sünden; ich werde selbst der Bund meines Volkes sein. *Ich werde Jesus Christus sein.* Denn wenn Gott nicht nur „der ist und der war" ist, sondern in der Fülle seines Geheimnisses auch „der kommt" ist, dann nennt er sich Jesus Christus. Und er sagt uns: „Wenn ihr nicht glaubt, daß *Ich es bin,* werdet ihr in euren Sünden sterben" (Joh 8,24).

## Der einzige Weg dorthin

JOHN HENRY NEWMAN

Geben wir also die nichtigen Entschuldigungen auf, und anstatt uns nach äußeren Ereignissen umzusehen, die unseren Lebenswandel ändern sollten, laßt uns davon überzeugt sein, daß unser Leben, wenn es geändert werden soll, von innen geändert werden muß. Gottes Gnade bewegt uns von innen, und so tut es auch unser eigener Wille. Äußere Vorkommnisse haben keine wirkliche Macht über uns. Wenn wir Gott nicht lieben, kommt es daher, daß wir ihn nicht lieben wollten, nicht versucht haben, ihn zu lieben, nicht gebetet haben, ihn zu lieben ... Wir scheuten die Mühe, den Anlauf von innen zu nehmen, wir waren wie Leute, die es nicht fertigbringen, des Morgens aufzustehen, und wir begehrten und erwarteten das Unmögliche, daß wir ein für allemal umgewandelt würden, auf einen Schlag, durch einen starken Antrieb von außen oder durch irgendein großes Ereignis oder zu einer besonderen Festzeit ... Wir verlangen nach einer wunderbaren Warnung, oder wir beklagen uns, daß wir nicht in glücklicheren Verhältnissen leben, daß wir so viele Sorgen oder so wenige religiöse Gnadenmittel haben: oder wir schauen uns nach einiger Zeit um, wo die Religion uns so leicht wird wie etwas Selbstverständliches ...

Erheben wir uns, und handeln wir wie vernünftige Menschen, ehe es zu spät ist: lernen wir eine der ersten Wahrheiten der Religionen begreifen, daß Liebe zum Himmel der einzige Weg zum Himmel ist. Sehen allein bewegt uns nicht: warum denn sonst blieb Judas sogar in der Gegenwart Christi bei seinem Geiz? Warum blieb das Herz Balaams verschlossen, dessen Augen doch geöffnet wurden? Warum ist Satan gefallen, wo er doch ein lichter Erzengel war? Auch die Vernunft wird uns nicht beugen, warum denn sonst war das Evangelium schon im Anfang „den Griechen eine Torheit"? Noch werden gehobene Gefühle uns bekehren, denn es gibt solche, die „das Wort Gottes hören und es alsbald mit Freuden aufnehmen", jedoch „keine Wurzeln in sich haben, sondern unbeständig sind". Noch wird eigenes Interesse etwas über uns vermögen: denn sonst wäre der reiche Mann, dessen „Acker Früchte in Fülle trug", klüger gewesen und hätte bedacht, daß „in dieser Nacht noch seine Seele von ihm gefordert werden" könnte. Lernen wir begreifen, daß einzig und allein die Liebe zu Gott uns dahin bringen kann, an Ihn zu glauben oder Ihm zu gehorchen: wir wollen Den bitten, der „denen, die Ihn lieben, unsichtbare Güter bereitet hat, daß er unseren Herzen eine solche Liebe zu Ihm eingieße, daß wir Ihn über alles lieben und so Seine verheißenen Güter erlangen, die alle unsere Wünsche übersteigen".

---

„Gottes Wille hat kein Warum", sagt ein alter frommer Spruch, und der Prophet redet davon, daß es undenkbar sei, daß der Ton, das Geschirr mit seinem Töpfer rechte (Jesaja 45,9–12). Es ist gut, wenn wir uns das sagen lassen. Es liegt ein Segen darauf, wenn ein Mensch still wird und sein Warum in Gottes Hand legt. Es ist aber auch gut, daß wir auch von jenem Schrei auf Golgatha wissen dürfen: Mein Gott, mein Gott, warum hast du mich verlassen? Dort am Kreuz ist alles menschliche Warum, auch das unsere, vorweggenommen.

DIETRICH BONHOEFFER

## Wehrlose Liebe

JOHANNES BOURS

Es gibt eine Erfahrung, die manchem Christen schwer zu schaffen machen kann: daß Gott verschwindet. Offenbar geht in unserer wissenschaftlich-technischen Welt eine tiefe Veränderung des religiösen Bewußtseins vor sich. Gott verschwindet im Bewußtsein sehr vieler Menschen. Er verschwindet unter einer Woge von Gottvergessenheit und unter einer Woge von Agnostizismus.

Nun kann man aber den Glauben an Gott, das absolute Geheimnis, nur durchhalten, wenn man etwas von ihm *erfährt.* Man erfährt aber nur etwas von Gott – aus Gnade –, wenn man sich existentiell auf ihn einläßt. Und nun möchte ich es wagen zu sagen: Wir werden am ehesten etwas von Gott erfahren, wenn wir uns auf einen „Zug" im Wesen Gottes einlassen, der – so meine ich – heute deutlicher als zu anderen Zeiten hervortritt: die Wehrlosigkeit seiner Liebe.

Gott ist so unaufdringlich, so wehrlos in unserer Zeit, daß er verschwindet. Er kommt sozusagen nicht mehr vor. Man bemerkt ihn kaum noch. Die meisten Menschen unserer westlichen Welt leben so, als wäre er nicht da. Ein französischer Theologe hat jüngst gemeint, wir müßten uns mit einem gewissen Nutzlosigkeits-Status Gottes in unserer Zeit abfinden.

Erfahren *wir* Gott so, wie wir im Psalm 29 beten: „Der Herr zerschmettert die Zedern des Libanon, die Stimme des Herrn wirbelt Eichen empor"? Erfahren wir Gott so, wie wir im Mose-Lied (Ex 15) beten: „Der Herr ist ein Krieger, Rosse und Wagen wirft er ins Meer. Deine Rechte, Herr, zerschmettert den Feind; Du strecktest Deine Rechte aus, da verschlang sie die Erde ..."?

Diese Worte sind – in einem tieferen Verständnis – nicht ungültig geworden. Sie sind ein ursprünglicher, bildhafter Ausdruck für eine *Wirklichkeit* in Gott, nämlich, daß er der absolute Herr, der Allmächtige ist, Herr des Himmels und der Erde.

Und doch: Mir will scheinen, als gebe es so eine Art „Evolution" in der Gottesoffenbarung, zumindest in der Weise des Verstehens der Gottesoffenbarung. Dieser Gott, der in den ältesten Psalmen noch beschrieben wird mit Bildern der Gottkönige von Ägypten und Babylon, dieser Gott, der Rosse und Wagen ins Meer schleudert, ist auch bei Jesus von Nazaret der Herr des Himmels und der Erde, der allmächtige Gott. Aber – und ich finde, dies ist das Bewegendste in der Religionsgeschichte überhaupt – dieser Gott ist bei Jesus Christus der, der seine Allmacht zur wehrlosen Liebe werden läßt. Dieser Gott Jesu Christi zeigt seine Macht darin, daß er als wehrlose Liebe der Rettende wird. Dieser Gott wird anschaubar in dem hilflosen Kind, das in der Krippe liegt. Dieser Gott wird anschaubar in dem Lamm, das zur Schlachtbank geführt wird und seinen Mund nicht auftut. Diese Ohnmacht der wehrlosen Liebe Gottes besiegt alles, besiegt den Tod. Es ist das abgründige Geheimnis Gottes, daß er, der Allmächtige, der absolute Herr, als *Liebe* retten will – und wahre Liebe ist wehrlos; aber ihre Wehrlosigkeit ist stärker als alles.

Diese Wehrlosigkeit Gottes, ist das so etwas, wie ich es in dem sehr weisen Buch des Laotse, im Tao-te-king, gefunden habe: „Weich und Schwach überwindet Hart und Stark"? So, wie Wasser den Stein besiegt? Ich spreche nicht vom Weichen und Schwachen an sich, nicht von der Wehrlosigkeit an sich, sondern von der wehrlosen Liebe ...

Der Deus semper maior, der je größere Gott, wird in seiner Kenosis, seiner Entäußerung, zum Deus semper minor, zum je Geringeren. Er wird zum Kind. Er wird zu dem Gott, der heute gleichsam verschwindet, der wie unauffindbar wird, mit dem die Menschen machen, was sie wollen, die Theologen und die Atheisten, der Mann auf der Straße und die Medien auf allen Kanälen; zu dem Gott, der ohnmächtig in der Welt ist, der nicht mit seiner Allmacht von außen eingreift. Er wird zur wehrlosen Liebe, und sie ist stärker als alles, stärker als der Tod.

Woher weiß ich das? Ich sehe es am Mysterium des Kindes. Ich sehe es an Jesus Christus, dem Gekreuzigten, dem wehrlos-ohnmächtigen, welcher der Auferstandene ist, *der* Lebendige. Der Sieger über den Tod!

Man darf diese wehrlose Liebe nicht mißverstehen. Sie ist nichts Schwächliches, Weichliches, Kernloses. Was sie in Wahrheit ist, kann man allein an Jesus lernen, der mit großer Entschiedenheit auftritt, kompromißlos. Der das Schwert-Wort gesprochen hat. Der den Knecht des Hohenpriesters zur Rechenschaft zieht: „Warum schlägst du mich?" Der aber dann *in Freiheit* zuläßt, daß die Menschen mit ihm machen, was sie wollen. Gott *ist* der Allmächtige, aber seine Allmacht läuft gleichsam wie aus einem Gefäß aus, sich verströmend in der Gestalt der wehrlosen Liebe.

Sieht es auf der Welt und in der Geschichte so aus, als gelange die wehrlose Liebe Gottes an ihr Ziel? Als käme sie durch? Es ist, als würde sie geradezu verschüttet und zum Verschwinden gebracht unter einer Lawine von Vergeßlichkeit und Gewalt.

Und doch wartet sie darauf, in der Weise der wehrlosen Liebe, erkannt. aufgenommen zu werden. Sie sucht mit den Augen der Sehnsucht die Landschaft der Menschengeschichte ab, wo sich eine Tür, ein Herz auftut, damit sie eintreten kann und damit an dieser Stelle die Verwandlung beginnen kann. Was Jesus von sich selber sagt, das sagt die wehrlose Liebe Gottes: „Die Füchse haben ihre Höhlen, die Vögel ihre Nester, der Menschensohn hat nichts, wo er sein Haupt hinlegen kann" (Lk 9,58). Wo ist Raum für die wehrlose Liebe? Ist alles vollgestellt mit Haben, Macht, Angst, Enge?

Die wehrlose Liebe sucht den Ort, sucht das Herz, wo sie ankommen kann. „Ich sagte zu einem Volk, das meinen Namen nicht anrief: Hier bin ich, hier bin ich! Den ganzen Tag streckte ich meine Hände aus ... Ich wäre zu finden gewesen für die, die nicht nach mir suchten" (Jes 65).

Aber er ruft mit leiser, wehrloser Stimme – „Du bist der Leiseste von allen" (Rilke) –, so daß nur einer es wahrnehmen kann, der selber still geworden ist, „arm" geworden ist, ein stilles Herz hat.

Gott in unserer Zeit: Dem wird etwas von Gott aufgehen, der weiß, daß *Er* die wehrlose Liebe ist.

## Wir dürfen es nicht preisgeben

MARTIN BUBER

Gott ... Ja, es ist das beladenste aller Menschenworte. Keines ist so besudelt, so zerfetzt worden. Gerade deshalb darf ich darauf nicht verzichten. Die Geschlechter der Menschen haben die Last ihres geängstigten Lebens auf dieses Wort gewälzt und es zu Boden gedrückt; es liegt im Staub und trägt ihrer aller Last. Die Geschlechter der Menschen mit ihren Religionsparteiungen haben das Wort zerrissen; sie haben dafür getötet und sind dafür gestorben. Es trägt ihrer aller Fingerspur und ihrer aller Blut. Wo fände ich ein Wort, das ihm gleiche, um das Höchste zu bezeichnen! Nähme ich den reinsten, funkelndsten Begriff aus der innersten Schatzkammer der Philosophen, ich könnte darin doch nur ein unverbindliches Gedankenbild einfangen ... nicht aber die Gegenwart dessen, den die Geschlechter der Menschen mit ihrem ungeheuren Leben und Sterben verehrt und erniedrigt haben. Ihn meine ich ja, ihn, den die höllengepeinigten, himmelstürmenden Geschlechter der Menschen meinen.

Gewiß, sie zeichnen Fratzen und schreiben ‚Gott' darunter; sie morden einander und sagen ‚in Gottes Namen'. Aber wenn aller Trug und Wahn zerfällt, wenn sie ihm gegenüberstehen im einsamen Dunkel und nicht mehr ‚Er', ‚Er' sagen, sondern ‚Du', ‚Du' schreien, sie alle das Eine, und wenn sie dann hinzufügen ‚Gott', das Wort des Anrufs, das zum *Namen* gewordene Wort, in allen Menschensprachen geweiht für alle Zeiten? ...

Wir dürfen es nicht preisgeben. Wie gut läßt es sich verstehen, daß manche vorschlagen, eine Zeitlang von den ‚letzten Dingen' zu schweigen, damit die mißbrauchten Worte erlöst werden! Aber *so* sind sie nicht zu erlösen. Wir können das Wort ‚Gott' nicht reinwaschen, und wir können es nicht ‚ganz machen'; aber wir können es, ‚befleckt' und ‚zerfetzt' wie es ist, vom Boden erheben und aufrichten über einer Stunde großer Sorge.

## Lernen, mit Gott umzugehen

KARL RAHNER

Halten Sie einmal still! Suchen Sie nicht möglichst Vielerlei und möglichst Kompliziertes zu denken. Lassen Sie einmal diese ursprünglicheren Wirklichkeiten des Geistes emporkommen: das Schweigen, die Angst, das unsagbare Verlangen nach Wahrheit, nach Liebe, nach Gemeinsamkeit, nach Gott. Stellen Sie sich der Einsamkeit, der Angst, der Nähe zum Tod! Lassen Sie solche letzten Grunderfahrungen des Menschen vor-kommen, beschwätzen Sie sie nicht, machen Sie darüber keine Theorien, sondern halten Sie diese Grunderfahrungen aus. Dann kann doch so etwas von einem ursprünglichen Wissen um Gott hervortreten. Dann kann man vielleicht darüber nicht viel sagen, dann sieht das, was wir so zunächst von Gott „begreifen", so aus wie das Nichts, wie das Abwesende, wie das Namenlose, wie das gleichsam alles Angebbare und begrifflich Umfaßbare Verschluckende.

Wenn wir nicht in dieser Weise langsam mehr und mehr lernen, mit Gott umzugehen und auf ihn hin uns zu eröffnen; wenn wir nicht immer wieder probieren, auch die ursprünglichen, nicht bewußt gewollt und bewußt gemachten Erfahrungen solcher Art im Leben zu reflektieren und von da aus dann in der ausdrücklicheren religiösen Tat der Betrachtung und des Gebetes, der Einsamkeit und des Uns-selbst-Aushaltens vollziehen – wenn wir solche Erfahrungen nicht entwickeln, dann sind und bleiben wir im Grund genommen in einer Religiosität, die sekundär ist, die in einer falschen Weise begrifflich-thematisch ist; dann reden wir über Gott, als ob wir ihm gleichsam schon auf die Schulter geklopft hätten, dann fühlen wir uns den Menschen gegenüber als die Landräte des lieben Gottes, die ungefähr dasselbe sind wie er – und dann sind wir im letzten für die Menschen von heute und für die, auf die es im Grund ankommt, mit unserer ganzen Predigt unglaubwürdig. Überall dort, wo die Religiosität nur durch eine raffinierte Intellektualität und Begrifflichkeit, auch möglichst komplizierte Theologumena, gelenkt wird, ist im Grunde genommen eine Pseudoreligiosität da, so tiefsinnig sie zu sein scheint.

Aber noch einmal: Dort beispielsweise, wo ein Mensch scheinbar hoffnungslos weint; dort wo ein Mensch „einpackt" und weiß, wenn er jetzt geduldig ist, wenn er jetzt schweigt, wenn er jetzt nachgibt, gibt es nichts mehr, was er ergreifen könnte, auf was er hoffen könnte, daß es ihn in dieser Haltung belohnt; überall dort, wo ein Mensch in eine letzte Einsamkeit hineingeht, wohin ihn niemand mehr begleitet; überall dort, wo ein Mensch die Grunderfahrung macht, daß er sich selbst genommen wird; überall dort, wo ein Mensch als Geist in Liebe zur Wahrheit gleichsam an die Grenze zum Absoluten stößt, über das er nicht mehr reden kann, das trägt und nicht getragen wird, zum Absoluten, das da ist, obwohl man es nicht greifen und begreifen kann, das sich, wenn man darüber redet, noch einmal hinter der Rede als ihr Grund verbirgt; überall dort, wo ein Mensch eine Freude erfährt, von der er nicht weiß, wo sie anfängt und wo sie aufhört, die scheinbar keinen Grund und Boden, ja gar keinen Gegenstand mehr zu haben scheint; überall dort, wo ein Mensch eine letzte Treue, man kann nicht sagen, erfaßt, sondern von ihr erfaßt wird; überall dort, wo der Gegenstand und sein Grund und Horizont und alles, was wir darin sehen, gleichsam ineinander übergehen – überall dort ist eigentlich Gott für den Menschen schon da. Und alles, was er dann über diesen Gott noch sagt, kann immer nur der Verweis auf diese ursprünglichere Erfahrung Gottes sein.

## Sich von Gott erfassen lassen

JEAN-MARIE LUSTIGER

Das Mysterium Gottes, das über alles hinausgeht, liegt darin: Er hat uns als erster geliebt in einer ungeheuren Liebe. Gott macht sich unser Menschsein zu eigen, unterwirft sich der Prüfung unserer Gleichgültigkeit, will uns in unserer Verlorenheit wieder finden. „Das Wort Gottes ist Fleisch geworden und hat unter uns gewohnt." Uns gleichförmig, ist er einer der unseren. Gott spricht die Sprache des Menschen. Gott nimmt das Fleisch des

Menschen an. Gott antwortet auf alle unsere Fragen nach Gott auf die Weise, daß er alle Fragen des Menschen auf sich nimmt.

Weshalb das Böse? Das Wort Gottes nimmt das Böse des Menschen auf sich, in sich. Weshalb der Tod? Das Wort Gottes nimmt in seinem sterblichen Fleisch den Tod hin, den wir verabreichen. Weshalb das Leiden? Das ewige Wort Gottes nimmt unsere Leiden auf sich und sie werden zu seinen Leiden. Weshalb die Einsamkeit, der Verfall und der Tod? Er ist in unsere Einsamkeit gekommen und in die Abgründe des Todes hinabgestiegen. Gott spricht unsere Sprache, nimmt unser Fleisch an. Und sein menschgewordenes Wort erträgt all unsere Fragen, erträgt die Frage der Fragen.

„Das Wort ist ganz nah bei dir, es ist in deinem Mund und in deinem Herzen, du kannst es halten" (Dtn 30, 4). Mehr als nahe: in uns, unter uns, von uns geboren. Und dies ist die höchste Form der Liebe Gottes zu uns: Durch seinen Sohn nähert er sich uns und ergreift uns in unserer Einsamkeit, mag sie in unseren Augen noch so trostlos sein. Er tröstet uns in unserer Trostlosigkeit, mag sie auch dem verzweifelten Menschen, der keinen Weg vor sich sieht, heillos erscheinen. Das Licht dringt in die Finsternis und läßt sich sehen, will sich ansichtig machen.

Wenn das Wort Gottes Fleisch wird und unter uns zu wohnen kommt, können wir diese Sprache Gottes nur unter einer Bedingung vernehmen und hören: Wir müssen bereit sein, dem zu folgen, der uns gleichförmig geworden ist, dem fleischgewordenen Wort, dem menschgewordenen Gottessohn, dem Messias, Jesus, dem Christus.

Um Gott zu kennen, müssen wir diesem Menschen folgen, der von der Jungfrau Maria in Betlehem in Judäa geboren worden ist. Wir müssen ihm nachgehen, dem Weg folgen, den er einschlägt, das tun, was er tut, mit ihm bis ans Ende der Liebe gehen, die Gott uns entgegenbringt, damit wir sie ihm erwidern. Man kann Gott nicht abschütteln wie ein Problem, von dem man sagen könnte: „Ich habe die Lösung dafür" oder: „Es ist nicht zu lösen", und an das man dann nicht mehr denkt. Gott liebt uns, macht uns lebendig, erfaßt uns.

Um Gott zu kennen, müssen wir unsererseits bereit sein zu lieben, bereit sein, so zu leben, wie der ewige Sohn das Menschsein lebt. Gott kennt unser Dasein und macht es sich zu eigen, indem er sich uns ausliefert. Wir werden Gott dann kennen, wenn wir bereit sind, Christus auf dem Weg zu folgen, auf dem er uns die Liebe seines Vaters erschließt, dann wenn wir mit Christus vereint, eines Wesens mit ihm sind.

Das Gottesproblem lösen, auf den Zweifel antworten heißt bereit sein, Christus zu folgen.

Glauben heißt nicht, sich selber eine Gewißheit aufzwingen wollen, auf die man sich dann stützen kann. Glauben heißt bereit sein, in unseren Zweifeln uns von Gott erfassen zu lassen und Christus in seine Liebe folgen, um von ihm das für den vielgeliebten Sohn bestimmte Geschenk zu empfangen, das er seinen Brüdern mitteilt.

Gott offenbart sich durch sein menschgewordenes Wort, durch seinen ewigen Sohn, der von der Jungfrau Maria geboren worden ist. Dieser geschichtlich situierte Offenbarungsakt ist gleichzeitig die Erlösung des Menschen in diesem fleischgewordenen Sohn und durch ihn.

## Wie werden wir „in Gott sein"?

HEINRICH SPAEMANN

Wir Menschen heute haben ein anderes Wissen vom Mikrokosmos und Makrokosmos als frühere Jahrtausende; wir wissen von Atomen wie von Milchstraßen und Galaxien, von unzähligen Sternenwelten (und daß unser Stern Erde einer der kleinsten von ihnen ist) – auch von den unergründlichen Leeren im All, von den kosmischen Abgründen. Um so mehr müßten wir wohl erschauern vor dem Schöpfer und Urgrund des Universums, Gott. Und daß wir in ihm leben, uns bewegen und sind, hebt zunächst den Gedanken nicht auf an die Verlorenheit eines winzigen Staubkorns im Weltall, das wir selbst sind und das im Tode nun seine Geborgenheit in einer nesthaften Umwelt, die es hier auf Erden hatte, doch verliert! Die Frage kann uns erschüttern, ja zutiefst ängstigen: Auf welche Weise werden wir in Gott sein? Gibt es ein uns Menschen gemäßes Zuhause auch in der Unendlichkeit Gottes? – Und dann noch einmal die Frage: Wenn unser Menschenleben und -wesen auch durch den Tod hindurch ein Widerspruch bleibt zu dem unendlich Heiligen, wie unser Gewissen uns mahnend sagt, weil soviel Schlechtes, das wir dachten und taten, von uns unerkannt und unbereut blieb, sich vor uns selbst und vor Gott verbarg, wo ist dann Wohnung für uns in diesem unendlichen, ewigen, heiligen Urgrund? Wenn wir an diesem Wesenswiderspruch zu Gott festhielten, so wäre die Verlorenheit eines Staubkorns im Weltall nicht zu vergleichen mit der Abweisung durch Gott, mit der Verwerfung. Das uns Menschen heute naheliegende Bild dafür wäre ein unaufhaltbar ewiger Absturz in die Abgrundtiefe des Alls.

Von daher erst ahnen wir, was es bedeutet, daß Gott uns in Christus hinein geborgen hat und birgt. Wir wohnen in Christus. Durch die Gnade des Glaubens hat der Vater unser Inneres für ihn geöffnet, so daß sein Geist in uns eindringen, sein Leben das unsere werden, seine Liebe uns prägen kann, immer neu auch mit ihrer vergebenden Macht. Aufgrund einer Wiedergeburt, die uns wesenhaft mit ihm eint, werden wir *ein* Wesen mit ihm, bilden wir, die Familie der Kinder Gottes, ein Miteinander und Füreinander, das wie ein einziger Leib mit vielen Gliedern ist, wo eines das andere ergänzt. Und diese innerste Wirklichkeit unserer Existenz im Glauben wird sich durch die Teilhabe an Jesu Tod und Auferstehung zur seligen Erfahrung vollenden! Zu seinen Jüngern sagt Jesus: „Euer Herz ängstige sich nicht: Glaubt an Gott und glaubt an mich! Im Hause meines Vaters sind viele Wohnungen; wenn nicht – hätte ich euch dann gesagt, daß ich gehe, euch eine Wohnung zu bereiten? (*Eine,* die die vielen in sich eint!) Und wenn ich gegangen bin und euch eine Wohnung bereitet habe, komme ich wieder und werde euch zu mir nehmen, damit, wo ich bin, auch ihr seid" (Joh 14, 1–3).

Die Liebe braucht, je tiefer sie ist, kein Zuhause mit vier Wänden und äußerem Komfort, sie kann eher noch in Zelten sie selbst sein, da sie dort nichts ablenkt. Sie hat ihr ganzes Zuhause im Geliebten. Unser irdisches Ambiente braucht sich nicht fortzusetzen, und wir brauchen es nicht auszubauen. Wie das kommende aussieht, das sagen unserem Glauben, der Bilder zu deuten weiß, die beiden letzten Kapitel der Geheimen Offenbarung mit ihrer Vision des himmlischen Jerusalem; seine Auferbauung ist der verborgene Sinn und Inhalt unseres Lebens schon in dieser Welt und Zeit, seit wir zum Glauben und Lieben gelangt sind. Das Lied von Silja Walter, das in unser Gotteslob einging (642), singt davon mit folgenden Worten:

„Eine große Stadt ersteht,
die vom Himmel niedergeht
in die Erdenzeit.
Mond und Sonne braucht sie nicht;
Jesus Christus ist ihr Licht,
ihre Herrlichkeit.

Laß uns durch dein Tor herein
und in dir geboren sein,
daß uns Gott erkennt.
Laß herein, die draußen sind;
Gott heißt jeden Sohn und Kind,
der dich Mutter nennt.

Dank dem Vater, der uns zieht
durch den Geist, der in dir glüht;
Dank sei Jesus Christ,
der durch seines Kreuzes Kraft
uns zum Gottesvolk erschafft,
das unsterblich ist."

## Wir fallen nicht ins Leere

LORENZ WACHINGER

Tommasi di Lampedusa schildert in seinem Roman „Der Leopard“ (7. Kapitel: Der Tod des Fürsten) den Fürsten Salina, der sich erinnert, wie langsam, aber stetig, die Leichtigkeit des Existierens, die vitale Spannung des Lebens ausströmte. Leise, wie die Körner einer Sanduhr zunächst, dann über lange Jahre weg unaufhaltsam, wenn auch meist unbemerkt, anwachsend; bis die Bewegung nun in seinen letzten Lebenstagen dem inneren Ohr des Fürsten sich aufdrängt wie das mächtige Rauschen und Entströmen eines Flusses. Wie Wasser an einem Ufer nagt, so höhlt nach diesem Bild ein ständiger Erosionsvorgang die Lebenskraft eines Menschen aus: der biologische Austausch und Abbau, der Kraftaufwand, den die Arbeit fordert, das Zusammenleben mit den Menschen, das uns „Nerven“ kostet. Gewinn und Verlust, Abbau und Aufbau mögen sich lange die Waage halten – endlich überwiegt doch, im spürbarer werdenden Altern, der Verlust, und das Leben neigt sich dem Tode zu. Wie ein Strom geht die Zeit durch uns hindurch, unumkehrbar, verändert uns in allen Stufen des Wachstums und wandelt uns langsam wieder zurück in den Grund, aus dem wir gekommen sind, wie wir am Aschermittwoch hören: Gedenk, o Mensch, daß du Staub bist und zum Staub wiederkehrst …

*Mit seinem Tod zusammenwachsen*

Zu diesem lang dauernden Sterben kann ich mich verschieden stellen, zum Beispiel mich angsthaft sträuben. Gegen den Tod, der so weit weg ist, in Gedanken nicht faßbar, sich sträuben? Wenige erleben das bewußt; eher schon das Widerstreben gegen die Zumutungen des Miteinanderlebens: eine Gewohnheit aufzugeben; ein Vorurteil zu korrigieren; sich auf den anderen einzustellen; begreifen, daß man selber nicht der einzige und der beste ist; zugeben, daß man nicht immer recht hat; lernen, daß einem manches nicht mehr ansteht und nicht mehr zusteht, weil man älter geworden ist.

Was hat das mit dem Tod zu tun?

Ionesco, der in Dramen und Tagebüchern das Problem des Todes umkreist, sagt: Wenn ich nicht sterben müßte, wäre ich ein guter Mensch; der Tod engt mich ein, kürzt mir meine Zeit, macht mich hastig, ungeduldig, gierig, voller Haß gegen die anderen, die mich am Leben hindern.

Warum?

Das kleine Kind ist der Mittelpunkt seiner Welt – alles ist für es da, es darf seine Umgebung für sich verbrauchen, anders könnte es gar nicht leben. Je größer es wird, desto mehr rückt es aus dem Mittelpunkt, die andern fordern ihr Recht; es lernt, zurückzustecken in seinen Ansprüchen, es nimmt nicht mehr nur auf, als Erwachsener schließlich soll es selber geben: Zeit für andere, Kraft, Nerven, sich selber. Wird einer sich sträuben gegen diesen ständigen, feineren oder groberen Verschleiß seiner Substanz, wird er sich zu schade sein für das, was von ihm verlangt wird, und nicht genug bekommen vom Leben? Dann vergiften die anderen, die ihm seine Kraft abfordern, ihm seine Zeit verkürzen und den Raum verstellen, sein Leben; sie, ohne die er doch nicht leben kann, sind ihm Bedrohung und Tod, vereiteln ständig seine Mühe um Leben und mehr Leben. Er muß sich wehren gegen das, was von ihm ständig verlangt wird, gegen das Hergeben von seiner Lebenssubstanz, er muß sich auflehnen gegen das Gefälle seines Lebens auf den Tod zu.

Das Leben Jesu, wie es die Evangelien schildern, ist anders. Er weist niemanden zurück, läßt sich von den ihn Umdrängenden verbrauchen; er gibt sich an die Folgen der von ihm entfachten Bewegung hin, hält sich nicht zurück, als es auf den offenen Konflikt, auf die Katastrophe zugeht. Er nimmt sein Geschick an, geht seinen Weg bis zum bitteren Ende und weiß: er tut es „für die vielen". So gibt er sich her, ohne an seinem Leben festzuhalten, stirbt, seinem Auftrag verpflichtet, dem Vater gehorsam (vgl. die paulinische Deutung des Todes Jesu in Phil 2,8; ähnlich Hebr 5,8).

Das ist sein Tod, mit dem wir „zusammenwachsen" sollen (Röm

6,5); es würde bedeuten, den Tod so anzunehmen wie Jesus; uns herzugeben für unsere Aufgabe, für die, die uns brauchen; den Verschleiß unserer Zeit, unserer Nerven, unserer Lebenskraft, den uns das Miteinanderleben auferlegt, an uns geschehen zu lassen, ohne daß wir uns krampfhaft zurückhalten und vorbehalten wollen.

*Mit seiner Auferstehung zusammenwachsen*

Gelingt uns das, dann verwandelt uns der Strom der Zeit, modelliert die Hand Gottes unser Bild heraus, führt und formt uns durch all das, was sie uns nimmt. Dann werden wir, wieder mit Röm 6,5, das „Bild der Auferstehung" Jesu: er, der sich hergibt bis zum Tod, fällt nach der Botschaft der Schrift nicht ins Leere, ins Umsonst. Da er sich hergibt, hält ihn Gott, läßt ihn nicht verlorengehen. Die Sinnlosigkeit der Vernichtung hat nicht das letzte Wort, sondern dieser Tod erweist Jesus als den, dessen Art zu leben gilt und bestätigt wird und maßgebend bleibt „für die vielen". Darum begreifen seine Freunde, daß er der „Herr" ist, „erhöht zur Rechten Gottes".

„Mit seiner Auferstehung zusammenwachsen" verheißt Paulus dem, der mit dem „Bild des Todes" Jesu zusammenwächst: indem ich mich weggebe wie Jesus, die Zeit an mir arbeiten lasse und das ständige Wegsterben annehme, gewinne ich erst mein Leben, finde seinen Sinn, kann ja dazu sagen – erfahre, daß ich von Gott gehalten bin.

Der Römerbrief deutet uns also Jesus als den Offenbarer nicht nur Gottes, sondern des Menschen; des Menschen nämlich, der über sein Leben entscheiden muß: ob er es festhalten oder loslassen will, anders gesagt: ob er glaubend-vertrauend oder verschlossen, im Gegenüber mit Gott oder mit sich allein, leben will. Die Taufe, von der Paulus in Röm 6 spricht, ist Symbol für diese Entscheidung, die sich durchs Leben zieht. Im Wasser liegt beides, die Todesgefahr und die Bedingung des Lebens. Wer die Taufe annimmt, nimmt den Tod Jesu an, um mit ihm die „Kraft der Auferstehung" (Phil 3,10) zu gewinnen.

## Überall wirst du das Kreuz finden

THOMAS VON KEMPEN

Siehe, alles ist in das Kreuz gesetzt und alles liegt am Tod und Sterben; es gibt keinen andern Weg zum Leben und zum wahren inneren Frieden als den Weg des heiligen Kreuzes und der täglichen Abtötung. Gehe, wohin du willst, suche, was dir beliebt: du wirst keinen höheren Weg über dir und keinen sichereren unter dir finden als den Weg des heiligen Kreuzes. Bestelle und ordne alles nach deinem Willen und nach deiner Einsicht: du wirst erfahren, daß wir allezeit etwas leiden müssen, sei es willig oder unwillig, du wirst immer das Kreuz finden. Denn entweder wirst du am Leibe Schmerzen empfinden, oder du leidest geistigen Kummer an deiner Seele. Bisweilen wirst du von Gott verlassen, bisweilen von deinem Nächsten verachtet werden. Und was noch mehr ist: oft bist du dir selbst zur Last und kannst dich durch keinen Trost erleichtern. Und du wirst leiden müssen, solange Gott es will. Gott aber will, daß du Trübsal und Leiden lernen sollst, damit du dich ihm ganz unterwerfest. Das Kreuz ist also immer bereit und erwartet dich überall. Wohin du auch gehen magst, trägst du dich selbst mit dir und wirst immer dich selber finden. Wende dich nach innen: überall wirst du das Kreuz finden. Deshalb mußt du allenthalben an der Geduld festhalten, wenn du den inneren Frieden haben und die ewige Krone verdienen willst. Trägst du das Kreuz gern, so trägt es dich und wird dich zum ersehnten Ziele führen: dorthin, wo das Leiden ein Ende haben wird.

---

Die enge Spalte einer Schießscharte genügt, um durch die dickste Mauer des finstersten Kerkers hindurch die Sonne zu bezeugen. Das gilt auch für diese noch undurchsichtige und schwere Welt: da genügt die heimliche Begegnung mit einem Heiligen, um Gott zu bezeugen.

HENRI DE LUBAC

## Die Einsamkeit der Grenze, an der die Zeit aufhört

RUDOLF WALTER

Der ersten Einsamkeit der Geburt entspricht die letzte des Todes. Unser Verstand und unsere Vorstellungskraft gehen nicht durch dieses Nadelöhr. Genausowenig wie wir uns die Tatsache vorstellen können, daß unsere Welt erst mit der Geburt aufging, können wir uns ihren Untergang im Tod vorstellen. Obwohl er auf jeden zukommt, gibt es keine Mitteilung darüber, wohl aber Vorboten. Im Schlaf hat man den freundlichen Bruder des Todes gesehen und den Rückzug in die Höhle der Nacht als täglich-nächtliche Probe des Sterbens bezeichnet. Im Loslassen und Aufgeben der zeitlich bemessenen Hektik des Tages, im Rückzug von der Oberfläche der Aktivitäten mag man Anzeichen der großen Nacht erkennen, die mit dem Tod dem Leben einmal ins Haus steht und die ihre Schatten vorauswirft.

Auch die Einsamkeit des Leidens hat man zum Vergleich herangezogen. Auch hier ist man unvertretbar selbst betroffen. Echter Schmerz läßt sich in der letzten Wurzel nicht teilen oder mitteilen. Hier kann man sich selbst nicht entfliehen, man wird vorbereitet auf die unausweichliche letzte Einsamkeit.

Zu deren Vorerfahrungen gehört auch das Alter. Nicht nur, insofern Lebensbeziehungen abreißen und Netze, die geknüpft wurden, löcherig werden. Auch nicht nur deswegen, weil Hoffnungen und Träume des Lebens, weil die Fülle der Welt, die dem Jungen noch offensteht, als Summe der Möglichkeiten schrumpft auf das, was wirklich verwirklicht wurde. Sondern auch, weil die Gelassenheit der Zeit, die noch bleibt, an die Grenze geführt wird, an der die Zeit für jeden einzelnen aufhört.

Hierin ist die Einsamkeit des Todes unvergleichbar, auch wenn man von ihr sagt, sie sei nichts anderes als die Wiederholung der vielen Trennungen, die das Leben bestimmen. Die Vorstellung erschreckt tief: aus der gewonnenen Individualität, in die das Leben seine Konturen eingeprägt hat, wieder hinausgestoßen zu werden in das grenzenlose und ängstigende Dunkel, das sich vor uns verschließt.

Es ist die große Einsamkeit, die auch die Psalmisten und die großen Gläubigen gekannt haben. Der Glaube fällt nicht leicht, daß die dann verlangte letzte Selbstaufgabe zu jenem Licht führen soll, das alle Schatten des Lebens aufhellen wird. Und doch wird diese Hoffnung immer wieder bezeugt und gelebt.

Teilhard de Chardin spricht in seinem Gebet um einen guten Tod davon: „Besonders in jenem letzten Augenblick, wo ich fühle, daß ich mir selbst entfliehe, ganz ohnmächtig in den Händen der großen und unbekannten Mächte, die mich gebildet haben; in all diesen düsteren Stunden laß mich Herr verstehen, daß Du es bist, der – sofern mein Glaube groß genug ist – unter Schmerzen die Fasern meines Seins zur Seite schiebt, um bis zum Mark meines Wesens einzudringen und mich in Dich hineinzuziehen."

Daß der Tod, menschlich gesprochen, die absolute Beziehungslosigkeit, das Herausgerissenwerden aus der eigenen Leiblichkeit und aus der Mitwelt der anderen, daß dies das endgültige Zu-sich-selber-Kommen und die Ankunft bei dem sein soll, „nach dem unser Herz unruhig ist", daß also in der letzten und radikalsten Einsamkeit gerade ihre letzte Überwindung stattfindet: darauf hofft der Gläubige, auch wenn er nicht zu sehen vermag, wie ihm das geschehen soll. In der Vernichtung soll die Erfahrung eines neuen Lebens gemacht werden. Im Zugrundegehen soll der alles tragende Grund auftauchen. Im Loslassen der Eigenmächtigkeit eines selbstbezogenen Lebens soll die Begegnung mit der Fülle des Lebens, mit Gott wirklich werden.

In der Erfahrung der Mystiker kommt zum Ausdruck, daß dies nicht nur eine Begebenheit der letzten Stunde ist. Mitten im Leben ist es möglich, daß Gott in unser Leben kommen kann, wenn wir uns ihm öffnen. Bezeichnenderweise hat Meister Eckhart dies mit Begriffen umschrieben, die der Hoffnung in der „Stunde unseres Abscheidens" entsprechen. Er nennt die „Abgeschiedenheit" als Zustand jener Freiheit, die im Loslassen der Eigenmächtigkeit, in der Befreiung aus der Ichverhaftung das Tor zu dem Weg eröffnet, auf dem Gott im Leben eines jeden Menschen ankommen kann. Es gab einmal eine „Kunst zu sterben" und eine „Kunst zu lieben", beide haben demnach etwas gemeinsames. Und beides hat zu tun mit der Einübung in die rechte Einsamkeit, die nicht bloß Rückzug, sondern zugleich Offenheit ist.

## Ich stelle mir vor, ich nehme an meinem Begräbnis teil

ANTHONY DE MELLO

Um das Leben zu sehen, wie es wirklich ist,
hilft nichts so sehr wie die Tatsache des Todes.

Ich nehme im Geist an meinem Begräbnis teil ...
Ich sehe meine Leiche im Sarg ...
Ich rieche die Blumen und den Weihrauch ...
Ich verfolge jede Einzelheit des Begräbnisritus ...

Mein Blick gleitet flüchtig über die Trauergemeinde.
Jetzt verstehe ich,
wie kurz die Zeit bemessen ist, die sie selber noch vor sich haben
... nur wissen sie es nicht.
Gerade jetzt sind sie ganz auf mich eingestellt,
nicht aber auf ihren eigenen Tod und die Kürze ihres Lebens ...
Dies ist heute mein Auftritt –
mein letzter großer Auftritt auf Erden,
zum letzten Mal stehe ich im Mittelpunkt des Interesses.

Ich höre zu, was der Priester in seiner Ansprache über mich sagt ...
Und wie ich die Gesichter in der Versammlung beobachte,
merke ich zu meiner Genugtuung, daß ich vermißt werde.

Ich hinterlasse eine Leere im Herzen
und eine Lücke im Leben von Freunden ...
Es ist aber auch ernüchternd zu denken,
daß da in der Menge vielleicht Leute stehen,
die erleichtert sind, weil ich gestorben bin ...
Ich gehe im Trauerzug zum Friedhof ...
Ich sehe die Gruppe schweigend am Grab stehen,
während die letzten Gebete gesprochen werden.

Ich sehe, wie der Sarg ins Grab hinuntergelassen wird
– das Schlußkapitel meines Lebens ...

Ich denke nach, wie gut dieses Leben war
mit all seinem Auf und Ab ...
den spannenden und eintönigen Zeiten ...
den Erfolgen und Enttäuschungen ...
Ich bleibe am Grab stehen
und rufe mir einzelne Lebensabschnitte ins Gedächtnis,
während die Leute wieder nach Hause gehen
zu ihrer täglichen Arbeit,
zu ihren Wünschen und Sorgen ...

Ein Jahr geht vorüber, und ich komme wieder auf die Erde.
Die schmerzlichen Lücken, die ich hinterlassen habe,
sind allmählich ausgefüllt.
Im Herzen meiner Freunde
ist die Erinnerung an mich noch lebendig,
aber sie denken nicht mehr so oft an mich.
Sie warten nun auf Post von anderen,
sie erholen sich in der Gesellschaft von anderen.
Andere Menschen sind ihnen für ihr Leben wichtig geworden.
Und so muß es auch sein: das Leben muß weitergehen ...

Ich besuche meinen Arbeitsplatz.
Wenn er noch besetzt ist,
so tut ein anderer meine Arbeit,
ein anderer trifft die Entscheidungen ...
Die Orte, die ich noch vor einem Jahr aufgesucht habe,
die Läden, die Straßen, die Gaststätten ...
sie sind alle noch da.
Und es scheint nichts auszumachen,
ob ich auf diesen Straßen gegangen bin,
diese Läden betreten und die Busse benutzt habe.
Ich werde nicht vermißt. Dort nicht!

Ich sehe mich nach meinen persönlichen Gebrauchsgegenständen um
wie Uhr oder Schreibfeder ...

und nach jenen Habseligkeiten,
die Erinnerungswert für mich hatten:
Andenken, Briefe, Fotografien …
und nach meiner Ausstattung: Kleider, Bücher …

Ich kehre an meinem fünfzigsten Todestag zurück
und schaue mich um,
ob noch jemand da ist,
der sich an mich erinnert oder von mir spricht …
Hundert Jahre gehen vorüber,
und ich komme noch einmal wieder.
Außer ein bis zwei vergilbten Fotografien
in einem Album oder an einer Wand
und der Inschrift auf meinem Grabstein
ist kaum etwas von mir übrig geblieben,
nicht einmal die Erinnerung meiner Freunde,
weil keiner mehr lebt …
Trotzdem forsche ich nach irgendwelchen Spuren,
die von meiner Existenz vielleicht noch auf der Erde vorhanden sind …

Ich schaue in mein Grab hinein
und finde eine Handvoll Staub
und zerbröckelte Knochen im Sarg.
Meine Augen bleiben an diesem Staub hängen,
und ich denke an mein Leben zurück:
Erfolge und Tragödien …
Ängste und Freuden …
Mühen, Konflikte …
Bestrebungen und Wunschträume …
Liebe und Abneigung …
all das, was mein Leben ausgemacht hat.
Und all das ist nun vom Wind verweht,
vom Universum verschlungen …
Nur noch ein wenig Staub ist übriggeblieben
als Zeichen, daß es einmal etwas gegeben hat:
mein Leben.

Wie ich so diesen Staub betrachte,
kommt es mir vor, als fiele eine schwere Last von meinen
Schultern
– die Last meiner Einbildung, etwas zu bedeuten ...
Dann blicke ich auf und betrachte die Welt um mich her
– die Bäume, die Vögel, die Erde,
die Sterne, den Sonnenschein,
den Schrei eines Säuglings,
einen vorüberfahrenden Zug, die eilenden Wolken,
den Tanz des Lebens und des Universums ...
und ich weiß, daß in allem irgendwo
die Überrest jenes Menschen sind,
den ich „Ich" genannt habe,
und jenes Lebens, welches das meine war.

## Das Unhaltbare aushalten

HELMUT RIEDLINGER

Die Hoffnung gilt der überlieferten Theologie als hohe Tugend. Sie hat jedoch nicht den hohen Rang, der von Jesus und Paulus dem Glauben zugesprochen wird. Es fehlt ihr auch die bezwingende Größe der Liebe, von der die Evangelien und Paulus eindringlich Zeugnis geben. ...

So ist es im Grunde bei den christlichen Denkern bis in die jüngste Zeit geblieben. Erst die letzten Jahre brachten eine überraschende Wiederentdeckung des christlichen Hoffens. Dazu hat vor allem die weltweite Anfechtung beigetragen, die den christlichen Glauben in unserer Zeit befällt. Viele – wenn nicht die meisten – Christen vermögen einfach nicht mehr in der überlieferten Weise zu glauben. Daher ist ihnen auch die Möglichkeit, den unbegreiflichen Gott, den Gott, der Kriege und Katastrophen zuläßt, zu lieben, höchst fragwürdig geworden. Aber das Wort Hoffnung spricht heute nicht wenige unserer Zeitgenossen – auch unter den Jüngeren – an und wirkt, wie es scheint, zunächst hilfreicher als die verbrauchteren Worte „Glaube" und „Liebe", die durch so viele

Jahrhunderte im Vordergrund des Interesses und der Auseinandersetzung standen. Manch einer, dem christliches Glauben und Lieben fremd geworden sind, ist insgeheim froh, auf seine Weise noch am christlichen Hoffen teilnehmen zu können. ...

*Hoffnung in der dunklen Nacht des Kosmos?*

Seitdem die Menschheit weiß, daß die Erde nicht die Mitte des Weltalls bildet, sondern um die Sonne kreist, haben abgrundtiefe Zweifel gegenüber der ganz großen Lebenshoffnung der Menschheit die Herzen der Denkenden erfaßt. Seitdem wir gar wissen, daß selbst das Sonnensystem nur eines unter zahllosen anderen Systemen ist, die sich in der unermeßlichen Weite des Weltraums anhäufen, ist die bange Trauer und Angst der Menschheit im Weltall noch größer geworden. Das Rätsel des Universums und der in ihm waltenden Kräfte stürzt uns in abgründige Ratlosigkeit. Jede ganz große Hoffnung scheint erstarren und vereisen zu müssen, wenn sie der Kälte des Kosmos ungeschützt ausgesetzt wird. Es ist daher nur zu leicht verständlich, daß sich der Mensch von der unheimlichen Leere abwendet und seine ganze Hoffnung auf den menschlichen Bereich setzt, in dem er Geborgenheit und eine gewisse Erfüllung des Daseins erfahren kann. Der Mensch sucht Zuflucht bei sich und seinesgleichen, da sonst die dunkle Nacht des Kosmos sein Hoffen und Sehnen aus der Fassung wirft. Und doch ist Flucht in die Menschenwelt und das Angreifen der großen Aufgaben der Gesellschaft – so wichtig und unentbehrlich es ist – kein Ersatz für die große Hoffnung auf Leben.

*Hoffnung auf eine menschliche Zukunftsutopie?*

Die Flucht nach vorn, die Flucht in eine imaginäre Zukunft der Menschheit kann keinen Denkenden sehr lange täuschen. Es hilft uns nichts, wenn wir an die Stelle himmlischer Seligkeit das irdische Glück eines kommenden Idealreiches setzen und die Schöpferkraft Gottes dem Menschen übertragen. Auf diese Weise gibt es für uns einzelne Menschen nur billigen Trost, keine wirkliche, allem überlegene Hoffnung. Es braucht zur großen, einzig wahren Hoffnung das Aushalten im unendlichen Schweigen, das Ertragen der ungeheuren Kälte und die Geduld in abgründiger Nacht. Der wahrhaft Hoffende springt aus der Gegenwart nicht ab, um in besinnungsloser Aktivität zu landen, er verzichtet nicht auf ein gegenwärtiges Gut, um sich sogleich wieder ein anderes anzueignen. Er erduldet nach dem Absprung die ganze Qual der Entbehrung irdischer Geborgenheit. Der Hoffende ist ein Fremdling, der aus seiner alten Heimat ausgezogen und in der neuen noch nicht eingekehrt ist.

Er kann sich nichts mehr vormachen und auf keinen Fall mit eigenem Handeln, so wichtig und richtig es sein mag, die große Frage der Hoffnung beschwichtigen. Auch das wirkungsvollste, großmächtigste Handeln des Menschen beantwortet diese Frage nicht. Dem Hoffenden ist aber auch die neue Wirklichkeit, auf die hin er unterwegs ist, nicht so sichtbar und greifbar, daß er sie triumphierend zur kritischen Überprüfung jedem anderen vorzeigen könnte. Da er nicht mehr in das Schaffen und Werken flüchten und dort sich der Wirklichkeit seines Lebens versichern kann, leidet er dauernd. Er leidet unter der Unwirklichkeit eines Lebens, in dem die Wirklichkeit, die er erhofft, immer noch aussteht. Und dennoch hält er gerade im Ertragen der Entsagung, in der geduldigen Verneinung der Nichtigkeit seines über die Gegenwart hinausstrebenden Daseins, seine Hoffnung unentwegt aufrecht.

*Die Freude derer, die Hoffnung haben*

Die lebendige, bis an die Grenzen des Erträglichen gehende Spannung eines solchen Lebens in Hoffnung kann uns niemand besser erläutern als Paulus, der bis heute nicht übertroffene Begründer der christlichen Hoffnungstheologie. Im ersten Brief an die Gemeinde von Saloniki, dem wohl ältesten Dokument des Neuen Testaments, schreibt Paulus von der Trauer der anderen, „die keine Hoffnung haben" (1 Thess 4,13). Natürlich leben sie nie ohne zahlreiche Hoffnungen. Aber sie stehen außerhalb der einen, alles umfassenden Hoffnung, und darum leben sie im Schatten der Trauer. Diese tiefe, wortlose Trauer angesichts des Endes der Menschen ist gewiß in ihrer Art groß, wenn sie mit Würde getragen wird und die sinnvolle Tätigkeit samt den bescheidenen Freuden des Lebens nicht völlig verhindert. Sie ist ehrlicher als das wirre Treiben jener, die ihre eigene Hoffnungslosigkeit durch ständiges Handeln verschleiern. Aber sie ist auch wahrhaftiger als die seichte Hoffnung gedankenloser Christen.

Paulus stellt jedoch klar: Es sind die andern, die trauern. Wir, die wir „glauben, daß Jesus gestorben und auferstanden ist" (1 Thess 4,14), sind zwar immer noch in Gefahr, in die alte Trauer zurückzufallen, aber die Trauer der anderen kann nie mehr ganz die unsere werden, da wir jetzt die große Hoffnung haben. Jede Hoffnung gehört auf ihre Art mit einer Freude zusammen (vgl. 1 Thess 2,19). Um so mehr erhebt uns die eine hohe Hoffnung aus Niedergeschlagenheit und Schwermut.

Doch sie entrückt uns nicht sogleich in einen Schwebezustand. Das wird schon zu Beginn des Briefes deutlich, denn Paulus erinnert sich an das „Werk des Glaubens", an die „Arbeit der Liebe" und an die „Ausdauer der Hoffnung", die er in er Gemeinde erfahren hat (vgl. 1 Thess 1,3). Das Werken und Schaffen wird also mit dem Glauben verbunden, die mühsame Kleinarbeit mit der Liebe, der Hoffnung aber wird das bereitwillige Tragen drückender Last, das Aushalten und Erleiden aller Anfechtung zugewiesen. Die Hoffnung bedeutet in den frühen Briefen des Apostels Paulus vor allem das zuversichtliche, geduldige Wartenkönnen, die Bereitschaft auszuharren, bis das verheißene nahe Heil endgültig eintrifft.

### *Nicht aus eigener Leistung*

Im zweiten Brief an die Thessalonicher macht der Apostel klar, daß das ausdauernde christliche Hoffen nicht etwa einem menschlichen Beharrungsvermögen zuzuschreiben ist, sondern uns vom himmlischen Herrn selbst und von Gott, unserem Vater, gewährt wird. Der Vater, so heißt es, hat uns geliebt und gibt uns Trost für immer und „gute Hoffnung in Gnade" (2,16). Wir haben es nicht eigener Leistung, sondern der Güte Gottes zu danken, wenn mitten in der Verlorenheit des Weltalls uns die gute Hoffnung erfüllt. Deshalb können wir diese Hoffnung auch nicht den anderen nach Belieben aufreden und mitteilen. Denn letztlich sind nicht wir es, die über die Hoffnung verfügen, sondern sie wird uns und auch den anderen nach Gottes Wohlwollen geschenkt. Sie wird nie zu unserem gesicherten Besitz. Es ist und bleibt Gnade, wenn gute Hoffnung uns aufrichtet.

Wir können freilich, wenn wir es unbedingt wollen, selbst aus der Gnade herausfallen. Daher schreibt Paulus den Galatern, die an der alten Gesetzesgerechtigkeit festhalten wollen: „Wenn ihr durch das Gesetz gerecht werden wollt, seid ihr aus der Gnade herausgefallen. Denn wir erwarten im Geist aus dem Glauben die Hoffnung der Gerechtigkeit" (5,5). Geist, Glauben, Hoffnung, Gerechtigkeit – das sind Grundworte, die alle auf dieselbe neue Freiheit hinweisen, zu der uns erst Christus befreit hat (5,1). Das hoffende Erwarten der Gerechtigkeit ist kein müßiges Ausschauhalten – der Glaube muß ja durch Liebe am Werk sein, wie es im nächsten Satz heißt (5,6) –, sondern mitten in der Tätigkeit ist auch die Spannung auszutragen zwischen der bleibenden Unhaltbarkeit unserer jetzigen Zustände und der kommenden, ganzen Gerechtigkeit. Das Ganze, das Heile ist nicht einfach nur das, was später von außen her angesetzt wird. Es wirkt und zieht uns schon jetzt an sich, wenn wir uns ziehen lassen durch unsere Hoffnung.

*Die Liebe, die alles aushält*

Wie sehr das geduldige, durch nichts zu verbitternde Hoffen mit dem Glauben und Lieben eins ist, sagt der erste Korintherbrief: „Die Liebe ... glaubt alles, hofft alles, erträgt alles" (13,7). Ohne die Liebe könnte die christliche Hoffnung nicht bestehen. Aber die Liebe ist nicht das gleiche wie die Hoffnung. Das Werk der Liebe ist weiter und größer und fordert andere Einsätze. Doch der Liebe fehlte ein Wesenszug, wenn sie aufhörte, alles zu hoffen. Die Hoffnung als Aushalten der Spannung zwischen Wollen und Erfüllung bleibt ein wesentliches Moment der Liebe. Ähnlich ist auch der Glaube als Annahme und offenes Bekenntnis des Evangeliums von der Hoffnung unterschieden und doch beständig auf sie angewiesen. So bleiben denn „Glaube, Hoffnung, Liebe, diese drei. Am größten von ihnen ist aber die Liebe" (13,13), die selbst erst der authentische Vollzug des Glaubens und Hoffens ist.

## Die winzige zitternde Flamme der Hoffnung

VILMA STURM

Soll ich versuchen, aus den verschiedenen Erscheinungsformen meines Glaubens eine Grundfigur zu ermitteln? Die Grundfigur hat weder ausgesprochen männliche noch ausgesprochen weibliche Züge. Der Faszination durch das strenge asketische Ideal des Thomas von Kempen hätte ein kleiner Junge ebenso wie das kleine Mädchen, das ich war, erliegen können. Jugendbewegt übers Feuer springen, die alten Lieder zur Laute singen auf der Burg, im Rittersaal, das taten sie gemeinsam, Jünglinge und Jungfräulein. Die Zeit eines glücklichen Eingebettetseins in die kultischen Vollzüge, in die festliche Begegnung der Ereignisse des Kirchenjahres hatte nichts spezifisch Weibliches – und schon gar nicht findet sich dergleichen, als die politische Theologie anfing, meinen Glauben und mein Verhältnis zur Kirche zu bestimmen. Die Entfernung, die Abkehr vom Buchstaben der Lehre, von der Orthodoxie, vom Einverständnis mit dem Wirken eines ebenso allmächtigen wie gütigen Gottes teile ich mit Männern wie Reinhold Schneider, Fridolin Stier, Otto Kuss, dem Münchener Exegeten. Was sich vollzogen hat, ist ein durch und durch menschlicher, durch keinerlei Rollenverhalten geprägter Prozeß. Im übrigen vollzog sich nicht anders die im Individuum sich spiegelnde Entwicklung der gesamten Christenheit durch die Jahrhunderte: der asketischen Strenge und den mystischen Erhebungen der Anfänge bis ins Mittelalter hinein folgte das Erlebnis der Aufklärung, die Entmythologisierung und damit die unaufhaltsame Auflösung der Glaubensgewißheit, die Ruinierung des Gebäudes bis auf einige Grundmauern, Kälte, Öde, Dunkelheit, nichts als die winzige zitternde Flamme der Hoffnung, daß da doch ein Sinn sein möchte und mit dem Tod nicht alles zu Ende. Was ist männlich, was ist weiblich an einer solchen Entwicklung?

Das Geschlecht des Gottes, den ich doch immer wieder noch einmal anzureden versuche im Zorn, im Schmerz, in Dankbarkeit – es interessiert mich wenig oder überhaupt nicht. Die über so viele Jahrzehnte hin aus der Tradition gewachsene Vorstellung eines Vatergottes kann ich nicht mehr ersetzen durch die Vorstellung einer Gottheit mit mütterlichen oder männlich-weiblich gemischten Zügen. Wie jeder denkende Christ versuche ich natürlich, „Züge" überhaupt auszumerzen aus dem undurchdringlichen Angesicht des undurchdringlichen Wesens, an dessen Existenz ich zweifelnd glaube. Aber die alten Vorstellungen kriechen hartnäkkig aus allen Ecken des entrümpelten Hauses, kommen wie die Fliegen, nach denen man mit der Patsche schlug und die doch im nächsten Augenblick schon wieder auf den Brotkrümeln und der verschütteten Milch sitzen. Also sage ich „er", wenn ich Ihn meine – ich denke, daran wird sich nichts ändern in der geringen Zeit, die mir noch zu leben bleibt.

## Die Annahme des Unannehmbaren

KARL RAHNER

Was geschieht, wenn wir Eucharistie feiern? Die schlichte Antwort heißt: Das Abendmahl des Herrn, das er gefeiert hat als den Beginn seiner Passion, wird unter uns und für uns Gegenwart. Sollen wir diesen Satz verstehen, müssen wir bedenken, was im Abendmahl des Herrn geschah, und müssen erwägen, was es bedeutet, daß dieses Mahl unter uns und für uns Gegenwart wird. Was tat der Herr, als er mit seinen Aposteln das Abendmahl feierte? Wir können die unausmeßbare Fülle und Dichte dieses Ereignisses vielleicht dadurch noch am ehesten vor uns stellen, daß wir sagen: in jener Stunde nahm Jesus seinen Tod als seine Übereignung an Gott und so als die Erlösung der Welt an und gab sich selbst als den in den Tod Gegebenen und so als den durch den Tod Gott Anheimgegebenen und somit als den ewigen Bund der Erlösung seinen Jüngern unter dem Vorgang und Symbol eines Mahles.

Er saß mit denen beisammen, die er liebte und seine Freunde nannte und die ihm der Anfang der Gemeinde waren, die an ihn glaubten und in diesem Glauben das Heil haben sollten. Er saß mit ihnen beim Mahle, weil der Mensch dann am nächsten mit den vielen Geliebten beisammen ist, wenn die Gemeinschaft der Treue und der Liebe sich auch verleiblicht in der gemeinsamen Anteilnahme an dem Brot und dem Trank der einen Erde, von der her alle leben. Er saß mit ihnen ein letztes Mal beisammen, weil er wußte, daß er gehen müsse, einsam und allein in die äußerste Finsternis und Einsamkeit des Todes. Und dieser Tod stand vor ihm. Sein Tod. Das absolute Mysterium des Unbegreiflichen. Der Tod *des* Lebendigen, dessen Wesen nicht wie das unsere schon immer in einem geheimnisvollen Einverständnis steht mit der zerfallenden Hinfälligkeit, dem Widerspruch und jenem Nichts, in das die Schuld zu entfliehen sucht. Der Tod, der die Leibhaftigkeit der Schuld ist, der unser Schicksal ist, den wir tun und leiden in einem als unsere einzig eigene Tat, die uns, so wie wir sie tun, vernichtend überwältigt, wenn wir sie getan haben, in der das Eigenste das Fremdeste wird. Diesen Tod nimmt Jesus an, er geht ihm entgegen, läßt sein Leben von absoluter Einheit und Reinheit in diesen Abgrund höllischer Sinnlosigkeit fallen, mit dem er gar keine Gemeinschaft hat. Weil die Unbegreiflichkeit dessen, den er auch in dieser Stunde Vater nennt, also verfügt, weil dieser Tod unser Schicksal ist, weil er – unendliches, anbetungswürdiges Geheimnis des Gehorsams und der Liebe – es vermochte, auch in dieser unendlichen Leere und Einsamkeit des Todes eins zu bleiben mit Gott und mit uns. Und mit dem Tod nimmt er alles andere an, was zu dieser Unendlichkeit der toten und tötenden Leere noch gehört: die Stumpfheit der Herzen seiner Jünger, ihren Unglauben, den Schmerz, den Verrat, das Ausgestoßensein aus seinem Volk, die brutale Dummheit der Politik, die ihn tötet, das Scheitern seiner Sendung und seiner Lebenstat. Den einen grundlosen Kelch seines Lebens ergreift er, blickt in seinen finsteren Abgrund und setzt ihn an seine Lippen, nimmt schon alles wissend und jasagend vorweg, was wir seine Passion, die Passion des Menschensohnes, das Sterben schlechthin nennen. Diese Annahme des Unannehmbaren, diese Identifikation des Lebens mit dem Tod, dieses Umfaßtwerden der Schuld durch die heilig gehorsame Liebe, dieser Sturz des unauslöschlichen Lichtes in die unendliche Finsternis – alles ereignet sich in der leisen und unauffälligen Gewöhnlichkeit eines menschlichen Lebens, das wissend und bereit dem Tod entgegensteht – ist die Erlösung der Welt. Ist unser Heil, ist das Gericht, das uns begnadigt, die Offenbarung, daß wir auch als die grausam in unsere Schuld und Ausweglosigkeit uns Verstrickenden die Angenommenen und Geliebten sind. Im Abendmahl wird der Anfang der erlösenden Passion gemacht, indem im Anfang das Ganze dieser erlösenden Passion schon angenommen und in dieser Annahme schon proklamiert ist, diese Annahme sich selbst kundtut in heiliger Geste und heiligem Wort und so die Hinopferung in den realen Tod und die reine Hingabe an den Vater auch in kultischer Opferhandlung in Erscheinung treten.

# Schimmer künftiger Erfüllung liegt auf unserer Erde

## Gott – oder unendliche Leere

PHIL BOSMANS

Der Friedhof voll weißer Chrysanthemen. Der Tod in Weiß. Einen Augenblick lang sind die Toten und die Lebenden zusammen an demselben Ort. Sie suchen einander, sie denken aneinander und können einander nicht erreichen. Irgendwo eine entsetzliche Ohnmacht, eine unheimliche Auseinandersetzung.

Mit einem Mal denke ich an meinen Tod, ein bißchen zaghaft und beklommen. Angst vor dem Tod und Freude am Leben – so dicht beieinander. Der Tod ist der rücksichtslose Spielverderber, der alles Vergnügen verseucht, der alle Sicherheit zernagt und das Organ abdreht, mit dem ich meine Lebensfreude einatme.

Keiner weiß Rat mit dem Tod. Auch die Wissenschaft nicht. Man schweigt, man vergißt. Der Verkehr geht schnell weiter, wenn der Leichenzug vorbei ist.

Aus meinem Denken darf ich die Gedanken an den Tod nicht

ausräumen. Das ist Vogelstraußpolitik. Alles läuft letztlich auf die Frage hinaus: *Ist der Tod das Ende oder nicht?*

Wenn der Tod das Ende ist, dann ist mein Sterben eine vernichtende Hinrichtung. Wenn der Tod nicht das Ende ist, dann bekommt er eine unermeßlich neue Dimension.

Dem Tod gegenüber, diesem kritischen Moment meines Lebens, durch den ich hindurch muß, mutterseelenallein, stehe ich vor der Frage: Alles oder nichts, Sinn oder Unsinn des Lebens, Gott oder unendliche Leere. Das Geheimnis von Leben und Tod hängt zusammen mit dem Geheimnis von Gott.

Solange mein eigenes unverwechselbares Ich keine befriedigende Erklärung findet in der Physik, der Chemie oder Biologie, finde ich für Gott keine Lösung im Sinne der Naturwissenschaften. Ich halte nur eins in meinen Händen, und das ist die Hoffnung! Bis zu meinem letzten Atemzug gibt mir die Hoffnung Freude am Leben.

## Im Menschen ist ein unverlierbares Zeichen seiner Größe

HENRI DE LUBAC

Wie geistesarm sind doch die, die sich eines Tages in den Kopf gesetzt haben, „mit der metaphysischen Angst sei es vorbei"! Wir sind geheilte Besessene, erklären sie. „Die Besessenheit von Gott, die Besessenheit vom Sein und vom Nichts, das Brennen des Unbekannten mitten im Herzen des Bekannten, das *Andere,* das uns in uns selbst verfolgt, all dieser Irrsinn ist vorbei." Arme Verstümmelte, die sich befreit glauben! Sie feiern den traurigsten Verzicht wie einen „ungeheuren Sieg". Sie wissen nicht, daß solcher Verzicht dem Menschen unmöglich ist. Da stellt ein jähes Erwachen alles in Frage. Plötzlich belebt ein Funke von neuem den Herd, den man für erloschen hielt. Die Seele lebt wieder auf in dem, der sie getötet hatte. In dem Augenblick, da er mit Schrecken bemerkt, daß er sie in sich trägt,

*nicht wie eine satte Kuh, die daliegt und wiederkäut,*
*Sondern wie eine keusche Stute, den Mund brennend vom Salze, das sie aus der Hand ihres Herrn empfangen,*
*Wie dürfte er sie zwingen und einengen, das große furchtbare Wesen, das sich hochrichtet und schreit, in den engen Stall seines persönlichen Willens.*
*Während durch die Türe der Duft der Gräser mit dem Morgenwind strömt!* *(Claudel, La Ville)*

Im Menschen ist eine Wunde, ein oft geheimes, aber unverlierbares Zeichen seiner Größe. Steigt sie im Bewußtsein empor, erscheint sie unter vielfachen Gestalten. Als eine immer wieder neu aufbrechende Unruhe, eine wesenhafte Unbefriedigung, die nicht nur verhindert, sich an irgend eine beständige Gestalt zuhalten, sondern auch sich mit einem Fortschritt zu begnügen, der in die gleiche Richtung treibt. Als ein Auftrieb des Denkens, der ihn nacheinander alle Kreise durchbrechen läßt, in die das Leben des menschlichen Lebewesens sich einzuschließen geneigt ist, und der über alle kritizistischen Systeme recht behält, über alle positivistischen Weisheiten, die ihm gegenüber recht zu haben wähnten. Möglicherweise als eine Angst ohne immer bestimmten Gegenstand. – Als eine Angst, deren psychologische Abwandlungen oder Ersatzformen endlos zu beschreiben wären. Zuweilen als eine Vorahnung, als Vorahnung einer andern Existenz, wovon der, der sie als erster erfährt, einen Geschmack oder wenigstens eine Vermutung um sich herum mitteilt, und zwar dank seines geheimen Einvernehmens, das ihm ein und derselbe überall verbreitete, wenn auch bei den meisten unterdrückte Geist sichert.

## Verheißung, in der sich Gott naht

HEINRICH SCHLIER

Jesus gibt dem Täufer Antwort. Er läßt seine Boten nicht unverrichterdinge zurückkehren. Fragt man ernsthaft, ob er der „Kommende", der Messias im Namen Gottes sei, so läßt er den Fragenden nicht leer ausgehen. Dabei muß ihn die Frage Johannes des Täufers schmerzlich berühren.

Auch wenn *wir* diese Frage stellen, wird das Jesus schmerzlich treffen. Aber auch uns gibt er Antwort. Diese Antwort ist freilich zunächst überraschend und mag manchen nicht befriedigen. Jesus weist den Täufer zuerst auf sein Wirken hin. „Berichtet dem Johannes, was ihr hört und seht! Blinde sehen und Lahme gehen, Aussätzige werden rein und Taube hören, Tote werden auferweckt, und den Armen wird das Evangelium verkündet." In diesem Handeln ist in der Tat Gott auf dem Weg und richtet durch Jesus seine Herrschaft auf Erden auf. Es sind Taten und Worte des Erbarmens und der Heilung, in denen sich Gott naht. Sie und keine anderen sind die Zeichen der Ankunft des „Kommenden". Wo man auf solche rettende Zeichen trifft, da kommt *Gott.*

Aber Anstoß an Jesus von Nazareth als den Messias nehmen, das heißt auch betroffen sein, daß Gott so nahe gekommen ist, daß er uns in einem Menschen sozusagen auf den Leib gerückt ist, so daß wir uns nicht mehr einen Gott ausdenken können, der in der wohlgesicherten Ferne weilt und uns nicht stören kann, daß vielmehr die Menschen, Völker, Götter dieser Welt sich vor diesem konkreten Gott beugen und ihm im Glauben gehorsam sein müssen.

Aber der Anstoß, den wir oft an Jesus nehmen, besteht auch und vor allem darin, daß er in seinem Tun und Leiden die Ungerechtigkeit und Unwahrheit der Menschen bis in den Tod auf sich nahm und so sie besiegte.

Jesus läßt dem fragenden Täufer und jedem, der so wie er fragt, sagen: die Antwort auf die Frage: „Bist Du, der da kommen soll?" ist „Selig, wer an mir keinen Anstoß nimmt". Selig, wer alle Vorbehalte, Bedenken, Mißtrauen, Widerstände, Zweifel fahren läßt und ein gehorsames, einfaches und doch so schweres Ja zu Gott in Ihm sagt. Selig, wenn wir uns von unseren Vorurteilen und Vorverständnissen, von unseren Vorstellungen und Einstellungen losreißen und Gott in Ihm vertrauen. Dann öffnen sich die Ohren und Augen für das, was er sagt, und für die Zeichen, die er gibt, und für das Kreuz, an das er eilt, und wir hören und sehen das geheimnisvolle Geschehen, daß Gott in diesem armen und liebenden Jesus zu uns kommt, in ihm uns zuspricht, in ihm uns fordert.

Und all unser Fragen erlischt, wenn wir ihn als den anerkennen, der er ist, wenn wir uns ihm im Glauben öffnen und ihn im Gehorsam sein lassen, wie er ist, und seinen Willen in den unseren aufnehmen.

## Komm

EUGEN WALTER

Die Mutter hat ihr Kind in ein wenig Abstand auf seine eigenen Füßchen gestellt, blickt es nun mit geöffneten Armen, leuchtend von herzlichem Verlangen an und sagt so für alle wahrnehmungsfähigen Sinne eines der Urworte: Komm! Wer kennt nicht diese schlichte Szene? Was sich da begibt, ist eine der elementarsten Erfahrungen, auch in der Wiederholung jedesmal beglückend – alles Wesentliche, vor allem alles Erfreuliche, bedarf beim Kind der Wiederholung; auch wenn es ein Spiel wird – spielend lernt das Kind die Welt und sich selbst kennen –, so bleibt es ein kostbares, fast möchte man sagen, ein heiliges Spiel, weil darin das Ganze des menschlichen Lebens urbildhaft sich abspielt: das Ex-poniert-, das Frei-gesetzt-Werden in die eigene Ek-sistenz, das Erfahrendürfen, Erfahrenmüssen des Wagnisses mit den eigenen Füßen, das Zugehendürfen auf die jetzt neu sich schenkende Geborgenheit.

Aus keinem anderen Grund hat Gott uns in diese Ek-sistenz gestellt, als um uns – und sich – diese Beglückung zu ermöglichen, daß wir seinen Ruf, seine Einladung vernehmen: Komm!

Jesus hat, als die menschgewordene Einladung Gottes, sie auf vielfache Weise zur Sprache gebracht. ... Jedes seiner Worte enthält in seinem innersten Kern und untersten Grund diese Einladung. So kann Markus die Botschaft Jesu zusammenfassen in den Ruf: „Kehrt um und glaubt an das Evangelium" (Mk 1, 15). Als Einladung sind die Seligpreisungen zu verstehen, sei's daß sie bereits der Erfahrung Rechnung tragen, daß die Satten, die Harten, die Selbstsicheren sie nicht hören können oder wollen, sei's daß nun eben die anderen, die sich selbst für gering halten, besonders der Ermutigung bedürfen.

Das verschiedene Schicksal seiner Einladung – und zuletzt seiner selbst – hat Jesus gestaltet in Gleichnissen. Da ist das Gleichnis von der großen Einladung zum Hochzeitsmahl: *„Kommt zur Hochzeit"* (Mt 23, 3). Die Boten des Königs bleiben hier unbehelligt. Anders beim Gleichnis von den bösen Winzern. Sie weisen nicht bloß die ersten Boten ab, sie mißhandeln die nächsten, auch als der Vater das Äußerste wagt und seinen einzigen lieben Sohn sendet, bringen sie diesen um (Mt 21, 33 ff.; Lk 20, 9 ff.; Mk 12, 1 ff.).

Was es bedeutet, daß der Gott der Offenbarung der Einladende ist, will sagen, daß nicht der Mensch erst zaghaft sich zu dem Entschluß durchringen muß, den Versuch zu wagen, ob er wieder angenommen wird, das können wir an menschlichen Verhältnissen ablesen, deren wir übergenug ringsum gewahren. Hat die Tochter sich entfremdet vom Elternhaus, ist der Sohn andere Wege gegangen, hat ein Ehegatte sich vom anderen abgewendet, und möchte nun die Erkenntnis aufkeimen, daß es das einzig Rechte wäre, zurückzukehren: wie lähmend ist dann die Vorstellung, der verlassene, der gekränkte Teil könnte auf den schüchternen Versuch, wieder Kontakt aufzunehmen, kühl reagieren. Wer in dieser Situation draußen steht, ahnt, was es ihm wäre, wenn er hören dürfte: komm! Mit diesem Wort, das wenig sagt und alles enthält, wären allein gewiß unter Menschen noch nicht alle inzwischen entstandenen Probleme gelöst, aber dieses enthielte doch schon die gewisseste Hoffnung: wir werden miteinander den Weg finden, um alles ins reine zu bringen.

Kann also, um wieder zum biblischen Zeugnis zurückzukehren, auf diese Einladung nur gewartet werden, kann die Initiative nur von Gott ausgehen? Kann nicht der Verirrte, der nun Hilfsbedürftige von sich aus auch rufen: Komm!? Wenn wir dieser Frage nachgehen, machen wir eine überraschende Entdeckung. Für dieses Herbeirufen der Gottheit gibt es viele Zeugnisse in mancherlei Religionen, kaum eines in der Offenbarungsreligion! „Komm!", „komm mir!" im Sinne von: komm mir zu Hilfe: auf vielen Votivtäfelchen oder Papyrusstückchen findet die Archäologie diese Flehrufe. In ihren Nöten rufen die Menschen ihre Götter nicht bloß um Hilfe an, sondern um ihr Kommen. Hilfe und Kommen scheint hier dasselbe. In der Bibel finden wir, wenn ich recht sehe, diesen Ruf nur an einer einzigen Stelle, auf der letzten Seite des Neuen Testaments, und es ist kein Ruf um Hilfe, sondern *„der Geist und die Braut sprechen: Komm! Und wer es hört, der spreche: komm!"* (Apk 22, 17). Und selbst an dieser Stelle ist noch zu beachten, daß, die so rufen dürfen und rufen sollen, dazu ermächtigt werden durch das vorausgehende Verheißungswort des Angerufenen: *„Siehe, ich komme bald, und mit mir kommt mein Lohn"* (22, 12). Und wie wesentlich dieses Verhältnis von göttlichem Zuvor der Verheißung und menschlichem Nachher der Antwort ist, bestätigt sich noch einmal in der strukturgleich wiederholenden Engführung zwei Verse später: *„Es spricht, der dies bezeugt: Ja, ich komme bald – Amen, komm Herr Jesus"* (22, 20). ...

Der mit der Liturgie Vertraute kennt noch eine sprachliche Gestalt und schätzt sie in ihrem innigen Klang: Venite! Venite adoremus, venite exultemus!

Auch dieses Venite, mit dem sich Gläubige gleichsam bei der Hand fassen und einander ermutigen zum Singen und zum Anbeten ist uns durch die heilige Schrift vorgesprochen *„Kommt, laßt uns jubeln dem Herrn"* heißt es in Psalm 95. *„Kommt, laßt uns hinaufsteigen zum Berg des Herrn"* (Jes 2, 5). *„Kommt, schaut die Taten des Herrn"* (Ps 46, 9).

Ist es nicht auch bezeichnend, daß die Bibel diesen Ruf in der Wir-Form kennt, nicht aber den ichverhafteten: komm mir? Die älteste Gestalt des Komm, Herr Jesus, hatte übrigens auch die Wir-Form. In der aramäisch sprechenden Urgemeinde lautet es: *„Unser Herr, Komm": Marana tha!* Dieser Urklang darf uns ähnlich kostbar sein wie das Abba-Gebet Jesu. Paulus hat uns beide überliefert – in Briefen an heiden-christliche Gemeinden, den Abbaruf im Brief an die Galater (4,5) und an die Römer (8,15), das Marana tha inmitten der paar kurzen liturgisch stilisierten Formeln des 1. Korintherbriefes (16,22). Die sogenannte Zwölfapostellehre, die gleichfalls noch in das erste Jahrhundert hinaufreicht, bringt auch diesen Gebetsruf in liturgischem, genauer sogar eucharistischem Zusammenhang. Hier ist die Entwicklung also umgekehrt verlaufen wie beim Gebet des Herrn: Aus dem einfachen „Vater", wie es Lukas festgehalten hat (11,2), ist im kirchlichen Gebrauch das „Vater unser" geworden (Mt 6,9).

Wenn dieses Marana tha also vor allem bei der Feier der Eucharistie gesprochen wurde, dann war man sich des Zusammenhangs zwischen der Eucharistie und der Wiederkunft des Herrn bewußt. Der in der Eucharistie auf sakramental-verborgene Weise kommt, ist derselbe, der in offenbarer Herrlichkeit kommen wird. Dieses Kommen und jenes Kommen sind auf eine geheimnisvolle Weise eins. Eucharistie war – und ist also auch – nicht nur Gedächtnis – Vergegenwärtigung des Todes, sie war – und ist also auch – Gedächtnis-Vergegenwärtigung der Wiederkunft in Herrlichkeit.

## Nichts mehr zu machen?

FRANZ HUBER

Zu den finstersten, hoffnungslosesten Worten gehört dieses: „Da kann man nichts mehr machen." Es ist niederdrückend, wenn der Arzt es von einem Patienten sagen muß oder zwei Menschen von einer zerbrochenen Freundschaft und Liebe oder Eltern von mißratenen Kindern oder auch irgendein Enttäuschter, Verbitterter bei Mißerfolgen seines Lebens. Es scheint zur typischen Bedrückung unserer Zeit zu gehören, daß immer mehr Menschen meinen, man könne doch nichts machen gegenüber einem verwalteten, manipulierten, mächtigen Apparat der Technokratie, die immer mehr unsere Freiheit bedroht. „Man kann nichts mehr machen", ist die radikale Absage an alle Zukunft und Hoffnung. Es bleibt nur dumpfe Trostlosigkeit und Flucht in das kleine Glück: Rausch, Sex, Drogen oder was es sonst sei. Könnte man nicht dem Wort vom Nichts-mehr-machen-Können seinen düsteren Herrschaftsanspruch etwas eindämmen oder vielleicht sogar zerstören?

*Die leisen neuen Anfänge*

Als erstes muß man wohl zugeben, daß von manchen Menschen, oft gerade von sogenannten Erfahrenen, das Wort zu schnell gesagt wird. Es kommt nicht so leicht vor, daß gar kein Weg mehr offen ist, keine leise Hoffnung mehr Raum hat, daß man überhaupt nichts mehr machen kann. So endgültig verschlossen, festgelegt und starr sind unser Dasein und die Welt nicht. So leicht Glück zerbrechlich ist – „wie Glas", sagt das Sprichwort –, so unvermutet und leise kann es plötzlich wieder da sein. Die Welt ist voller Unberechenbarkeiten, voller Möglichkeiten und Überraschungen. „Es kann sich alles, alles wenden" – darin spricht sich tiefe, gültige Erfahrung aus. Weil die Wirklichkeit so offen ist, weil sie ein Laboratorium voller Möglichkeiten und Überraschungen ist, kann man auch fast immer noch „etwas machen". Träumen, Erwarten, Hoffen, Nach-vorne-Denken und auch den schwächsten Ansatzpunkt einer neuen Zuversicht ergreifen ist wirklichkeitsgerechteres Verhalten als trostloses, dumpfes Dahindämmern oder heroisch-tragisches Verherrlichen des absurden Schicksals.

Ein Zweites könnte man, von menschlicher Erfahrung her, dem Wort vom Nichts-mehr-machen-Können noch entgegenhalten. Dort, wo „man nichts mehr machen kann", wo man an diese Grenze kommt, zeigt sich oft, wenn nicht sogar immer, ein neuer Weg in tiefere Bereiche unseres Lebens. Bei den genannten Beispielen: der Arzt vor dem unheilbaren Patienten, Menschen vor zerbrochener Liebe oder vor irgendeinem Mißerfolg ihres Lebens, wird ja immer ein neuer Anruf laut, eine neue menschliche Aufgabe sichtbar: das Annehmen der Fügung, das Suchen nach einem tieferen Sinn, einer gültigen Mitte, das Trösten, Aufrichten, Einander-Beistehen. Dort, wo „man nichts mehr machen kann", beginnen oft erst die entscheidenden menschlichen Möglichkeiten und Aufgaben, die das Sinnlose mit Sinn erfüllen, Ausweglosess aufbrechen und in Finsternis Licht bringen.

*Wenn man „nur noch" beten kann*

Für den gläubigen Menschen ergibt sich dabei noch eine eigene Weise, eine solche Situation zu sehen und zu bestehen. Dort, wo „man nichts mehr machen kann", beginnt die Stunde des gläubigen Gebetes. Das will nicht heißen, Glauben und Beten seien nur in den Lücken, Tiefpunkten und an den Grenzen des Daseins angesiedelt. Die lichten Stunden des Daseins sollten uns eigentlich öffnen für den „Vater der Lichter, von dem jede gute Gabe kommt". Sehr oft aber braucht es die unsichtbare Hand, die „das, was wir bauen, mild über uns zerbricht, daß wir den Himmel schauen ..." Wer an dem Punkt steht, wo man nichts mehr machen kann, und anfängt zu beten, gewinnt einen neuen Anfang. Seine Ausweglosigkeit, Leere und Ohnmacht wird einem geheimnisvollen Du anvertraut, in eine Hand gelegt, die alles segnet, verwandelt, neu schafft. Für den Glaubenden und Betenden gibt es nichts Unbewegliches, nichts endgültig Verschlossenes und Verlorenes.

Glaube versetzt Berge; Beten ist der Erhörung sicher, nicht in aufrechenbarem Erfolg, sondern in der Stärkung des „inneren Menschen" und einer tieferen Sicht des Daseins. Oft sagt man: „Es ist nichts mehr zu machen, man kann *nur* noch beten." Recht verstanden, besagt das „nur" nicht einen schmalen, kümmerlichen Rest an noch möglicher Aktivität. Es besagt vielmehr, daß ein neuer Boden gewonnen ist, auf dem man stehen kann, wenn alles wankt; eine neue Mitte, die uns in der Verlorenheit sammelt, ein neuer Weg, der uns aus der Einschließung herausführt in die Weite; und gerade dies ist wesentlich und genügt. Wer an der Grenze angelangt ist, „wo man nichts mehr machen kann", und den Anruf zum Beten hört und anfängt, den Namen des Herrn anzurufen, sei es wie ein Untergehender, Ertrinkender, der beginnt gerade das Entscheidendste zu tun. Im Psalm 37 wird es so ausgesagt: „Befiehl dem Herrn deine Wege und hoffe auf ihn, er wird's wohl machen." – Er wird's wohl machen, gerade da, wo wir es nicht mehr können.

*Warum hast du mich verlassen*

Wenn das Wort: „Man kann nichts mehr machen" nicht nur so unbedacht und beiläufig gesagt wird, wenn es letzte Ausweglosigkeit, Einsamkeit und Finsternis ausspricht, taucht das Geheimnis des Kreuzes auf. Dort, als Finsternis das ganze Land bedeckte und Jesus schrie: Mein Gott, mein Gott, warum hast du mich verlassen, war alle Zukunft und Hoffnung ausgelöscht! Aber gerade diese Stunde wurde zur Wende. Den Verlassenen, Verratenen, ganz und gar Machtlosen hat Gott auferweckt und ihm alle Vollmacht gegeben im Himmel und auf Erden. Der Ort, wo „nichts mehr zu machen" war, ist zum Brennpunkt einer ganz neuen Mächtigkeit geworden, zum Brennpunkt der Liebe, die alle begnadet und befreit.

Wenn also einer „nichts mehr machen" kann und seine Ohnmacht gläubig in die Finsternis des Kreuzes Christi hineingibt, ist immer Stunde der Wende, der schöpferischen Verwandlung und der Hoffnung wider die Hoffnung. Wo man nichts mehr machen kann, beginnt die Zukunft Gottes. – Ist dies alles nicht Phantasieprodukt, Vertröstung für die Zukurzgekommenen? Das geschichtliche Ereignis von Kreuz und Auferstehung des Jesus von Nazaret zerstört solchen Verdacht in der Wurzel.

Wir gehen nicht fehl und werden nicht zuschanden, wenn wir vertrauen, beten, hoffen und einander in dieser Hoffnung bestärken, wo „nichts mehr zu machen ist".

---

Das Vertrauen auf Gott und die Großmut des Herzens werden Dein Schutz und Deine Rettung sein. Der Herr ist nicht mit den Furchtsamen, sondern mit denen, die sich anstrengen, geduldig und großmütig zu sein.

JOHANNES XXIII.

# Was ich von der Zukunft erwarte

HEINRICH FRIES

Die Lage in Welt und Kirche ist nicht leicht zu bestimmen. Kann man einen fliegenden Pfeil fotografieren? Ich bin kein Prophet und kein Futurologe. Niemand weiß, ob die Menschheit das Jahr 2000 erleben wird, nachdem die Möglichkeit einer totalen Weltvernichtung durch den Menschen selbst keine bloße Phantasie mehr ist. So kann ich das folgende nur unter Vorbehalt sagen, vor allem unter der Einschränkung des „Wie ich es sehe". Aber ich bin überzeugt:

Auch im ausgehenden 20. Jahrhundert wird der Glaube als christlicher Glaube bestehen bleiben. Das wird deshalb der Fall sein, weil die Mitte dieses Glaubens, *Jesus Christus,* gestern, heute und morgen sein wird. Er ist nicht einer unter vielen, er ist der einzige. Sein Reichtum und die von ihm ausgehende Wirkung sind unerschöpflich. Durch keine Gestalt der Geschichte ist er widerlegt oder gar übertroffen; seine Faszination reicht bis in die Gegenwart, sie sprengt Mauern und Grenzen der sichtbaren Kirchen. In Jesus Christus ist uns das wahre Bild von Gott und das maßgebliche Bild vom Menschen eröffnet. Es gibt schlechterdings keine Situation im Leben des Menschen, die im Leben der Gemeinschaft mit Jesus Christus und in seiner Nachfolge nicht bestanden und mit Sinn erfüllt werden könnte.

Der christliche Glaube wird sein und bestehen, weil *der Mensch* bei und trotz aller Veränderung derselbe bleiben wird mit seinen Anlagen und Fähigkeiten. Er wird der Mensch bleiben, der sich in Funktion und Zweckhaftigkeit nicht erschöpft, der sich mit der bloßen Umwelt oder mit Fragmenten der Wirklichkeit nicht zufriedengibt. In seinem Fragen, Erkennen und Streben ist er auf das Ganze und auf den Grund des Ganzen bezogen, auf die alles bestimmende Wirklichkeit, die Gott genannt wird. In der Frage nach dem Sinn, nach dem „Wozu das alles?" kommt dies elementar zum Ausdruck. Ohne Glauben kann der Mensch nicht leben, jeder glaubt, auch wer dies ausdrücklich bestreitet.

Es kommt nur darauf an, wo der Grund und Bezugspunkt des

Glaubens liegt: ob in Gott oder in einer ihm als absolut vorgestellten Ideologie.

Unser Glaube wird bestehen, weil der Mensch des 20. Jahrhunderts eine Erfahrung damit gemacht hat, wie hinfällig irdische Götzen sind. Durch diese negative Erfahrung kann der Blick frei werden für die wahre Dimension des Glaubens, die da lautet: Der ganze Mensch – und Gott allein.

Unser Glaube wird allerdings heute und morgen eintreten müssen in die Konkurrenz anderer Glaubensangebote von seiten anderer Weltanschauungen, anderer Glaubens- und Heilslehren, auch anderer Religionen. Unser Glaube braucht diesen Wettstreit nicht zu fürchten – er kann und wird ihn bestehen.

Das wird vor allem dann der Fall sein, wenn unser Glaube sich nicht an Randfragen, sondern an der Mitte ausrichtet, an Jesus Christus, und an ihm die „Unterscheidung des Christlichen" erkennt, und wenn dieser unser Glaube die Kraft und die Fähigkeit hat, die Verpflichtung wahrzunehmen, die bereits im Neuen Testament begegnet: „Seid allzeit bereit, jedermann Antwort zu geben, der euch nach dem Grund eures Glaubens und Hoffens fragt" (1 Petr 3,15). Das aber verlangt Information, Wissen im Glauben. Wir müssen wissen, wem wir glauben und warum wir dem glauben, dem wir glauben. In diesem Sinn müssen wir alle immer und ein Leben lang Theologen sein und bleiben.

### *Nichts anderes glauben, aber anders*

Unser Glaube wird heute und morgen *keinen anderen Inhalt* haben, als der christliche Glaube von Anfang an und im Gang durch die Geschichte hatte. Die Bibel wird nach wie vor die maßgebende Grundurkunde des Glaubens sein, und wir werden auch auf die Worte unserer Väter und Brüder im Glauben hören, die den Glauben ausgelegt haben. Die Gemeinschaft des Glaubens und der Glaubenden umfaßt auch die Vergangenheit. Wir werden also nichts anderes, aber wir werden vielleicht *anders* glauben als früher. Es besteht, so meine ich, in der Konzentration auf die Mitte: Gott in Christus das Heil der Welt. Dies schließt andere Inhalte nicht aus, aber läßt sie als Entfaltung dieser Mitte sehen und macht sie dadurch verständlich. Dadurch bekommt der Glaubensinhalt Profile und Akzente. Das „anders glauben" wird darin bestehen, den Glauben nicht als Drohbotschaft, sondern als Frohe Botschaft, als Evangelium, als Einladung, als Sinngebung zu vermitteln und dadurch als Antwort auf die Fragen von heute. Unser Glaube wird besonders in seinen ethischen Folgen sich darstellen und bewähren müssen: als Kraft und Motivation, das Rechte zu tun. Es genügt gerade heute nicht, „Herr, Herr" zu sagen, es kommt darauf an, wie Jesus den Willen des Vaters zu erfüllen und die Forderung der von Jesus verkündeten Botschaft vom Reich Gottes zu verwirklichen: die der Gerechtigkeit, der Barmherzigkeit, der Versöhnung, des Friedenswillens, der Annahme der geringsten seiner Brüder und Schwestern, der Annahme und Erneuerung der Welt, der Zukunft. Sie darf nicht die Karikatur des Reiches Gottes sein oder werden.

Der christliche Glaube wird sich so darstellen müssen, daß erkannt wird, daß und wie sehr darin der Mensch an- und aufgenommen wird: Der Mensch in der Beanspruchung der unverlierbaren Menschenwürde und der Menschenrechte, der Mensch in seiner Freiheit, in Not und Einsamkeit, in Angst und Verzweiflung. Die tiefste Versuchung des Menschen von heute ist nicht Stolz und Übermut, sondern Angst und Verzweiflung. Hier kann und muß der Glaube die Kraft der in ihm gründenden Hoffnung und Sinngebung ausstrahlen. Dies wird um so überzeugender gelingen, je mehr im Glauben Gestalt, Wort, Leben, Sterben und Auferstehung Jesu Christi erkennbar wird.

*Daraus folgt für die Kirche ...*

Daraus folgt für die Kirche: sie soll sich vor allem als eine Gemeinschaft der Glaubenden, Hoffenden und Liebenden darstellen.

Auf ihrem Antlitz soll, so sagt das Zweite Vatikanum, das Antlitz Christi erkennbar werden. Dadurch wird die Kirche Anwalt der Menschen sein – und je mehr ihr gelingt, das zu sein und darzustellen, desto mehr wird sie von den Menschen angenommen werden ...

Es liegt an der neuen, einer jüngeren Generation, wie die Zukunft sein wird – in der Welt, in unserem Land, in der Kirche. Sie muß sich Tendenzen, das Beste unserer Zeit vergessen zu lassen, entschieden widersetzen: nicht das Konzil, nicht die Synode, nicht die Zeit ist an der viel beredeten Krise der Kirche und des Glaubens schuld, sondern die Tatsache, daß Konzil und Synode nicht genügend rezipiert, nicht genügend angenommen wurden und werden, daß wir die Zeichen der Zeit zu wenig verstehen und ihnen nicht mit Glauben und Hoffnung, sondern mit Furcht und Kleinmut begegnen.

Trotzdem bin ich zuversichtlich. Meine Zuversicht, mein Optimismus ruht nicht in Blindheit oder in einem naiven Gemüt. Dafür bin ich zu alt, dafür habe ich zu viel erfahren in einem Studium und einer Praxis der Theologie von mehr als vierzig Jahren. Sie haben mich im christlichen Glauben und auch an der Kirche nicht irre gemacht. Daran, so hoffe ich, wird sich in der Zukunft nichts ändern. Der Glaube aber ist die Kraft, in der Zukunft zu bestehen.

## Friede, der durch das Kreuz zur Welt kommt

FRANZ KAMPHAUS

Jesus sagt: „Frieden hinterlasse ich euch, *meinen* Frieden gebe ich euch ..." Der Friede, um den es hier geht, ist von ihm nicht zu trennen, er steht und fällt mit ihm. Wenn wir ihn kennenlernen wollen, müssen wir auf Jesus schauen. Er bekommt seine besondere Gestalt und seinen Gehalt durch ihn.

Der Friede, der „von oben" kommt, ist durch Jesus in dieser Welt gegenwärtig als ein Friede „von unten", als ein Friede, der durch das Kreuz zur Welt kommt. Was das bedeutet, sagt ein Wort, das auf Simone Weil zurückgeht: „Der Held trägt eine Rüstung, der Heilige ist nackt."

Bereits das Alte Testament weiß davon zu erzählen, etwa in der Geschichte von David und Goliat: Goliat, als Held gefeiert, bis an die Zähne bewaffnet – und David, der Hirtenjunge, ohne Rüstung, nackt: „Du kommst zu mir mit Schwert und Spieß und Speer. Ich aber komme zu dir im Namen des Herrn ..." (1 Sam 17,45). – Die Rüstung macht's nicht. Der Heilige ist nackt. Er braucht sich nicht selbst zu sichern. Er ist durch den „Namen des Herrn" gedeckt. Gott ist ihm Schutz genug.

David hat dieses Vertrauen nicht durchgehalten. Er hat schließlich wie Goliat auf Schwert und Spieß und Speer gesetzt und in Rüstung und Krieg das Heil gesucht. Israel ist ihm über weite Strecken darin gefolgt. Immer wieder ist es der Versuchung erlegen, sich selbst zum „Macher" der Geschichte zu ernennen oder sich durch Bündnis- und Rüstungspolitik mit Großmächten sichern zu wollen. Vor allem der Prophet Jesaja erinnert daran, daß Gottes Treue größeres Vertrauen verdient als militärische Stärke und diplomatisches Kalkül. Damals setzte Israel auf neueste Waffensysteme aus Ägypten, auf schnelle Pferde und Streitwagen: „Auf Rossen wollen wir dahinfliegen ..." Dagegen setzt der Prophet das Vertrauen in Gottes Treue: „Nur in Umkehr und Ruhe liegt eure Rettung, nur Stille und Vertrauen verleihen euch Kraft" (30,15f.). Israel soll das Heil nicht von Waffen erwarten, sondern von Gott allein. Dieser Realismus des Glaubens bewahrt vor Verquickungen mit militärischer Machtpolitik. Sprichwörtlich faßt der Prophet das zusammen: „Glaubt ihr nicht, so bleibt ihr nicht" (7,9). „Wer glaubt, der braucht nicht zu fliehen" (28,16).

Auf langen, schmerzlichen Wegen hat Israel lernen müssen, wohin es führt, wenn es auf Goliat setzt statt auf den Namen des Herrn. Im Exil in Babylon reift die Einsicht, daß der Friede nicht mit militärischer Macht zu gewinnen ist. Gott hat einen anderen Weg im Sinn. Sein Knecht setzt sich dem Teufelskreis der Gewalt aus und durchbricht ihn, indem er ihn durchleidet.

Davon spricht Deuterojesaja: „Gott, der Herr, hat mir das Ohr geöffnet. Ich aber wehrte mich nicht und wich nicht zurück. Ich hielt meinen Rücken denen hin, die mich schlugen, und denen, die mir den Bart ausrissen, meine Wange. Mein Gesicht verbarg ich nicht vor Schmähungen und Speichel. Doch Gott, der Herr, wird mir helfen ..." (Jes 50,5–7). „Ich hielt meinen Rücken hin ..." – wie einen Amboß, auf dem Schwerter zu Pflugscharen geschmiedet werden (Jes 2, 4). Das ist der Weg zum Frieden, den Gott in Jesus gegangen ist.

Das Friedenswort Jesu („meinen Frieden gebe ich euch ...") steht im Zusammenhang der Passion. Jesus spricht es im Angesicht des Kreuzes. Er geht seinen Weg ohne Panzer und Schwert. *Der* Heilige Gottes trägt keine Rüstung, er ist nackt. Er widerstand der Versuchung, mit Macht die sogenannten ‚klaren Verhältnisse' zu schaffen, mit Macht den Frieden durchzusetzen. Die Herren der Welt und ihre Praxis beeindruckten ihn wenig. Er ging nicht über Leichen, sondern gab sich für die anderen hin. Er suchte das Heil nicht in der Rüstung. Er wagte es, offene Flanken zu zeigen. Er wandte sich ‚ungeschützt' den Menschen zu. Gott war ihm Schutz genug.

Als er die Macht der Mächtigen am eigenen Leib zu spüren bekam, setzt er sich nicht ab. Er brachte keine Machtmittel ins Spiel, er umgab sich weder mit Schwertern noch mit Engeln (vgl. Mt 26, 51 ff.). Er sah in denen, die ihm Gewalt antaten, nicht seine Feinde, er betete für sie (Lk 23, 34). Er ging wehrlos auf sie zu, bar aller Macht. Nackt ist er am Kreuz gestorben. *Der* Heilige (Gottes) trägt keine Rüstung, er stirbt nackt.

## Er wird abwischen jede Träne

JOHANNES BOURS

Ich sah auf einem Bahnsteig einen Greis auf die Ankunft eines Zuges warten, er trug ein paar kleine Blumen in seiner Hand. Als der Zug eingelaufen war und der Strom der Menschen an ihm vorbeiging, suchten seine Augen hierhin und dorthin. Den er erwartete, war nicht gekommen. Der alte Mann blieb immer noch wartend stehen, als könne er die tiefe Enttäuschung nicht glauben. Dann ging er langsam die Treppe hinunter, sein Mund bewegte sich wie sprechend, von seinen Augen liefen die Tränen. Es war niemand da, der mit ihm sprach.

Für einen Augenblick durchfuhr es mich mit Erschrecken: Was ich da sah – war das ein Bild für das, wie es mit dem Menschen überhaupt ist? Wird es zuletzt mit uns allen so sein? Läuft unser Dasein mit all seinen Erwartungen und Hoffnungen zuletzt auf eine einzige Enttäuschung hin?

Die Dichterin Marie Luise Kaschnitz fragt in einem Gedicht:

Wie sie uns drüben empfangen
Wenn
Sie uns empfangen?
Ob es das gibt
Ein Du?

Auf den letzten Seiten der Bibel steht das Wort: „Siehe da, die Hütte Gottes unter den Menschen, er wird mit ihnen wohnen, und sie werden sein Volk sein, und er wird Gott mit ihnen sein. Und er wird abwischen jede Träne aus ihren Augen" (Offb 21,3–4). Das Ganze der Offenbarung, das Ganze der Geschichte Gottes mit den Menschen mündet in dieses Wort: „Siehe da, die Hütte Gottes unter den Menschen." Gott wohnt in der Menschenwelt. Dahin mündet der Weg Gottes: bei den Menschen, unter den Menschen. *So* wird das Letzte gesagt in diesem Bildwort: Nähe! Verbundenheit! Keine Verlassenheit, kein Alleingelassensein mehr. „Er wird mit ihnen sein, er wird abwischen jede Träne."

Die Verheißung beginnt mit dem Wort „Seht!" „Seht, die Wohnung Gottes unter den Menschen!" Ist schon etwas davon zu sehen? Alles sammelt sich in dem einen Menschensohn, der unter uns gelebt hat, der verborgen unter uns lebt: menschliche Nähe Gottes.

Aber auch überall da, wo Menschen etwas ermöglichen an Geborgenheit, an Beheimatung, an Friede; wo Menschen etwas schenken an Angenommensein, an Zuwendung, an Begegnung; wo Menschen Tränen abwischen ...: Da ist etwas von diesem „Seht!" Da beginnt die Verheißung von der Nähe Gottes unter den Menschen ihre Glaubwürdigkeit zu bekommen – ein Schimmer der künftigen Erfüllung fällt auf unsere Erde.

## Was ist das eigentlich „ewiges Leben"?

BERNHARD WELTE

Der Glaube und seine Hoffnung, zu denen wir eingeladen werden, sind niemals ganz leicht. Besonders dann nicht, wenn es wirklich ernst wird mit dem Ernstfall des Todes. Man muß schon seelische Arbeit aufwenden, um mit der Kraft des Glaubens und seiner Hoffnung die Härte und das Dunkel des Todesschicksals zu durchdringen. Aber zu dieser Arbeit werden wir dringend eingelaen durch die Worte des Evangeliums. Und wenn wir uns erst einmal daranmachen, diese Sache ernst zu nehmen und auf diese Arbeit uns einzulassen, dann werden wir bald merken, daß wir darin getragen und gestärkt sind von unsichtbaren Mächten.

Aber schließlich werden wir im Versuche des Ernst-Nehmens auch fragen: Was ist das eigentlich, was uns da verheißen wird und was uns einlädt und was „ewiges Leben" genannt wird, angesichts dessen wir selbst den Tod und gerade ihn nicht mehr zu fürchten brauchen?

Aber auf diese Frage kann man nur in Bildern antworten. Viele von ihnen gibt uns die Heilige Schrift hilfreich an die Hand.

Wenn wir uns ganz in Gottes Hände legen, dann, wenn wir uns zum Tode niederlegen, dann wird mitten aus der dunklen Nacht des Todes Gottes Heil geheimnisvoll und wunderbar über uns aufgehen und uns auffangen.

Dann wird etwas über unser geängstigtes Herz kommen, das, wie die Schrift sagt, jede Träne trocknet (vgl. Offb 21,4). Jede! Die geweinten Tränen, in denen der Schmerz sich manchmal lösen darf, ebenso wie auch die vielen bitteren ungeweinten Tränen, die oft steckenbleiben in den verhärteten und manchmal versteinerten Abgründen des Herzens. Eine wunderbare tröstende Hand wird dann über uns kommen. Und sie wird leise und zart durchgreifen bis in die verborgenen Gründe und Abgründe und Untergründe des Herzens, bis zu den verborgenen Quellen der geweinten und der ungeweinten Tränen. Und sie wird bereit sein, alles zu heilen und zu lösen in die Stille des großen Lichtes Gottes.

Es wird freilich auch über uns kommen das, was die Schrift Gericht und Gerechtigkeit nennt. Es wird aber nicht die irdische Gerechtigkeit sein und nicht ein irdisches Gericht. Nicht die irdische Gerechtigkeit, die ja nie ganz hundertprozentig gerecht sein kann. Es wird jene wundervolle Gerechtigkeit über unsere arme Seele kommen, die alles weiß und alles versteht und allem gerecht wird, was es in unserer unaufgeräumten Seele geben mag. Jenes Wunder von Gerechtigkeit, die endlich in der Welt alles Recht von allem Unrecht scheiden wird, Recht und Unrecht, die ja in dieser Welt immer durcheinandergehen, so daß man darüber ganz irre werden kann. Aber endlich wird alles rein und klar werden. Es wird sein wie ein Wunder.

Freilich haben die Worte Gerechtigkeit und Gericht auch etwas Drohendes und Schreckendes an sich, nämlich gegenüber dem Unrecht, dem Unrecht in der Welt und auch dem Unrecht im Getriebe unseres eigenen Herzens, das wir ja meistens übersehen. Aber der lautlose Blitz des Gerichtes oder, nennen wir es anders, die kristallene Wand des Gerichtes wird aus der innersten Mitte eine Blüte des Verstehens und des Erbarmens erblühen und hervorgehen lassen. Diese Blüte des Erbarmens wird ein noch größeres Wunder Gottes sein. Ihre Kraft und ihr Duft werden uns ins Herz dringen bis in seine verborgensten Falten, bis in seine verborgensten Wunden und alles gut machen und heil und alles auflösen in das Licht der Ewigkeit.

Und wir werden wohl etwas zu hören bekommen wie das Wort, das man im Jesaja-Buch lesen kann: „Stehe auf, werde licht, Jerusalem" (Jes 60,1). Werde licht, du dunkler und verängstigter Mensch, du armer Kerl, am Boden liegend und schwach, körperlich und seelisch! Stehe auf, werde licht, Jerusalem!

Oder es wird ein Ruf an unser Ohr dringen wie der, den man in der Johannes-Apokalypse lesen kann: „Siehe, ich mache alles neu!" Das alte Elend in der Welt, das alte Elend unseres Herzens und unseres Leibes und unserer Erfolglosigkeiten: Siehe, ich mache alles neu! Du wirst dich wundern.

Oder es wird etwas über uns kommen so, wie der Vater in der Geschichte vom verlorenen Sohn seinem Sohn begegnete, der ihm davongelaufen war und ein liederliches Leben geführt hatte (vgl.

Lk 15, 11ff.). Aber schließlich ist er umgekehrt. Und dann kommt der Vater, und er läßt ihn gar nicht ausreden. Er fragt auch nicht nach dem, was er alles inzwischen getrieben hat. Nichts von alledem! Er steckt ihm sofort seinen Ring an seinen Finger und bekleidet ihn sofort mit dem Festgewand und läßt sofort die Musik kommen und das Mastkalb schlachten und das Festmahl feiern: Das ist der Stil Gottes, die Weise, wie es zugeht, wenn Gott über den verlorenen Burschen kommt, der umkehrt.

Und alles dieser Art wird wohl ganz leise geschehen. Gottes Wirken macht keinen Lärm. Leise und wunderbar wird etwas über uns kommen, lautlos wie das Morgenlicht, wenn es sich löst aus den Schatten der Nacht. Dann ist es auf einmal lichter Tag, der Tag Gottes, und man denkt nicht mehr an die Nacht. Lautlos wird es zugehen, wie wenn der Frühling durchbricht durch die Kruste der Erde und durch die Rinde der Bäume, und auf einmal ist dann alles grün und voller Blüten, und man denkt nicht mehr des Winters. Der ewige und immer wieder neue Frühling Gottes!

Wir werden versinken in das weiselose Licht Gottes, und dies wird uns aufnehmen wie einen Träumenden, der im Grase liegt und der in die weite Bläue des Himmels schaut und glücklich ist.

Das sind Bilder und Gleichnisse. Wir brauchen sie. Aber mehr noch sagt vielleicht jenes andere Wort der Schrift, mehr, weil es eigentlich gar nichts sagt und nur sagt, wie es nicht ist. „Kein Auge hat es gesehen, kein Ohr hat es gehört, in keines Menschen Herz ist es gedrungen, was Gott denen bereitet hat, die ihn lieben!" (1 Kor 2, 9). Welch ein Wort! Es entläßt uns aus allen Grenzen unserer Augen und unserer Ohren und unserer Vorstellungskraft in die Weite der Ewigkeit Gottes. Mehr brauchen wir eigentlich nicht. Unsere Neugierde braucht sich nichts weiter auszumalen. Bilder für das Auge, Worte für das Ohr sind doch immer nur begrenzte Bilder und begrenzte Worte. Sie reichen doch nicht hin an das Unbegrenzte.

Was wir zuletzt nötig haben, ist der Glaube und das Vertrauen. Das Vertrauen darauf, daß Gottes Geheimnis für die, die sich ihm anheimgeben, Überraschungen bereithält, an die wir gar nicht zu denken vermögen.

Falls wir auf solchen Wegen dann wirklich dazu kommen, von Herzen zu glauben und zu vertrauen, ohne uns Illusionen zu machen über Leben und Sterben, dann kommt etwas wie ein Licht auch über dieses unser vergängliches Leben, etwas wie eine neue Furchtlosigkeit und Zuversicht. Etwas wie eine neue Bereitschaft, uns zu verschwenden für andere. Etwas wie ein Anfang des neuen Lebens, des neuen Frühlings Gottes.

Und es wird keine Nacht mehr so finster und traurig sein, als daß sich nicht in ihr ein Engel einfinden wird, der zu unserer verängstigten Seele sagt: Fürchte dich nicht! Und wir sollten dieses Engelwort dann an unser Herz nehmen und es immer wieder nachsprechen, besonders wenn es finster und dunkel wird um uns und vielleicht auch in uns: Fürchte dich nicht! Wie es, das Evangelium berichtet davon, schon einmal ein Engel sagte zu verwirrten und verängstigten Frauen am Grabe dessen, den sie verehrt und geliebt hatten. Fürchtet euch nicht!

So bringt das Evangelium Jesu, wenn wir ihm zu glauben vermögen, Licht in das Dunkel des Lebens und in das Dunkel des Todes. Stehe auf, werde Licht, Jerusalem!

## Laßt uns auf die abenteuerliche Reise des Herzens zu Gott gehen

KARL RAHNER

Laßt uns auf die abenteuerliche Reise des Herzens zu Gott gehen! Laßt uns laufen! Laßt uns vergessen, was hinter uns liegt. Es ist noch alles Zukunft. Es sind noch alle Möglichkeiten des Lebens offen, weil wir Gott noch finden, noch mehr finden können. Nichts ist vorbei und dem verloren, der Gott entgegenläuft, dessen kleinste Wirklichkeit größer ist als unsere kühnsten Illusionen, dem Gott, der die ewige Jugend ist, in deren Land keine Resignation wohnt. Wir wandern durch die Wüsten. Herz, verzage nicht.

Der Stern ist da und leuchtet. Die heiligen Bücher sagen, wo der Erlöser zu finden ist. Die sehnsüchtige Unruhe treibt. Sag' selbst:

Steht der Stern nicht still am Firmament deines Herzens? Er ist klein? Er ist fern? Aber er ist da. Er ist nur klein, weil du noch weit zu laufen hast! Er ist nur fern, weil deiner Großmut eine unendliche Reise zugetan wird. Aber der Stern ist da! Auch die *Sehnsucht* nach Freiheit des inneren Menschen, nach Güte, nach Seligkeit, auch das *Bedauern,* ein schwacher, sündiger Mensch zu sein, ist ein Stern. Warum schiebst du selbst die Wolken vor den Stern? Die Wolken der Verdrossenheit, der Enttäuschung, der Bitterkeit des Versagthabens, die Wolken höhnischer oder resignierter Worte über die ausgeträumten Träume seliger Hoffnung? Gib die Wehr auf: Der Stern leuchtet. Er steht an deinem Himmel, und auch dein Trotz und deine Schwachheit löschen ihn nicht aus.

Wie soll ich laufen? Das *Herz* muß sich bewegen! Das betende, das verlangende, das schüchtern, aber ehrlich in guten Werken sich übende Herz, das läuft, das wandert Gott entgegen, das Herz, das glaubt und sich nicht verbittern läßt, das Herz, das die Torheit der Güte für gescheiter hält als die Schlauheit des Egoismus, das Herz, das an die Güte Gottes glaubt, das Herz, das seine Schuld sich von Gott liebend vergeben lassen will, das sich von Gott überführen läßt seines geheimen Unglaubens und das sich darüber nicht wundert, sondern Gott die Ehre gibt und bekennt – ein solches Herz hat die abenteuerliche Reise der königlichen Herzen nach Gott angetreten.

# *Quellenverzeichnis*

Die eingeklammerten Ziffern hinter der Quelle verweisen auf die Seiten im Lesebuch.


Balthasar, Hans Urs von: Christlich meditieren. Freiburg 1984 (107, 212).

Begründetes Vertrauen. Impulse und Orientierungen für Christliches Leben heute und morgen. Hrsg. von Manfred Plate in Zusammenarbeit mit Kurt Janssen und Johannes Röser. Freiburg 1984.

Betz, Otto: Sehnsucht nach dem zärtlichen Gott. In: Begründetes Vertrauen. s. o. (36).

Bosmans, Phil: Vergiß die Freude nicht. Übers. von Ulrich Schütz. Freiburg $^{41}$1986 (174, 291)

Bosmans, Phil: Worte zum Menschsein. Übers. und hrsg. von Ulrich Schütz. Freiburg $^{3}$1986 (61).

Bours, Johannes: Wehrlose Liebe. In: Begründetes Vertrauen. s. o. (264).

Bours, Johannes: Nehmt Gottes Melodie in euch auf. Worte für das tägliche Leben. Freiburg $^{2}$1986 (53, 96, 122, 133, 151, 307).

Bours, Johannes: Da fragte Jesus ihn. Schritte geistlicher Einübung in der Jesusnachfolge. Freiburg $^{2}$1984 (20).

Buber, Martin: Das Wort Gottes. In: In Deiner Gegenwart. s. dort. (267).

Carretto, Carlo: Warum, Herr? Erfahrungen der Hoffnung über das Geheimnis des Leids. Freiburg 1986 (127).

Carretto, Carlo: In deiner Stadt ist deine Wüste. Geistliche Erfahrungen. Freiburg $^{8}$1985 (78).

Congar, Yves M.-J.: Wege des lebendigen Gottes. Glaube und geistliches Leben. Übers. von Siglinde Summerer und Gerda Kurz. Freiburg 1964 (261).

Delp, Alfred: Gesammelte Schriften. Hrsg. von Roman Bleistein; Bd. 1: Geistliche Schriften (Frankfurt a. M. 1982); Bd. 2: Philosophische Schriften (Frankfurt a. M. 1983); Bd. 3: Predigten u. Ansprachen (Frankfurt a. M. 1983) (43, 103, 201).

Engagierte Gelassenheit. Impulse und Orientierungen für die Zukunft aus dem Glauben. Hrsg. von Manfred Plate in Zusammenarbeit mit Mario von Galli und Kurt Janssen. Freiburg $^{2}$1979.

Faulhaber, Michael von: Zeitrufe – Gottesrufe. Gesammelte Predigten. Freiburg $^{2}$1933 (129).

Fries, Heinrich. Was ich von der Zukunft erwarte. In: Begründetes Vertrauen. a. a. O. (302).

Glaubensverkündigung für Erwachsene. Deutsche Ausgabe des Holländischen Katechismus. Hrsg. Höheres Katechetisches Institut, Nijmegen. Freiburg 1971 (136).

Das Glück liegt auf der Hand. ABC der Lebensfreuden. Hrsg. von Rudolf Walter. Freiburg $^{3}$1985.

Goritschewa, Tatjana: Die Kraft christlicher Torheit. Meine Erfahrungen. Übers. von Lorenzo Amberg. Freiburg $^{4}$1986 (236).

Greshake, Gisbert: Gottes Willen tun. Gehorsam und geistliche Unterscheidung. Freiburg 1984 (98).

Guardini, Romano: Vom Geist der Liturgie. Herder-Bücherei 1049, Freiburg 1983 (87).

Guardini, Romano: Glaubenserkenntnis. Versuche zur Unterscheidung und Vertiefung. Herder-Bücherei 1008, Freiburg 1983 (104, 203). [$^{4}$1985 (219).

Guardini, Romano: Der Herr. Über Leben und Person Jesu Christi. Herder-Bücherei 813, Freiburg

Hemmerle, Klaus: Glauben – wie geht das? Wege zur Mitte des Evangeliums. Freiburg $^{6}$1986 (71, 186, 226).

Herbstrith, Waltraud: Christlich streiten. In: Begründetes Vertrauen, a. a. O. (56).

Herbstrith, Waltraud: Verweilen vor Gott. Mit Teresa von Avila, Johannes vom Kreuz, Theresia von Lisieux, Edith Stein. Freiburg $^{5}$1985 (214).

Höntges, Hans Albert: Wer sein Leben retten will. In: Begründetes Vertrauen, a. a. O. (91).

Höntges, Hans Albert: Wenn Dein Bruder dir etwas Böses tut. In: Engagierte Gelassenheit. a. a. O. (180).

Huber, Franz: Nichts mehr zu machen? In: In Deiner Gegenwart, a. a. O. (298).
Hügel, Friedrich von: Briefe an seine Nichte. Übers. und eingleitet von Karlheinz Schmidthues. Freiburg ²1947 (255).
In der Fülle des Glaubens. Hans Urs von Balthasar-Lesebuch. Hrsg. von Medard Kehl und Werner Löser. Freiburg ²1981 (80, 222).
In Deiner Gegenwart. Hrsg. von Karl Färber, Mario von Galli, Manfred Plate, Ulrich Schütz. Impulse und Orientierungen für das Leben aus dem Glauben. Freiburg ²1974.
Johannes XXIII.: Worte der Güte. Hrsg. von Maria Otto und Franz Johna. Freiburg ¹⁶1985 (154, 173).
Johannes XXIII.: Geistliches Tagebuch und andere geistliche Schriften. Übers. und Redaktion Fr. Dörr, F. Johna, M. Schätzle, A. Scherer. Freiburg ¹¹1966 (51).
Johannes XXIII.: Mein Rosenkranz. Bilder und Betrachtungen. Freiburg 1984 (245).
Johannes Paul I.: Worte der Freude. Der Welt ein Lächeln geschenkt. Übers. und ausgew. von Ulrich Schütz. Freiburg ²1986 (49, 217, 235).
Johannes Paul II.: Laßt euch vom Geist bewegen. Enzyklika über den Heiligen Geist. Mit einem Kommentar von Hans Urs v. Balthasar. Freiburg ³1987 (190).
Johannes Paul II.: Ihr seid ein Segen. Worte an die älteren Menschen. Freiburg 1985 (89).
Kammermeier, Willibald: Feuer, Flucht und Frömmigkeit. In: In Deiner Gegenwart. a. a. O. (240).
Kamphaus, Franz: Was dir zum Frieden dient. Freiburg ³1985 (120, 188, 305).
Kanitz, Hans: Herztöne des Jahres. Gedanken eines Christenmenschen. Freiburg 1985 (62, 175).
Keppler, Paul Wilhelm von: Mehr Freude. Freiburg 187. Tsd. 1934 (54).
König, Karl Heinz: Wir sind die Jünger von Emmaus. In: In Deiner Gegenwart. a. a. O. (145).
Krautheimer, Albert: Brosamen vom Tische des Gotteswortes. Sonntagsbetrachtungen. Freiburg 1958 (28, 208).
Laros, Matthias: Neue Zeit und alter Glaube. Freiburg 1936 (250).
Lehmann, Karl: Neuer Mut zum Kirchesein. Freiburg ³1985 (70, 86).
Lehmann, Karl: Signale der Zeit – Spuren des Heils. Freiburg 1983 (140).
Lehmann, Reinhold: Friedenssignale. Freiburg ²1984 (47).
Lehmann, Reinhold: Öko-Signale. Freiburg 1985 (177).
Liégé, André: Mündig in Christus. Psychologische und theologische Grundlagen der religiösen Erwachsenenbildung. Übers. von Walter Repges und Adolf Exeler. Freiburg ³1965 (149).
Lindenberg, Wladimir: Atmen. In: Das Glück liegt auf der Hand, a. a. O. (44).
Lippert, Peter: Aufstiege zum Ewigen. Hrsg. von Josef Kreitmaier. Freiburg ²1940 (73, 257).
Lippert, Peter: Einsam und gemeinsam. Freiburg ⁶1953 (50, 82, 155).
Lubac, Henri de: Vom Erkennen Gottes. Übers. von Robert Scherer. Freiburg 1949 (292).
Lustiger, Kardinal Jean-Marie: Freude der Weihnacht. Freiburg 1985 (269).
Maaßen, Johannes: Nimm hin das Zeichen des Kreuzes. In: Von der Herrlichkeit des christlichen Lebens. Hrsg. von Johannes Maaßen. Freiburg 15. Tsd. 1940 (42).
Martini, Carlo M.: Und sie gingen mit ihm. Der Weg des Christen nach dem Markusevangelium. Freiburg ²1985 (109, 188).
Meditationen großer Gottesfreunde. Hrsg. von Alfons Heilmann. Freiburg ³1966 (19, 40, 68, 134, 148, 200, 260, 277).
Mello, Anthony de: Daß ich sehe. Meditation des Lebens. Übers. von Mathilde Wiemann OSB. Freiburg 1985 (161, 183, 280).
Merton, Thomas: Heilig in Christus. Übers. von Eugen Kende. Freiburg ²1965 (76, 171, 197).
Miller, Gabriele: Ich fühle mich eigentlich ganz wohl dabei. In: Glauben Frauen anders? Erfahrungen. Hrsg. von Marianne Dirks. Freiburg ³1985 (100).
Moschner, Franz M.: Gebetsführung. Aus seinen Briefen und Schriften zusammengestellt und hrsg. von Clemens Kaminski und Helga Rusche. Freiburg ⁷1979 (25, 84, 108, 121, 237).
Moser, Georg: Ich bin geborgen. Worte der Zuversicht. Freiburg ¹²1985 (55, 202).
Moser, Georg: Auf dem Weg zu mir selbst. Freiburg ⁷1984 (94, 158).
Newman, John Henry: Worte des Herzens. Ausgewählt und eingel. von Josef Mann. Freiburg 1981 (15, 262).

Nouwen, Henri J. M.: Feuer, das von innen brennt. Stille und Gebet. Übers. von Mathilde Wiemann OSB. Freiburg 1982 (231).
Nouwen, Henri J. M.: In ihm das Leben finden. Einübungen. Übers. von Bernardin Schellenberger, Freiburg [4]1986 (30, 64).
Nouwen, Henri J. M. u. a.: Das geteilte Leid. Heute christlich leben. Übers. von Radbert Kohlhaas. Freiburg 1983 (130, 251).
Nouwen, Henri J. M.: Sterben, um zu leben. Abschied von meiner Mutter. Übers. von Robert Johna. Freiburg [3]1987 (142).
Pesch, Rudolf: Erleuchtete Praxis. In: In Deiner Gegenwart, a. a. O. (167).
Pinsk, Johannes: Die sakramentale Welt. Freiburg [2]1941 (160, 253).
Rahner, Karl: Was heißt Auferstehung? Meditationen zu Karfreitag und Ostern. Hrsg. von Albert Raffelt. Freiburg 1985 (124).
Rahner, Karl: Praxis des Glaubens. Geistliches Lesebuch. Hrsg. von Karl Lehmann und Albert Raffelt. Zürich/Freiburg 1982 (268).
Rahner, Karl: Über die Sakramente der Kirche. Meditationen. Neuausgabe, mit einem Vorwort von Karl Lehmann. Freiburg 1985 (193, 289).
Rahner, Karl: Worte gläubiger Erfahrung. Hrsg. von Alice Scherer. Freiburg [2]1986 (23, 74, 102, 153, 230, 312).
Ratzinger, Joseph und Hans Urs von Balthasar: Maria – Kirche im Ursprung. Freiburg [2]1981 (216).
Reggio, Pius-Aimone: Vergiß die Freude nicht. Freiburg [10]1966 (60, 256).
Rennkamp, Hans Joachim: ... daß es gut war. In: Begründetes Vertrauen, a. a. O. (32).
Riede, Johannes: Sich einlassen. In: Engagierte Gelassenheit, a. a. O. (224).
Riedlinger, Helmut: Das Unhaltbare aushalten. In: In Deiner Gegenwart. a. a. O. (283).
Ringseisen, Paul: Engagierte Gelassenheit. In: Engagierte Gelassenheit. a. a. O. (163).
Rosenberg, Alfons: Evangelium und Meditation. In: Glaubenserfahrung und Meditation. Hrsg. von J. Sauer. Freiburg 1975 (209).
Sauer, Joseph: Aspekte einer Christlichen Meditation. In: Glaubenserfahrung und Meditation, a. a. O. (206).
Schlier, Heinrich: Die Freude seiner Nähe: Biblische Besinnungen. Hrsg. von Veronika Kubina und Karl Lehmann. Freiburg 1980 (24, 84, 192, 218).
Schneider, Reinhold: Das Kreuz in der Zeit. Freiburg 1947 (112).
Schulte, Raphael: In dir geboren. Vom Kommen Gottes. Freiburg 1984 (16).
Schürmann, Heinz: Geistliches Tun. Freiburg 1965 (69, 258).
Spaemann, Heinrich. Das Prinzip Liebe. Freiburg 1986 (26, 271).
Spaemann, Heinrich: Schatten und Wirklichkeit. In: Engagierte Gelassenheit. a. a. O. (117).
Spaemann, Heinrich: Drei Marien. Die Gestalt des Glaubens. Freiburg 1985 (228).
Stein, Edith: In der Kraft des Kreuzes. Hrsg. von Waltraud Herbstrith. Freiburg [3]1987 (41, 88).
Sturm, Vilma: Wie ein Boot glitt ich fort aus dem Hafen. In: Glauben Frauen anders? Erfahrungen. Hrsg. von Marianne Dirks. Freiburg [3]1985 (288).
Von der Kraft der sieben Einsamkeiten. Hrsg. von Rudolf Walter. Freiburg [2]1984.
Wachinger, Lorenz: Wir fallen nicht ins Leere. In: In Deiner Gegenwart, a. a. O. (274).
Walter, Eugen: Der größere Advent. Freiburg 1977 (295).
Walter, Rudolf: Die Einsamkeit der Grenze, an der die Zeit aufhört. In: Von der Kraft der sieben Einsamkeiten, a. a. O. (278).
Weihnachten entgegen. Geistlicher Begleiter für jeden Tag der Advents- und Weihnachtszeit. Hrsg. von Alice Scherer. Freiburg [4]1985 (46, 132, 294).
Welte, Bernhard: Der Ernstfall der Hoffnung. Gedanken über den Tod. Freiburg 1980 (309).
Welte, Bernhard: Maria die Mutter Jesu. Meditationen. Freiburg [5]1980 (248).
Wiesel, Elie: Die Einsamkeit durchbrechen. In: Von der Kraft der sieben Einsamkeiten. a. a. O. (114).
Willam, Franz Michel: Unser Weg zu Gott. Ein Buch zur religiösen Selbstbildung. Freiburg 1951 (244).

# Themenübersicht